영업, 목표를
필·달·하·라

영업 목표를 필달하라

초판1쇄 인쇄 | 2014년 6월 10일
초판2쇄 발행 | 2015년 8월 10일

지은이 | 이성동
펴낸이 | 김진성
펴낸곳 | 이엔북스

편집 | 허강
디자인 | 장재승
관리 | 정보해

출판등록 | 2005년 2월21일 제313-2005-000034호
주소 | 서울시 구로구 개봉동 359-18 한일코지세상 102동 201호
전화 | 02-323-4421
팩스 | 02-323-7753
이메일 | kjs9653@hotmail.com

이성동 ⓒ 2014
값 15,000원
ISBN 978-89-93132-29-8 13320

목표는 머릿속에 있는 것이 아니라
성취하는 것이다

영업, 목표를
필·달·하·라

이성동 지음

■contents

■ **프롤로그** 영업에서 가장 중요한 것은 무엇일까?   … 6

1장 | 영업 목표 필달을 가로막는 장애물
　　01. 4 · 2 · 3 · 1 법칙   … 13
　　02. 목표 달성을 가로막는 8가지 장애물   … 17
　　1. 시장의 성장 정체 | 2. 강력한 경쟁 | 3. 더 똑똑하고 더 까다로워진 고객 | 4. 상품 경쟁력
　　과 브랜드 파워의 열세 | 5. 의지가 없거나 약하다 | 6. 영업 활동이 절대적으로 부족하다 | 7.
　　혁신하지 않는다 | 8. 영업 리더의 세일즈 코칭이 약하다

2장 | 목표를 필달하는 영업인의 7가지 DNA
　　01. 목표에 대한 인식 자체가 다르다   … 44
　　02. 핑계를 대지 않는다   … 50
　　03. 원대한 목표를 설정한다   … 57
　　04. 영업 활동 목표에 초점을 맞춘다   … 64
　　05. 끊임없이 차별화와 혁신을 시도한다   … 68
　　1. 진화한다 | 2. 창조적으로 모방한다 | 3. 퍼스트 무버(선도자)가 되기 위해 노력한다
　　06. 자신만의 필살기가 있다   … 84
　　1. 목소리가 크다 | 2. 언제나 고객을 즐겁고 행복하게 한다 | 3. 절대 '노' 라고 말하지 않는다
　　| 4. 가망고객, 고객과 열정적으로 어울린다 | 5. 가망고객과 고객을 빚진 상태로 만든다 | 6.
　　고객이 스스로 찾아오도록 만든다 | 7. 열렬한 팬, 알파고객이 많다
　　07. 절대로 포기하지 않는다

3장 | 가망고객 발굴 활동 목표 설정 및 달성 방안
　　01. 가망고객 발굴 활동 목표 설정 방법   … 132
　　02. 가망고객 발굴 활동 목표 달성 방법   … 136
　　1. 연고 인맥 활용 | 2. 연구 · 조사 | 3. 가망고객 발굴 캠페인 | 4. 세미나 마케팅 | 5. 커뮤니
　　티 마케팅 | 6. 소개받기 | 7. 스스로 찾아오는 고객 만들기

4장 | 가망고객 접근 활동 목표 설정 및 달성 방안

01. 가망고객 접근 활동 목표 설정 방법   ... 183
02. 가망고객 접근 활동 목표 달성 방안   ... 188

1. 방문 건수를 대폭 높여라 | 2. 상담 건수를 늘려라 | 3. 전화 콜 반응 건수를 높여라 | 4. 이메일, 문자, DM 반응 건수를 높여라

5장 | 설득 역량 강화 활동 목표 설정 및 달성 방안

01. 설득 역량 강화 활동 목표 설정 방법   ... 207
02. 설득 역량 강화 활동 목표 달성 방안   ... 211

1. 설득의 달인이 되는 3가지 방법 | 2. 솔루션 제시형 영업 활동을 대폭 늘려라 | 3. 세일즈 협상 역량 강화를 위한 10가지 방법

6장 | 충성고객 만들기 활동 목표 설정 및 달성 방안

01. 충성고객 만들기 활동 목표 설정 방법   ... 255

1. 고객 유지/재구매율 제고 활동 목표 설정 방법 | 2. 지갑 점유율/고객 추천율 제고 활동 목표 설정 방법

02. 충성고객 만들기 활동 목표 달성 방안   ... 262

1. 왜 충성고객을 만들어야 하는가? | 2. 재구매율, 지갑 점유율, 고객 추천율을 높이는 2가지 접근 방법 | 3. 당신에게 헌신적으로 충성하는 알파고객은 몇 명인가? | 4. 헌신적으로 충성하는 알파고객 만들기 4가지 방법

7장 | 목표 필달 영업 조직 만들기

1. 목표 미달 영업인을 위한 마인드 코칭 방법 2. 목표 미달 영업인을 위한 세일즈 스킬 코칭 방법 3. 영업인 유형별 맞춤 세일즈 코칭

■ 에필로그_ 바람직한 목표 달성이어야 한다   ... 318

영업에서 가장 중요한 것은 무엇일까?

축구에서 가장 중요한 것은 무엇일까? 패스를 잘하는 것일까? 팀플레이를 잘하는 것일까? 골을 잘 넣는 것일까? 아니다. 이기는 것이다. 이 모든 것들이 결국은 이기기 위한 수단이기 때문이다.

그렇다면 영업에서 가장 중요한 것은 무엇일까? 적극적이고 긍정적이며 열정적인 마인드를 갖는 것일까? 고객의 절대적인 신뢰를 얻는 것일까? 지속적으로 신규 고객을 개척하는 것일까? 고객을 만족시키는 것일까? 고객과 친밀한 관계를 맺어 평생 동안 유지하는 것일까?

부분적으로는 모두 맞다. 그러나 궁극적으로 가장 중요한 것은 목표를 필달하는 것이다. 이것들 모두가 결국은 영업 목표를 달성하기 위한 수단이기 때문이다. 이처럼 영업에서 가장 중요한 것은 목표를 필달하는 것이다. 영업인이든 영업 조직이든 마찬가지다.

하지만 현실은 어떤가? 영업인이든 조직이든 대부분은 목표를 달성하지 못한다. 왜 그럴까? 그 이유는 무엇일까?

목표가 너무 높기 때문일까? 상품 경쟁력이 약하기 때문일까? 브랜드 파워가 낮기 때문일까? 경기 침체나 불황 때문일까? 가격이 비싸기 때문일까? 설득 스킬이 떨어지기 때문일까?

모두 일리 있는 말들이다. 이 모든 것이 목표 달성에 장애가 되는 중요한 요인들이기 때문이다. 하지만 이것들은 핑계거리에 불과하다. 왜냐하면 이보다 더 열악한 조건에서도 목표를 필달하는 영업인들이 있기 때문이다.

그렇다면 그들이 목표를 필달하는 것은 무엇 때문일까? 그것은 어떤 상황에서든 반드시 목표를 달성하겠다는 강한 의지로 끊임없이 자신을 채찍질하기 때문이다. 반면에 영업인들이 목표를 달성하지 못하는 이유는 무엇일까?

업종, 기업, 팀, 영업인마다 이유가 있을 것이다. 그러나 핵심적인 이유를 꼽는다면 3가지로 요약할 수 있다. 첫째, 목표 달성에 대한 의지가 약하고, 둘째, 영업 활동이 절대적으로 부족하며, 셋째, 영업 활동을 혁신하지 않는다는 것이 바로 그것이다.

그래서 1장에서는 목표를 달성하지 못하는 핵심적인 장애물 3가지를 포함해 8가지 장애물에 대해 설명한다. 8가지 장애물 중 당신은 몇 가지나 가지고 있는지 생각해보기 바란다.

2장에서는 목표를 필달하는 영업인들의 7가지 DNA를 사례와 함께 소개한다. 목표 달성에 대한 의지가 약한 영업인은 7가지 DNA 중 특히 '목표에 대한 인식 자체가 다르다', '핑계를 대지 않는다', '원대한 목표를 설정한다', '절대로 포기하지 않는다'라는 부분을 중점적으로 읽기 바란다. 그리고 의지가 강하고 열심히 노력하는데도 목표 달성에 어려움을 겪는다면 '영업 활동 목표에 초점을 맞춘다', '자신만의 필살기가 있다'라는 부분을 중점적으로 읽기 바란다.

물론 1장과 2장을 읽고 나서 새롭게 영업 활동을 전개해 목표를 필달하는 영업인도 있을 것이다. 그러나 모두가 그런 것은 아니다. 어떤 영업인에게는 전략적이고 체계적인 접근도 필요하다. 3장부터 7장까지는 그런 영업인들을 위한 것이다.

3장부터 7장까지의 주제는 '목표를 필달하는 영업인으로 거듭나기 5단계'다. 1단계는 목표와의 차이를 발견하는 방법, 2단계는 자신의 목표를 반드시 달성하는 핵심 성공 요인, 즉 KSF(Key Success Factor)를 찾는 방법을 소개한다.

물론 업종이나 영업인마다 KSF는 조금씩 다를 수 있다. 보험이나 자동차, 화장품 등과 같이 방문 판매를 주로 하는 영업인들은 가망고객 발굴이 KSF가 될 수 있는 반면, B2B나 B2G 영업인들은 가망고객 접근과 제안, 협상 스킬이 KSF가 될 수 있다. 그러나 이것이 절대적인 것은 아니다. 보험과 자동차 분야에서도 가망고객 접근과 설득 스킬이 KSF인 영업인이 있고, B2B나 B2G 영업인 중에서 가망고객 발굴이 KSF인 경우도 있다.

3단계는 KSF별 활동 목표를 설정하는 방법에 대해 다루고 있다. KSF를 가망고객 발굴과 접근 역량, 설득 역량, 충성고객 만들기 역량의 3가지로 압축해서 KSF별 영업 활동 목표를 설정하는 방법을 소개하고 있다.

4단계는 KSF별 활동 목표 달성 방안을 수립하는 방법에 대해 설명한다. 3단계에서 소개한 KSF별 영업 활동 목표별로 역량을 강화하기 위한 실천 방안이 영업 달인들의 사례와 함께 소개되어 있다. 목표를 필달하는 영업인으로 거듭나기 위해 필요한 KSF별 활동 목표 달성 방안을 찾아 당신만의 실천 방안을 세우기 바란다.

1~4단계를 거치면 당신은 자신의 KSF를 찾음과 동시에 KSF별 활동 목표 설정과 실천 방안도 수립할 수 있을 것이다. 그렇다고 해서 모든 영업인이 목표를 필달하는 것은 아니다. 어떤 조직에서든 신입이나 계획을 잘 세웠다고 해도 목표를 달성하지 못하는 영업인은 있기 마련이다. 이들을 목표 달성으로 이끌기 위해서는 코칭이 필요하다.

그래서 5단계에서는 이들을 대상으로 목표를 필달하는 영업 조직을 만들기 위한 세일즈 코칭을 다루고 있다. 그러나 그들에게만 코칭이 필요한 것은 아니다. 목표를 필달하는 영업인에게도 코칭은 필요하다. 세계 최고의 단거리 선수인 우사인 볼트나 세계 최고의 프로 골퍼인 타이거 우즈가 코칭을 통해 지속적으로 기술을 연마하는 것처럼 말이다.

목표를 필달하는 것은 영업인의 첫 번째 미션이자 최종 미션이다. 따라서 영업인이라면 어떤 조건에서든 반드시 목표를 달성해야 한다. 그리고 변칙과 편법, 불법이 아닌 건전한 방식으로 목표를 달성해야 한다. 하지만 그것은 쉬운 일이 아니다. 대부분의 목표가 자신의 능력을 초과해 책정되고, 예상치 못한 악재들도 나타나기 때문이다.

그러므로 현상에 안주하면 절대로 목표를 달성할 수 없다. 목표를 필달하기 위해서는 지금까지의 생각과 접근 방법을 송두리째 바꿔야 한다. 그중에서도 특히 다음과 같은 3가지를 명심하고 실천해야 한다.

1. 영업에서 가장 중요한 것은 어떤 악조건에서든 목표를 필달하는 것이다.

2. 더 중요한 것은 바람직한 상태로 목표를 필달하는 것이다.

3. 그러기 위해서는 영업 활동을 대폭 늘리고 혁신해야 한다.

그럼 이제부터 목표 필달의 여정을 시작해 보자.

1장

영업 목표 필달을
가로막는 장애물

4 · 2 · 3 · 1 법칙

영업인과 영업팀 전체가 목표를 필달하는 기업은 아마 지구상에 없을 것이다. 회사 전체로는 목표를 달성했더라도 목표를 달성하지 못한 영업인이나 영업팀 혹은 영업 조직이 반드시 있기 때문이다. 그럼에도 불구하고 모두가 목표를 달성했다면 그 조직은 어떤 회사일까? 목표 자체가 너무 낮게 책정되었거나 날씨 등 전혀 예상치 못한 호재 덕분에 목표를 달성했을 가능성이 높다.

목표는 너무 낮거나 높게 책정해서는 안 된다. 대부분의 사람들은 목표를 너무 낮게 책정하면 목표에 도달하는 순간, '다했다.'라는 심리 상태에 빠져 더 이상 기를 쓰고 판매하려 들지 않기 때문이다. 반대로 너무 높게 책정하면 아무리 노력해도 목표 달성이 불가능하다고 판단해 포기해버린다. 그러므로 목표는 너무 낮지도 높지도 않은 수준으로 책정해야 최대의 성과를 이끌어 낼 수 있다.

심리학자인 에드워드 톨먼은 쥐가 음식에 가까워질수록 더 빠르게 달린다는 사실을 통해 목표와 동기부여와의 상관관계를 증명했다. 그리고 최근에는 컬럼비아 대학에서도 실험 결과를 통해 인간 역시 쥐처럼 목표에 가까워질수록 더 많은 노력을 한다는 사실을 밝혀냈다. 즉, 인간이든 쥐든 목표에 가까워질수록 더 많은 노력을 하는 것이다.

그러므로 목표는 열심히 노력해서 달성 가능한 적정 수준으로 설정해야 한다. 그러나 회사와 영업인 모두를 만족시키는 합리적 목표를 책정하기란 결코 쉬운 일이 아니다. 따라서 다수의 영업 조직과 영업인을 만족시키는 목표를 설정해야 한다. 이를 위해서는 객관적인 목표 설정 기준을 만드는 것이 무엇보다 중요하다.

전사의 평균 목표 달성률이 어느 정도 선이 되느냐도 중요하다. 가장 합리적인 선은 전사 영업 조직 단위, 영업인 목표 달성률이 평균 100~105% 정도 되는 것이다. 이 정도면 너무 낮거나 높은 목표 책정으로 인한 판매 손실을 최소화할 수 있다.

그러나 전사의 목표 달성률 평균이 100~105%가 되기란 쉽지 않다. 목표를 낮게 책정해도 이는 마찬가지일 가능성이 높다. 왜냐하면 어떤 기업, 어느 영업 조직이라도 목표 달성과 관련해 '4·2·3·1 법칙'이 적용되기 때문이다.

'4·2·3·1 법칙'이란 우리나라 축구 국가대표팀의 홍명보 감독이 즐겨 쓰는 원톱 중심의 축구 전술이 아니다. 이것은 필자가 영업 현장과 컨설팅 경험에서 발견한 목표 달성에 관한 법칙이다. 이 법칙은 업종과 영업 형태, 영업 규모를 불문하고 대부분의 기업에 적용된다.

먼저, '1 법칙'은 목표를 반드시 달성하는 영업인이나 영업 조직의 비율이 전체의 10% 정도라는 것이다. 경기 침체나 불황과 같은 열악한 환경에서도 10% 정도의 영업인과 영업 조직은 목표를 달성한다. 그들은 목표를 조금 높게 부여해도 반드시 목표를 달성해 내고야 만다.

'2 법칙'은 상위 10% 다음인, 20% 정도의 영업인과 영업 조직이 목표를 필달하는 것을 의미한다. 이 법칙은 경기가 회복기이거나 매년 5% 이상 성장하는 시장, 상품 경쟁력과 영업 경쟁력이 업계 평균 이상인 기업에서 주로 나타난다. 이런 시장 환경에서는 보통 상위 10%를 비롯해 약 30% 정도의 영업인과 영업 조직이 목표를 달성한다.

'3 법칙'은 상위 30% 다음인, 30% 정도의 영업인과 영업 조직이 목표를 필달하는 것을 의미한다. 주로 경기가 활황기이거나 매년 10% 이상 성장하는 시장, 상품 경쟁력과 영업 경쟁력이 업계 최고 수준인 기업에서 이 법칙이 나타난다. 이들 기업에서는 보통 상위 30%를 포함해서 60% 정도의 영업인과 영업 조직이 목표를 달성한다.

'4 법칙'은 목표를 달성하지 못하는 영업인이나 영업 조직의 비율이 40%라는 것을 의미한다. 이것은 경기 침체나 불황기 또는 시장에서 성장이 정체됐거나 마이너스 성장을 하는 시장, 그리고 상품 경쟁력과 영업 경쟁력이 업계에서 하위 수준인 기업에서 주로 나타나는 법칙이다.

이상으로 '4·2·3·1 법칙'에 대해 설명했다. 그러나 이 법칙은 가장 평균적인 상황에서 나타나는 수치일 뿐이다. 판매 목표나 수주 목표가 합리적으로 책정됐다고 가정할 때, 상품 경쟁력이 뛰어나고 매년 10% 이상 성장하는 시장에서 무언가를 판매하는 기업일지라도 영업 부문의 경쟁력이 약하면 목표를 필달하는 영업인과 영업 조직의 비율은 10%나 그 이하가 될 수도 있다. 반대로 시장이 마이너스 성장을 하고 경기 침체나 불황이 닥쳤더라도, 영업 경쟁력이 높은 기업은 30% 또는 50% 이상의 영업인과 영업 조직이 목표를 달성할 수도 있다.

궁극적으로 바람직한 모델은 '4·2·3·1 법칙'이 아니라 '4·2·4 법칙'이나 '5·3·2 법칙'이 적용되는 영업 조직을 만드는 것이다. 어떤 악조건이라도 40% 또는 50% 이상의 영업인과 영업 조직이 목표를 필달하는 그런 기업을 만들어야 하는 것이다. 물론 이보다 더 바람직한 모델은 80% 이상의 영업인과 영업 조직이 목표를 달성하는 '80/20 법칙'으로 진화하는 것이다.

그러나 안타깝게도 대부분의 기업은 '4·2·3·1 법칙'의 테두리를 크게 벗어나지 못하고 있다. 그렇다면 어떻게 해야 80%의 영업인과 영업 조직이 목표를 달성할 수 있을까? 그 방법으로는 3가지가 있다. 첫째, '목표 필달의 강력한 의지를 갖는 것', 둘째, '영업 활동량을 대폭 늘리는 것', 셋째, '영업 활동을 혁신하는 것'이 그것이다.

목표 달성을 가로막는
8가지 장애물

앞에서 언급했듯이 많은 영업인, 영업팀, 영업본부는 목표를 달성하지 못한다. 왜 그런 것일까? 도대체 어떤 문제가 있는 것일까?

프롤로그에서 언급했던 것처럼, 목표가 너무 높게 책정되었거나 상품 경쟁력이 약하고 브랜드 파워가 낮기 때문만은 아니다. 경기 침체나 불황이 지속되거나 가격이 비싸거나 광고·마케팅 역량이나 고객 니즈 파악과 상담·설득 스킬이 부족하기 때문도 아니다. 최악의 불황을 겪고 있는 주택 시장에서도 목표를 필달하는 영업인이 있고, 동일한 상품군 내에서도 비싼 상품을 보란 듯이 판매해 목표를 필달하는 영업인이 엄연히 존재하기 때문이다.

그렇다면 목표를 필달하는 데에 영업인들 스스로 넘기 힘든 장애물이라도 있는 것일까? 그렇다. 그들 스스로의 힘으로는 넘기 힘든 장애물이 분명히 존재한다. 그것은 외부적 요인이 제공하는 것일 수도 있지만, 영업인과 영업 조직이 안고 있는 것일 수도 있다. 그럼 먼저 영업 목표 달성을 가로막는 장애물에 대해서 알아보자.

🌏 영업 목표 달성을 가로막는 8가지 장애물

1. 시장의 성장 정체

2. 강력한 경쟁

3. 더 똑똑하고 까다로워진 고객

4. 상품 경쟁력, 브랜드 파워의 열세

5. 의지가 없거나 약하다

6. 영업 활동이 절대적으로 부족하다

7. 혁신하지 않는다

8. 영업 리더의 세일즈 코칭이 약하다

1_ 시장의 성장 정체

"김 과장님, 물량을 겨우 이것밖에 안 주면 장사는 어떻게 하라고요? 주문량의 1/3도 안 되잖습니까."

이것은 오래전 인기 상품의 공급이 달리자 어느 대리점주가 담당 영업인에게 퍼붓던 하소연 중 한토막이다. 목표 달성에 극도의 스트레스 받고 있는 작금의 영업인들이 들으면 믿지 못하겠다고 하겠지만, 그런 시절이 있었다. 업종별, 기업별로 조금씩 차이가 있겠지만, 위의 사례는 대체로 고도성장을 구가하던 1970~1980년대의 얘기다. 당시에 영업본부나 영업팀이 하는 일은 부족한 제품을 기준을 정해 공평하게 나누는 것이었다. 제품을 배정하는 기준에 따라 성과가 결정됐기 때문이다.

거의 대부분의 업종에서 성장이 정체되거나 오히려 마이너스 성장을 하는 최근의 영업 환경과 비교한다면, 호랑이 담배 피던 시절의 얘기라 할 수 있다. 2013년에 터진 유제품 업체 N사, 주류 업체 B사, 화장품 업체 A사의 이른바 밀어내기도 결국 시장의 성장 정체와 과도한 목표가 부른 안타까운 사건이라 할 것이다.

그런데 시장의 성장이 정체되거나 마이너스 성장을 하는 데에는 업종마다 각기 다른 이유가 있다. 그중 대표적인 이유로는 고객 기반이 축소되는 경우를 들 수 있다. 저출산으로 인한 영유아용 제품이나 취학 아동의 감소로 인한 학습지 시장 등이 대표적이다. 또한 새로운 유형의 경쟁자가 출현함으로써 마이너스 성장을 하는 전통적인 유통 시장도 있고, 삐삐 사업자처럼 신기술로 인해 시장이 대체·축소되거나 아예 사라져버리는 경우도 있다.

성장의 정체는 비단 국내만의 문제는 아니다. 전 세계적인 현상이라고 할 수 있다. 미국, 일본, 유럽은 물론 고도성장을 구가하던 중국마저도 최근 그 성장세가 눈에 띄게 둔화되고 있다. 그렇게 보았을 때, 시장의 성장이 정체되고 축소되는 상황에서도 경쟁자와 피 튀기게 고객 쟁탈전을 벌이고, 목표를 달성하기 위한 영업 활동을 지속적으로 해야하는 영업인들은 무수히 많다고 할 수 있다.

그러므로 '성장이 정체되고 축소되는 시장에서 이렇게 높은 목표를 주다니.'라고 생각해서는 절대 안 된다. 도저히 넘기 어려운 장애물이라고 생각지 말고 노력을 경주해야 한다. 성장이 정체되거나 마이너스 성장을 하는 최악의 상황에서도 부여받은 목표를 필달하는 영업인과 영업 조직은 반드시 있기 때문이다.

'운명은 용기 있는 사람 앞에서는 약하고, 비겁한 사람 앞에서는 강하다.'는 말이 있다. 목표 역시 마찬가지다. 목표는 달성하려는 의지가 강한 사람에게는 가볍게 넘을 수 있는 동산이 되고, 달성하려는 의지가 약한 사람에게는 도저히 넘기 힘든 태산이 된다.

2_ 강력한 경쟁

시장이 성숙기에 진입해 성장이 정체되면 상상할 수 없을 정도로 경쟁이 치열해진다. 그리고 그 양상은 크게 두 가지 형태로 나타나게 된다.

첫 번째는 양적인 경쟁이다. 가격을 대폭 낮춰 덤핑 수준으로 시장을 공략하는 기업과 영업인이 나타나는 것이다. 이렇게 고객을 유치하기 위해 파격적인 조건을 제시하다 보면, 영업 일선에선 영업인들끼리 서로 치고받으며 신체적 접촉을 불사하는 일이 생기기도 한다. 하지만 이와 같은 양적인 경쟁은 도저히 넘을 수 없는 장애물이 아니다. 경쟁자들보다 가격이나 거래 조건을 더 좋게 제시하는 방식으로 대응이 가능하기 때문이다.

두 번째는 질적인 경쟁이다. 이것은 양적인 경쟁보다 더 넘기 힘든 장애물이다. 가령 가격이나 거래 조건 대신 신기술이나 품질·성능·기능·디자인 등 탁월한 상품 경쟁력을 갖춘 경쟁자와 상품에 대한 전문 지식은 물론 고객 수익성 제고와 같은 솔루션을 제공할 수 있는 경쟁자의 존재가 그것이다. 이들은 경쟁의 패러다임을 바꾼 경쟁자들인 것이다.

전통 소매점이나 전통 시장의 관점에서 보면 새로운 유통 기술과 자본, 전문 인력으로 무장한 대형 마트, 기업형 슈퍼마켓, 온라인 쇼핑몰과 온라인 서점 등이 여기에 해당된다. 또한 여성 설계사 위주의 시장에 노트북과 PDA, 태블릿 PC 등으로 무장하고서 보험 상품뿐 아니라 재무 설계까지 해주는 고학력 보험 영업인들 역시 그런 범주에 속한다.

취업난, 기업의 고용 불안정 등으로 인해 지적 능력이 풍부한 신입 영업인, 즉 젊고 새로운 경쟁자들이 영업직으로 진입하고 있는 게 지금의 현실이다. 시장 자체의 성장 정체로 고전하고 있는 영업인들에게 이와 같은 강력한 경쟁자들의 출현은 이중고를 불러올 수밖에 없다.

그래도 당신은 강력한 경쟁이라는 장애물을 넘어야만 한다. 양적 경쟁 시장에서는 영업 활동을 늘리는 것이 최상의 방책이 된다. 파격적인 가격과 거래 조건을 제시하는 경쟁자가 있으면 동일하거나 더 유리한 방식으로 대응해야 한다. 또한 경쟁자보다 고객이나 가망고객 방문 및 접근 횟수를 늘려 친밀한 관계를 구축하는 것도 한 방법이다.

하지만 질적 경쟁 시장에서는 영업 활동을 혁신해야 경쟁자에 대한 대응이 가능하다. 방문 및 접근 활동을 강화하는 방식만으로는 한계가 있다. 그렇다면 무엇을 어떻게 혁신해야 할까? 자신의 분야에서 최고의 전문가가 되기 위해 노력하고, 신규 고객 개척과 기존 고객을 유지하기 위해 마케팅 역량과 세일즈 역량도 획기적으로 높여야 한다.

3_ 더 똑똑하고 더 까다로워진 고객

목표를 필달하는 데 장애물이 되는 것에는 강력한 경쟁자들만 있는 것이 아니다. 고객 역시 장애물이 된다. 21세기는 영업인 역사상 가장 똑똑한 고객들과 부딪쳐야 하는 시대다. 넘쳐나는 정보로 인해 영업인보다 더 많이, 더 깊이 알고 있는 고객들도 많다. 의사와 약사 등과 같은 전문직 대상 영업인들은 물론이고, 은행이나 증권, 보험 업종의 영업인들과 자동차를 파는 영업인 역시 똑똑한 고객들을 맞닥뜨리기는 마찬가지다. 심지어 자신의 담당 PB에게 "돈 냄새는 내가 당신보다 더 잘 맡는다."라고 말하는 고객들도 있다. 전문성으로 고객의 신뢰를 얻기가 어려워지고 있고, 그 여파로 목표 달성 또한 점점 더 어려워지고 있는 것이다.

B2B 영업인들이 처한 상황은 특히 더 그렇다. 그들에게도 고객관리의 목표가 '고객과의 친밀한 관계 구축'이었던 시절이 있었다. 이것이 B2C 영업인들에게는 여전히 유효하지만, B2B 영업인들에게는 더 이상 유효하지 않다. "난 B사 구매 담당자와 호형호제하는 사이야. B사는 물론 C사, D사 등의 구매 담당들 역시 마찬가지고."라고 말하는 B2B 영업인이 이제는 더 이상 최고의 성과를 올리기 어려운 시대가 된 것이다.

B2B 고객 대부분이 특정 영업인과의 인간관계보다는 더 뛰어난 가치를 제공해 주는 영업인과 계약하는 비율이 갈수록 높아지고 있다. 물론 고객과의 친밀한 관계 구축이 B2B 영업에 전혀 도움이 되지 않는 것은 아니다. 하지만 절대 조건이 아니다. 친밀한 관계 구축은 고객이 원하는 가치를 충족시켜 줄 때 더 빛을 발하는 부수적 조건이 되어 가

고 있는 것이다. 따라서 더 똑똑해진 고객을 대상으로 목표를 달성하기 위해서는 영업 활동을 늘리는 것보다 혁신해야 한다.

고객들의 요구와 기대 수준이 더 까다로워지고 높아지고 있다는 것도 영업인의 목표 달성에 장애물이 된다. 구매할 의사가 전혀 없으면서도 우월적 지위를 이용해 구매의사를 타진하는 고객들도 있다. 자신이 원하는 정보를 얻기 위해 혹은 이미 구매업체를 내정해 놓은 상태에서 구색을 맞추기 위해 영업인을 이용하는 경우가 여기에 속한다. 이렇게 실적에 직접적으로 보탬이 되지 않는 일에 시간과 노력을 빼앗기다 보면 영업인은 목표 달성에 지장을 받을 수밖에 없다.

그렇다면 이런 장애물은 어떻게 극복해야 할까? 영업 팀장이나 지점장처럼 경험이 많은 리더와 상의하는 것도 한 방법이다.

4_ 상품 경쟁력과 브랜드 파워의 열세

필자는 강의나 컨설팅을 하면서 이런 말을 자주 듣는다.

"상품의 품질이나 성능이 많이 떨어진다는 것은 우리 회사의 영업인들이라면 다 아는 공공연한 비밀입니다. 그래도 회사는 상품의 경쟁력이 떨어지지 않는다고 말합니다. 그렇다고 해서 가격 경쟁력이 뛰어난 상황에서 영업을 하는 것도 아닙니다. 상황이 이렇다 보니 목표 달성은 정말 요원한 일입니다."

"소장님, 고민이 있습니다. 가망고객을 만나면 〈그런 회사도 있어요?〉라는 질문을 자주 받습니다. 저처럼 회사의 브랜드 파워도 떨어지고, 시장 점유율도 높지 않은 회사에서 영업하는 사람들은 어떻게 해야 합니까?"

자신이 파는 상품의 경쟁력이 떨어지고, 브랜드 파워나 시장 점유율이 꼴찌인 회사에서 영업하다 보니 목표 달성은커녕, 고객 한 사람을 설득하는 것조차 너무 힘들다는 하소연을 하는 것이다. 이것은 핑계대지 말아야 할 이유에 속하기도 하지만, 목표 달성에 장애물인 것도 분명하다. 그렇다고 해서 이런 장애물 앞에 주저앉거나 한두 번 넘어보다가 포기하고 돌아서면 안 된다. 한국 GM 동대문 대리점의 박노진 대표처럼 그런 악조건에서도 목표를 필달하는 영업인들이 있기 때문이다.

박노진 대표는 대우자동차와 GM대우에서 누적 판매대수 4,000대를 넘긴 자동차 영업의 달인이다. 박 대표가 몸담았던 대우자동차와 GM대우는 브랜드 파워에서 현대자동차나 BMW, 벤츠 등에 비해 뒤떨어졌다. 그럼에도 불구하고 그는 브랜드 파워가 뛰어난 기업의 그 어떤 영업인들보다 뛰어난 성과를 올렸다.

그렇다면 그의 비결은 무엇이었을까? 그것은 바로 브랜드 파워의 열세에 위축되지 않고 자신의 영업 활동량을 대폭 늘리거나 끊임없이 영업 활동을 혁신했다는 것이다. 박 대표의 사례는 '가망고객 발굴 역량 강화' 등에서 자세히 소개할 것이다.

박 대표 외에도 상품 경쟁력과 브랜드 파워의 열세를 극복하고 목표를 달성한 영업인은 무수히 많다. 그들에게는 공통점이 있다. 상품 경쟁력과 브랜드 파워의 열세라는 장애물 앞에 그냥 주저앉지 않았다는 것이다. 장애물을 뛰어넘으려고 두세 차례 시도하다가 포기하지도 않았다. 그들은 장매물을 뛰어넘기 위해 수백, 수천 번씩 도전했고, 결국 장애물을 뛰어넘은 사람들이었다. 당신은 어느 쪽인가?

앞에서 언급한 4가지 장애물은 영업인이 목표 달성을 위해 넘어야 할 외부적 변수와 관련된 것이다. 지금까지 언급한 것처럼 이 4가지 장애물은 도저히 넘지 못할 수준의 것이 아니다. 당신이 의지만 있다면 얼마든지 뛰어넘을 수 있다.

다음에 소개할 영업인이나 영업 조직이 갖고 있는 내부적 변수에 관한 장애물이 더 큰 문제라고 할 수 있다. 이런 장애물을 근본적으로 제거를 하지 않는다면 목표 달성은 절대 불가능하다. 시장이 성장세로 돌아서거나 경쟁 상황이 약화되며, 히트 상품이 출시되거나 브랜드 파워가 강화되어도 그 혜택을 전혀 누릴 수가 없다. 그것은 당신의 의지와 관련된 장매물이기 때문이다.

5_ 의지가 없거나 약하다

"당신의 목표는 얼마입니까?"라는 질문을 던지면 대부분의 영업인들은 웃는다. 목표가 얼마인지조차 모르는 영업인이 이 세상 어디에 있겠느냐면서 말이다. 그러나 "당신은 금년 목표를 달성할 자신이 있습니까?"라고 물으면 그들의 표정은 순간 달라진다. 웃는 사람이 거의 없어진다. 왜 이렇게 상반된 결과가 나타날까? 목표 달성에 자신이 없기 때문이다.

그렇다면 왜 자신이 없는 것일까? 시장 환경 때문일까? 아니다. 가장 큰 이유는 반드시 목표를 달성하겠다는 의지가 없거나 아주 약하기 때문이다.

목표를 달성할 자신이 있느냐고 물으면 대부분의 영업인들은 다음과 같이 답한다.

"물론 목표를 달성하기 위해 노력하고 있습니다. 상반기까지의 목표 달성률은 90%입니다. 하반기에는 상반기에 달성하지 못한 부분까지 포함해서 반드시 목표를 달성하겠습니다."

그러나 이렇게 대답하는 영업인들의 목소리엔 자신감이 없는 경우가 많다. 자신의 팀장이나 본부장에게 목표 달성을 못하겠다는 말을 차마 할 수 없기 때문이다.

필자가 "영업 목표를 달성하고자 하는 의지가 약하거나 아예 목표를 달성하려는 의지조차 없는 영업인들도 있다."라고 말하면 반론을 제기하는 영업인들이 제법 많다. "목표 때문에 스트레스를 받는 사람이 많다. 오죽하면 자기 돈으로 상품을 사겠느냐. 심지어는 목숨을 끊는 이도 있지 않느냐."라고 하면서 말이다.

그렇다면 정말 영업 목표에 대한 스트레스 때문에 이런 일이 벌어질까? 물론 일리 있는 말이지만, 그게 전부는 아니다. 영업이라는 직무에 대한 신념과 열정이 약한 것이 더 큰 이유다. 영업에 입문하게 된 동기야 어떻든, 모든 영업인이 가져야 할 기본 마인드는 영업에 자부심을 가져야 한다는 것이다.

영업인들만 무언가를 판매하는 사람이 아니다. 의사나 변호사, 연예인은 물론 대통령이나 국회의원, 자치단체장을 꿈꾸는 사람들도 무언가를 파는 사람들이다. 그들은 자신의 이미지를 잘 팔아야 꿈을 이룰 수 있는 사람들이다. 그런데 자신이 하는 일에 자부심이 없는 사람이 자신이나 자신의 이미지를 잘 팔 수 있겠는가?

영업인도 마찬가지다. '내가 잘 팔아야 회사가 지속적으로 성장할 수 있다.'라는 자부심을 가져야 한다. 영업이라는 직무에 신념과 열정이 넘쳐야 한다. 그래야 어디서 무엇을 팔든 잘 팔 수 있고, 성공할 수 있다.

그런데 현실은 안타깝게도 신념과 열정이 약하고 목표 달성 의지도 약한 영업인들이 대부분이다. 『절대 달성하는 인재 만들기(워드유북스 刊)』라는 책을 낸 일본 아텍스 세일즈 어소시에이츠의 요코하마 노부히로의 말에 따르면, 영업인 1만여 명 중 목표에 초점을 맞추고 있는 사람은 20%에 불과하다고 한다. 80%의 영업인이 목표 달성에 대한 의지가 약하거나 아예 없는 것이다. 결국 목표 달성에 초점을 맞춘 20%의 영업인 중에서 목표를 반드시 달성하는 영업인이 나온다고 할 수 있다.

이런 주장에 반론을 제기하는 이들은 이렇게 주장한다.

"나는 물론 우리 지점 내 영업인들 모두가 목표에 초점을 맞추고 있다. 아니 목표에 초점을 맞추지 않을래야 않을 수 없는 상황이다. 본부장이나 지점장이 거의 매일, 목표 대비 진척도를 체크하기 때문이다."

이런 경우도 대부분 목표 자체에 초점을 맞춘 것일 뿐이다. 목표 자체에 초점을 맞추는 것과 목표 달성에 초점을 맞추는 것은 근본적으로 다르다.

다음의 말도 목표 자체에 초점을 맞춘 경우라 할 수 있다.

"목표 달성을 위한 핵심 성과지표인 KPI가 10가지도 넘는다. KPI별로 목표를 달성하려면 이른 아침부터 밤늦게까지 일을 해도 벅차다."

목표 달성을 위해 자신의 영업 활동을 대폭 늘리지도 않고, 혁신하려는 의지도 없이 KPI에 휘둘리고 있기 때문이다.

목표 그 자체에만 초점을 맞추는 영업인은 목표 달성에 대한 의지가 그리 강하지 않은 편이다. 그래서 현재의 연장선상에서 영업 활동을 전개할 뿐 자신의 영업 활동을 양적, 질적으로 늘리려는 시도를 별로 하지 않는다. 그러고는 너무 바빠서 더 이상 시간을 내는 것이 불가능하다고 항변한다. 그러다가 목표 달성을 가로막는 장애물을 만나면 쉽게 타협해 버린다.

그렇다면 팀장이나 지점장 같은 영업 리더의 경우는 어떨까? 목표 달성에 대한 의지가 강할까? 그렇지 않다. 그들 역시 목표 달성 의지가 강하지 않은 편이다. 그들 중에는 심지어 영업인들에게 너무 목표를 강조하면 오히려 역효과가 난다는 리더도 있다. "가장 바람직한 목표 관리는 영업인들이 할 수 있는 수준에서 조금 더 하도록 만드는 것이다. 너무 과도한 독려는 오히려 마이너스로 작용한다."란 논리를 내세우면서 말이다.

그러나 리더의 목표 달성 의지가 약하면 영업인들의 목표 달성 의지 또한 약할 수밖에 없다. "강장하 무약병(强將下 無弱兵)", 즉 "강한 장수 밑에 약한 병사 없다."라는 말은 결코 틀린 말이 아니다.

6_ 영업 활동이 절대적으로 부족하다

목표 달성에 대한 의지가 강하고, 어떤 상황에도 핑계를 대지 않는 마인드로 무장해도 목표 달성이 호락호락하지 않은 경우도 많다. 목표가 쉽게 달성할 수준이 아니거나 경쟁이 너무 치열하고 교차 판매, 추가 판매, 재구매 등 달성해야 할 KPI 목표가 너무 많기 때문도 아니다. 목표 달성에 필요한 영업 활동이 절대적으로 부족한 경우가 대부분이다.

이런 주장에도 반론을 제기하는 영업인들이 있다. 이른 아침부터 밤 늦게까지 열심히 일하고 있다는 영업인들이 대표적이다. 이런 주장을 펴는 영업인들에게 필자는 다음과 같은 질문을 던지고 싶다.

"혹시 가망고객 발굴이나 제안이나 프리젠테이션 등 목표 달성에 직접적인 영향을 주는 영업 활동 대신 회의, 보고, 이동 등 영업 관리 활동에 너무 많은 시간을 뺏기고 있지는 않은가?"

"당신 회사에서 목표를 필달하는 영업왕이나 상위 1% 이내의 영업인들과 비교하면 어떤가? 그들보다 영업 활동량이 더 많은가?"

"당신의 영업 활동량이 더 많다면 당신은 왜 목표를 달성하지 못하는 것일까? 너무 높은 목표를 받았기 때문일까? 당신의 영업 활동의 퀄리티가 그들에 비해 낮기 때문이지 않을까? 당신은 영업 활동을 혁신시키기 위해 지난 6개월 동안, 아니 지난 1개월 동안 어떤 노력을 했는가?"

나름대로 열심히 노력하는 것만으로는 목표 달성이 어려운 경우가 많다. 이런 영업인에게는 2가지 처방전이 있다. 하나는, 현재보다 영업 활동량을 늘리라는 것이다. 불필요한 시간을 줄이든 일하는 시간을 늘리든, 선택은 당신 몫이다. 다른 하나는, 영업 활동을 혁신하라는 것이다. 현재까지의 영업 활동을 혁신해서 생산성을 높여야 한다는 뜻이다. 매년 목표를 달성하지 못하는 영업인, 전년도에 목표를 달성하지 못한 영업인, 금년도에도 목표를 달성하지 못하고 있는 영업인은 다시한번 깊이 새기기 바란다.

그렇다면 영업 활동이란 무엇을 뜻하는 걸까? 가망고객 발굴과 접근 활동, 설득과 협상 활동, 재구매와 고객 유지 활동, 교차구매와 추가구매를 유도하기 위한 활동 등과 같이 매출과 수익을 창출하기 위한 모든 활동을 말한다. 물론 영업인마다 목표 달성을 위한 영업 활동의 중요도는 제각기 다르다. 어떤 영업인에겐 가망고객 발굴과 접근 활동이, 어떤 영업인에겐 가망고객을 설득하고 협상하는 활동이, 어떤 영업인에겐 재구매와 교차구매를 늘리기 위한 영업 활동이 중요할 수 있다.

또다른 문제는 목표 달성을 위한 영업 활동에도 지금 당장 필요한 것과 그 효과가 1개월 후나 6개월 후 등 중기적으로 나타나는 영업 활동이 있다는 것이다. 이런 경우는 어떻게 해야 할까?

인생은 선택과 집중의 싸움이란 말이 있다. 어떤 선택이 옳았고, 누가 더 집중했는지가 성공과 실패를 가른다는 뜻이다. 목표 달성 역시 마찬가지다. 어떤 영업 활동을 선택해서 집중하느냐의 싸움이다. 10가지가 넘는 KPI를 모두 달성하려다 보면 목표 달성이 불가능할 수 있다. 따라서 몇 개월 후에야 그 성과가 나타나는 영업 활동보다는 지금 당장 성과를 올릴 수 있는 영업 활동을 선택해서 집중해야 한다.

물론 목표 달성과 관계된 모든 영업 활동을 완벽하게 실행할 수 있다면 금상첨화다. 그러나 10가지도 넘는 KPI 달성에 필요한 모든 영업 활동과 지금 당장은 물론 6개월 후의 목표 달성에 영향을 미칠 영업 활동까지 모두 잘하려다 보면 아무것도 이루지 못할 가능성이 높다. 따라서 우선 순위가 낮은 영업 활동은 과감하게 포기해야 한다. 안타까운 것은, 목표를 달성하지 못하는 영업인은 선택과 집중 이전의 문제가 대부분이란 사실이다.

어쨌든 목표를 달성하지 못하는 영업인들에게는 이런 영업 활동이 절대적으로 부족하다는 공통점이 있다. 물이 100도가 돼야 끓듯이, 목표 달성도 수많은 영업 활동들이 임계점을 넘어야 달성되는 것이다. 그런데 목표를 달성하지 못하는 영업인들은 임계점에 도달하기도 전에 지레 포기해 버린다. 아예 임계점 근처에도 가지 못할 정도로 영업 활동이 부족한 영업인들도 많다. 하물며 신규 고객을 개척하기 위한 영업 활동 시간이 하루 평균 30분, 주간 평균 2시간도 안 되는 영업인과 영업 리더도 있다.

그렇다고 해서 그들이 하루에 서너 시간만 일하는 건 아니다. 그들 대부분 역시 하루에 8~10시간씩 일한다. 그런데 대부분의 시간을 회의, 회의 자료 준비, 보고서 준비, 고객을 만나기 위한 이동, 채권관리 등의 영업 관리 활동으로 보낸다. 영업 활동에 비해 영업 관리 활동이 훨씬 많은 것이다.

따라서 목표를 달성하려면 영업 활동량부터 대폭 늘려야 한다. 하지만 대부분의 영업인들은 그런 시도를 하지 않는다. 어떤 이들은 아침 6시부터 밤늦게까지 뛰고 있다며 더 이상 시간을 내는 게 불가능하다고 말한다. 하루가 48시간이라면 몰라도 영업 활동량을 대폭 늘리는 것은 물리적으로 불가능하다는 것이다.

그리고 어떤 이들은 월급쟁이는 근로기준법이 정한 근로시간 내에서 최선을 다하면 되는데 왜 희생을 강요하느냐며 반발하기도 한다. 자동차나 보험 · 화장품을 판매하는 영업인들처럼 노력에 비례해 성과급으로 억대 연봉을 받는다면 모르지만, 일과 이후의 시간을 왜 희생해야 하느냐는 것이다.

또한 어떤 이들은 회사에서 물리적으로 일할 시간을 빼앗는다며 불만을 터트리기도 한다. 불필요한 회의에다 회의 자료 준비, 영업 일지, 보고 등의 내근 업무 때문에 영업 활동 시간을 늘리기 어렵다면서 말이다. 영업 활동량이 부족한 것은 결국 회사 때문이라고 그들은 핑계를 대는 것이다. 영업 활동 부족이라는 장애물을 넘지 않으려고 발버둥치는 영업인들은 이처럼 많다.

7_ 혁신하지 않는다

매년 목표를 필달하는 영업인은 별 문제가 없다. 하지만 매년 목표를 달성하지 못하는 영업인과 들쭉날쭉 하는 영업인은 그렇지 않다. 목표를 달성하지 못한 이유가 무엇이든, 금년부터는 달라져야 한다. 그러나 대부분의 영업인들은 혁신, 즉 달라지려고 하지 않는다. 그들이 추구하는 방식이란 전월 혹은 전년보다 더 열심히 노력하겠다는 것 정도에 지나지 않는다. 지금까지 해왔던 방식과 타성에서 벗어나려고 하지 않는 것이다.

그렇다면 영업인은 왜 혁신해야 하는가? 주변의 모든 것이 변하기 때문이다. 고객도 변하고, 고객의 기대 수준도 시시각각으로 변한다. 그뿐만이 아니다. 경쟁자도 변하고, 제품도 변하며, 고객과의 커뮤니케이션 환경도 변한다. 이와 같은 변화를 외면하는 영업인은 결국 도태될 수밖에 없다. 왜냐하면 고객의 기대에 대응하지 못할 것이기 때문이다. 대표적인 예가 영업인들의 이른바 기념일 마케팅이다.

고객의 생일날이나 결혼기념일을 챙기는, 즉 기념일 마케팅을 실행에 옮기는 영업인들이 많다. 그들 중에는 다음과 같이 하소연을 하는 영업인들도 있다.

"고객의 생일날 축하 카드도 보내고 문자 메시지도 보낸다. 물론 VIP 고객에게는 축하 케이크와 꽃다발을 보내기도 한다. 나름대로 한다고 하는데 효과는 왜 별로인지 잘 모르겠다. 정성이 부족해서 그런 걸까? 돈은 돈대로 들어가는데……."

2000년대 초반에는 고객의 생일날, 축하 카드를 보내거나 문자 메시지를 보내는 것만으로도 고객들이 감동을 받거나 고맙다고 인사를 했다. 그러나 그 정도는 기본이 된지 오래다. 축하 케이크나 꽃다발을 보내도 당연하다는 반응을 보이는 고객들도 많다. 오랜 기간 여러 기업과 영업인들에게 축하 메시지나 선물을 받다 보니 이제는 당연한 것으로 여기는 고객들이 많아졌기 때문이다. 기념일 마케팅에 대한 기대 수준만 높아진 게 아니다. 기업이나 영업인들이 제공하는 다양한 서비스를 이제는 당연하게 생각하는 고객들도 많아졌다.

이런 고객들의 기대 수준을 충족시키려면 과거에 했던 방식을 그대로 답습해서는 안 된다. 매번, 매년 새롭게 진화해야 한다. 그렇지 않으면 비용과 시간을 투입한 만큼 효과를 얻을 수 없다. 1달 전, 1년 전과는 다른 모습을 고객에게 보여줘야 한다.

고객은 이처럼 눈높이가 높아졌고 까다로워졌다. 역사상 가장 똑똑한 고객이 나타난지도 이미 오래다. 오늘날은 넘쳐나는 지식과 정보를 언제, 어디에서든지 쉽게 얻을 수 있기 때문이다. 이와 같은 환경에서 고객을 만족시키고 감동시키려면 고객보다 한 발 앞서 변화해야 한다. 그리고 매일, 매월 자신의 영업 활동을 혁신해야 한다.

영업인이 자신의 영업 활동을 혁신시켜야 하는 또 하나의 이유는 물리적으로 영업 활동량을 늘리는 것이 점점 어려워지고 있기 때문이다. 은행을 예로 들어 보자. 과거에 영업점에 근무하는 은행원들이 달성해야 할 KPI 목표는 수신, 여신, 신용카드 정도였다. 그러나 지금은 은행별로 다소 차이가 있지만 달성해야 할 KPI 목표가 10개를 넘는 곳이 대부분이다. 과거에 비해 두세 배 이상 많아진 것이다.

그렇다면 근무시간, 즉 영업 활동 시간이 두세 배 늘어났을까? 물론 아니다. 과거보다 생산성은 향상됐지만, 근무시간이 그만큼 늘어난 것은 아니다. 이 같은 상황에서 목표를 필달하는 방법은 자신은 물론이거니와 자신이 속한 영업점의 영업 활동을 혁신하는 길밖에 없다. 다른 업종도 결코 예외가 아니다.

그러나 대부분 업종의 영업인과 영업 리더들은 그렇게 하지 않는다. 몇 년 전 혹은 그보다 훨씬 오래전 배운 방법을 그대로 적용하는 이들도 많다. 그렇다면 고객은 이런 영업인을 과연 어떻게 평가할까? '사람이 성실하긴 하지만……' 이라고 평가할 수밖에 없을 것이다. 열심히 노력하면 목표를 달성할 수 있던 시절이 물론 있었다. 그러나 지금은 열심히 노력하되, 목표가 명확해야 한다. 고객의 기대 수준을 충족시키기 위해 매일매일 혁신하겠다는 그런 목표 말이다.

이와 같은 진리를 실천해 성공한 사람이 바로 홍콩 최고의 부자인

리카싱 회장이다. 그는 '성공하기 위한 유일한 방법은 어제와 다르게 하는 것이다.'라는 말을 했다. 목표 달성 역시 마찬가지다. 목표를 달성하지 못한 영업인은 어제와는 달라져야 한다. 매일, 매주, 매월 자신의 영업 활동을 끊임없이 변화시키고 혁신해야 목표를 달성하고 성공할 수 있다.

8_ 영업 리더의 세일즈 코칭이 약하다

팀이든, 지점이든, 본부든, 단위 영업 조직이 목표를 달성하기 위해 가장 중요한 것 중 하나가 바로 코칭이다. 왜냐하면 영업인의 성과가 조직의 목표 달성을 좌우하기 때문이다.

그런데 어떤 영업 조직이든 성과 창출에 장애가 되는 영업인이 있기 마련이다. 또한 계획은 잘 세웠지만 실천을 하지 못하는 영업인, 습관적으로 목표를 달성하지 못하는 영업인이 존재한다. 그들에게는 제때에 제대로 코칭을 해주는 것이 매우 중요하다. 하지만 코칭이 약한 영업 리더들이 제법 많다. 이렇게 말하면 다음과 같이 부정하는 영업 리더들이 있다.

"내가 얼마나 열심히 동기부여를 해주고 목표 달성을 위한 세일즈 방법론도 가르쳐 주는지 아느냐?"

코칭을 하지 않는 영업 리더는 물론 없을 것이다. 그러나 그 방식이 제대로 된 코칭이라기보다는 지시와 독려, 동기부여에 의존하는 경우가 많다. 실제로 이들의 코칭 방법은 대부분 다음의 2가지다. 그 첫 번째는 "적극적이고 열정적인 자세로 열심히 하세요. 절대 포기하지 말고."라는 식의 마인드 코칭이고, 그 두 번째는 "프로모션을 걸었습니다. 목표를 달성하면 많은 혜택이 돌아가니 열심히 뛰세요."라는 식의 동기부여식 코칭이다.

첫 번째 방법은 신입 영업인이나 슬럼프에 빠진 영업인들에게 효과적인 코칭 방법이다. 하지만 성과를 내기 위해 나름대로 열심히 하고 있는 영업인들에겐 오히려 역효과가 나기도 한다. "이렇게 열심히 하고 있는데, 더 하라고? 누가 그걸 모르나? 나도 다 알고 있고, 그렇게 하기 위해서 신규 고객 개척 캠페인을 하거나 고객과 식사도 하며 명절 때는 선물도 보내잖아. 열심히 하라고 닦달만 하지 말고 최소한 어떻게 하라고 돌파구를 만들어 줘야 할 거 아냐."라며 강하게 불만을 드러내는 영업인들도 많다. 하지만 대부분의 영업 리더는 자신의 코칭 방법이 잘못됐다는 사실조차 제대로 모르고 있다.

두 번째 방법은 영업 기획 담당자가 해야 할 미션일 뿐이다. 물론 일부 영업 리더는 동기 부여를 위한 세일즈 프로모션을 기획하고 실행하는 경우도 있다. 그러나 이를 세일즈 코칭의 한 방편으로 인식해서는 안 된다. 이것은 영업 기획 담당 부서가 해야 할 일을 대신 했을 뿐이다. '이렇게 좋은 프로모션을 걸었는데도 왜 안 뛰는 거지?'라며 다음번엔 더 강한 프로모션을 위해 머리를 짜내기도 한다. 그러나 이 방법은 산출량을 늘리기 위해 이미 산성화된 땅에 화학 비료의 투입량을 늘리는 것과 같다. 산출량을 늘리기 위한 근본적인 처방은 퇴비와 유지질 비료 등을 투입해 땅을 알칼리 성분으로 바꾸는 것이다.

세일즈 코칭 역시 마찬가지다. 동기부여식 코칭에 너무 의존해서는 안 된다. 이 방법은 자칫하면 단기적 성과만을 노린 편법과 불법적인 영업 활동을 조장할 수도 있다. 따라서 목표 달성에 필요한 신규 고객 개척과 기존 고객의 재구매율과 추가 구매의 제고를 위한 근본적 처방을 코칭해야 한다.

영업 리더들의 코칭이 약한 또 다른 이유는 신입 영업인이나 목표를 달성하지 못한 영업인들에게만 코칭을 하기 때문이다. 우사인 볼트나 타이거 우즈가 코칭을 받는 것처럼 목표를 필달하는 영업인들에게도 적재적소의 세일즈 코칭이 필요하다. 그래야만 그들이 오랫 동안 목표를 필달하는 영업인이 될 수 있다.

2장

목표를 필달하는
영업인의 7가지 DNA

아무리 초일류 기업이라도 목표를 달성하지 못하는 영업인과 영업 리더는 존재한다. 반대로 브랜드 파워가 떨어지고 상품 경쟁력이 뒤쳐져 시장 점유율 꼴찌를 다투는 기업에서도 목표를 필달하는 영업인과 영업 리더는 존재한다. 이렇게 목표를 필달하는 영업인과 필달하지 못한 영업인들이 어떤 기업, 어느 조직에서든 존재한다. 상품 경쟁력, 브랜드 파워, 마케팅 능력, 가격 경쟁력, 시장 점유율 등 영업 활동에 영향을 미치는 변수와는 상관없이 그 수가 많거나 적을 뿐이다.

경기 침체나 불황 역시 마찬가지다. 어떤 기업이나 어느 조직에든 목표를 필달하는, 운 좋게 한두 번이 아니라 거의 매번 영업 목표를 달성하는 영업인이나 영업 리더가 존재한다. 열악한 환경에서도 그들이 영업 목표를 필달하는 원천은 어디에 있는 것일까? 적극적이고 활달하며 사교적이기 때문일까? 집안이 좋고 좋은 대학을 나와 친인척과 인맥의 도움을 받기 때문일까? 아니면 뛰어난 말솜씨를 갖고 있기 때문일까?

그런 사람도 물론 있겠지만, 그렇지 않은 경우도 많다. 성격이 조용하고 내성적이어서 다른 사람 앞에만 서도 얼굴을 붉히는 사람, 대학을 나오지 못했지만 좋은 대학을 나온 사람보다 끈끈한 인맥을 가진 사람, 말솜씨가 탁월하기보다는 어눌한 사람 중에도 목표를 필달하는 영업인들이 많다. '정말 그럴까?'라고 의문을 가진 사람들을 위해 영업인의 성격을 기준으로 한 실험 결과를 소개한다.

미국 펜실베이니아대 경영학과 애덤 그랜트 교수팀은 미국 통신판매회사의 영업직 사원 340명을 대상으로 설문조사를 실시했다. 이들의 외향성과 성실성, 친화성, 개방성, 정서적 안정성 등 5가지 성격과 판매 실적 사이의 관계를 분석하기 위해서였다. 결과는 어땠을까? 외향적인 영업인이 더 잘 팔았을까? 아니다. 외향적인 성격의 영업인들은 내향적인 성격의 영업인들에 비해 더 못 팔았다.

이들의 실적을 3개월간 누적해 계산했더니 외향성이 강한 영업인은 평균 1,200만 원 정도의 제품을 팔아 놀랍게도 가장 저조한 실적을 기록했다. 내향적 성격이 강한 영업인의 누적 실적은 평균 1,300만 원이었다. 내향성의 영업인이 외향성의 영업인보다 제품을 더 많이 판 것이다. 내향성과 외향성을 모두 갖춘 양향적 성격의 영업인은 평균 1,600만 원 정도의 제품을 팔았다.

- 출처 : 〈동아비즈니스 리뷰〉 129호 -

일반적으로 외향적인 영업인이 더 잘 팔 것으로 생각했는데 왜 이런 결과가 나왔을까? 외향성이 강한 사람은 주목받기를 좋아해 다른 사람, 즉 고객의 말이나 의견을 듣지 않거나 무시할 가능성이 높다. 위의 실험은 기본적으로 성격이 목표 달성과는 별로 관계가 없다는 것을 증명해 준다.

실제로 국내에서도 내향적인 사람이 상품을 더 잘 파는 사례를 제법 찾아볼 수 있다. BMW 공식 딜러인 코오롱 모터스의 2012년 판매왕 김정환 차장도 그중 하나다. 그는 수줍은 듯한 말투와 내성적인 성격, 순박한 외모가 오히려 자신의 경쟁력이라고 평가한다.

그렇다면 어떤 악조건에서도 목표를 필달하는 영업인이 되기 위해 필요한 원천은 무엇일까? 다음의 7가지 DNA다.

목표를 필달하는 영업인의 7가지 DNA

1. 목표에 대한 인식 자체가 다르다

2. 핑계를 대지 않는다

3. 원대한 목표를 설정한다

4. 영업 활동 목표에 초점을 맞춘다

5. 끊임없이 차별화와 혁신을 시도한다

6. 자신만의 필살기가 있다

7. 절대로 포기하지 않는다

이제부터 7가지 DNA에 대해 알아 보도록 하자.

목표에 대한 인식 자체가 다르다

불가능한 것을 꿈꾸는 것이 희망이란 말이 있다. 기차가 6시45분에 도착하기로 돼 있다면 그것을 기다리는 건 희망이 아니다. 이미 오기로 약속이 돼 있다면 가만히 있어도 오기 때문이다. 영업 목표 역시 마찬가지다. 현재 하고 있는 상태에서도 달성이 가능하다면 그것은 목표가 아니다. 별다른 노력을 하지 않아도 목표를 달성할 수 있기 때문이다. 대부분의 기업에서는 달성이 불가능할 것 같은 목표를 부여한다. 그래야 영업인이 자신의 의지를 굳히고, 영업 활동량을 늘리며, 세일즈 프로세스를 차별화하고 혁신하기 때문이다.

목표를 달성하지 못하는 대부분의 영업인은 회사의 그런 의도를 알지 못한 채 목표에 대해 일단 불평불만부터 한다. '이건 도저히 불가능한 목표야.'라고 하면서 말이다. 이런 심리 상태가 오랫동안 지속되면 목표 달성에 대한 의지도 약해질 수밖에 없다. 그러나 목표를 필달하는 영업인은 다르다. 그들은 목표에 대한 인식부터 다르다. 그렇다면 그들은 목표에 대해 어떤 인식을 가지고 있는 것일까? 다음의 3가지 인식을 지니고 있다.

첫째, 목표에 대해 긍정적으로 생각한다. 목표를 필달하는 영업인은 목표에 대해 불만을 터뜨리지 않는다. 목표 달성이 불가능할 것 같다고 생각해도 일단 긍정적으로 받아들인다. 전년도에도, 그 전년도에도 열심히 노력한 끝에 불가능할 것 같던 목표를 달성한 경험이 있기 때문이다.

어떤 목표라도 긍정적으로 생각해야 달성 가능성도 높아진다. 목표를 필달하는 것과 필달하지 못하는 것을 가르는 가장 중요한 분기점은 목표를 어떻게 생각하느냐에 달려 있다. 아프리카에 신발을 팔러 간 두 영업인의 일화가 그것을 증명한다. 많이 알려진 사례지만, 다시 한 번 음미해 보자.

아프리카에 사는 사람들이 맨발로 다니는 것을 보고 한 영업인은 '신발을 팔 가능성이 없다.'라며 포기했다. 반면, 다른 영업인은 '저렇게 많은 사람들이 가망고객이니 엄청 많이 팔 수 있겠구나!'라고 생각했다. 그 결과, 부정적으로 생각한 영업인은 신발을 한 켤레도 팔지 못한 반면, 긍정적으로 생각한 영업인은 한마디로 대박을 쳤다. 이처럼 긍정적으로 생각하느냐, 부정적으로 생각하느냐에 따라 세일즈 성과는 극과 극으로 나타난다. 목표도 마찬가지다. 마음먹기에 따라 달성할 수도 달성하지 못할 수도 있다.

둘째, 목표를 구체적으로 설정하고, 이를 달성하기 위해 움직인다. 보험 영업의 살아 있는 전설, 삼성생명 예영숙 명예 전무가 그 주인공이다. 예 전무는 2000년부터 2009년까지 삼성생명에서 판매왕인 그랜드 챔피언을 10연패한 영업 달인 중의 달인이다. 그녀는 2010년부터 3년간 법인 영업에 종사하다 2013년에 다시 11번째 그랜드 챔피언 자리에 올랐다. 그녀는 자신이 정상에 우뚝 선 비결에 대해 다음과 같이 말했다.

"매년 뚜렷한 목표를 갖고 실천하는 것이 중요하다. 연간, 월간, 일간 목표를 구체적으로 설정해 놓고, 이를 달성하기 위해 시스템처럼 움직인다. 목표를 하나씩 실행할 때마다 '할 수 있다!'라고, '충분히 가능한 일이다!'라고 끊임없이 자신을 부추긴다. 과연 이것이 가능한 일인지 의심하지 않고 두려움 없이 접근해야 목표에 대한 강박증으로부터 벗어날 수 있다. 그렇게 한 가지씩 성공해 나가다 보면 결국 모든 꿈을 이룰 수 있다."

예 전무만 그런 게 아니다. A은행 구로 금천 영업본부에도 그런 지점장들이 있다. 40여 개의 지점을 담당하고 있는 구로 금천 영업본부의 K본부장은 다음과 같은 희망사항을 가지고 있다.

"40여 명의 지점장 중 상위 10% 정도는 목표를 필달하는 지점장이다. 달성해야 할 KPI가 10가지 이상이어도 반드시 달성한다. KPI 목표가 나오면 현재까지의 실적을 분석한 다음, 갭이 발생할 것 같은 KPI별로 활동 계획을 수립해서 지점의 전 직원이 시스템처럼 움직인다. 지점장은 KPI 기술 팀장이고 직원들은 기술자처럼 보일 정도다. 모든 지점장들이 그랬으면 하는 바램도 있지만, 절반 정도만 그들과 비슷해도 원이 없겠다."

이 말은, 목표를 필달하는 지점장들처럼 모든 지점장들이 목표 달성은 물론이고 목표에 대한 인식 자체를 가졌으면 하는 바람을 담고 있다. 그는 목표를 달성하겠다는 강한 의지와 간절함이 있으면 반드시 달성하더라는 것을 지난 30여 년 동안 경험했기 때문이다. 물론 목표를 필달하는 영업인들 모두가 목표를 구체적으로 설정하고 시스템적으로 움직이기만 하는 것은 아니다.

목표를 필달하는 영업인들은 일일 목표를 달성하지 못하면 밤 10시가 넘어도 퇴근을 하지 않는다. 주간, 월간 목표의 경우에도 마찬가지다. 목표를 필달한 영업인들은 이렇게 연간 목표를 일일 목표로 세분화해서 반드시 달성하고 넘어간다. 날씨나 우연, 행운에 기대지도 않는다. 목표를 필달하지 않을래야 않을 수 없도록 자신을 채찍질한다.

셋째, 목표 달성에 대한 간절함을 지니고 있다. 목표를 필달하는 영업인은 자신이 해야 할 일들 중 가장 중요한 일로 목표 달성을 꼽는다. 당연히 목표를 반드시 달성하겠다는 간절함을 가지고 적극적으로 영업 활동에 임한다. 그러나 목표를 달성하지 못하는 영업인은 다르다. 목표 책정이 불합리하다느니, 시장 상황에 비해 무리한 목표라는 등의 불평불만을 늘어놓는다. 물론 이에 대해 반론을 제기하는 사람들도 있다. 불평불만이 아니라 생존을 위한 몸부림이라면서 다음과 같이 하소연을 하기도 한다.

"말도 안 되는 목표를 받으면 못해 먹겠다는 말이 목구멍까지 치밀어 오르지만, 입 안에서 오물오물하다가 다시 삼켜 버린다. 욕먹기도 싫고 여기서 잘리면 가족들은 어떻게 하느냐는 생각이 들기 때문이다. 울며 겨자 먹기로 목표를 채운다. 목표에 모자라는 부분은 내 돈으로 제품을 사서 메우는 식으로 말이다."

이는 일부 업종과 기업에서 실제 일어나고 있는 안타까운 현실이기도 하다. 이런 상태가 지속되는 영업인이나 영업 리더는 목표를 필달하는 차원의 문제가 아니라 목표를 달성하기 어려운 패턴이 지속될 것이기 때문이다. 따라서 이런 경우에는 하루 빨리 패러다임을 바꿔야 한다. 그렇지 않으면 목표를 달성하기 어려운 패턴이 지속될 것이기 때문이다.

넷째, 혁신의 귀재다. 목표를 필달하는 영업인들은 자신의 세일즈 방법만으로는 불가능하다고 판단되면 과감하게 변신을 시도한다. 경쟁자, 때로는 전혀 다른 이업종의 사례를 벤치마킹하기도 한다. 또한 전혀 시도하지 않았던 혁신적인 아이디어도 실행에 옮겨본다. 이렇게 간절함을 가지고 목표를 달성하기 위해 남들보다 두세 배는 더 노력한다.

당신은 어떤가? 너무 높은 목표를 받았다며 스트레스를 받는가? 동료들끼리 터무니없이 높은 목표라며 불평불만을 늘어놓지는 않는가? 아무리 생각해 봐도 목표를 달성할 뾰족한 방법이 떠오르지 않는가? 그래서 고민을 거듭하다가 결국 포기해 버리는가? 아니면 당신 지갑이라도 열어 목표 부족분을 메우기로 마음먹는가?

그렇지 않다면 다행이다. 만약 그중 한 가지라도 해당된다면 당신은 지금 당장 마음가짐부터 바꿔야 한다. 어떤 목표가 주어지더라도 일단 긍정적으로 받아들이는 것으로 말이다. 그리고 목표를 월간, 주간, 일일 목표로 세분화하라. 그런 다음, 목표를 반드시 달성하겠다는 간절함으로 무장하라.

어떤 말을 만 번 이상 반복하면 미래에 그 일이 이루어진다는 인디언 속담이 있다. 간절히 원하면 반드시 이루어진다는 말도 있다. '목표는 반드시 달성한다!'란 말을 가슴에 새기고 하루에 100번, 아니 1,000번씩 반복해 보라. 그런 간절함을 가진다면 당신도 목표를 필달하는 영업인이 될 것이다.

핑계를 대지 않는다

대부분의 영업인들이 목표를 부여받으면 다음과 같은 불평불만과 핑계를 늘어놓는다.

"아니, 이런 불경기에 전년도 보다 15%나 더 팔라고?"

"중산층과 자영업자가 무너지고 연체율이 높아지는데 도리가 없잖아."

"업계 전체의 성장률이 -2%인데, 10% 성장이라는 목표를 주다니."

"우리끼리 얘기지만 우리 회사의 상품력이나 브랜드 파워가 떨어지는 건 사실이잖아. 그런데 경쟁사와 똑같이 20%라는 성장 목표를 주다니. 그렇다고 가격 조건이나 장려금 정책 등이 경쟁사보다 좋은 것도 아니잖아. 목표를 보니 올 한 해도 앞이 안 보이는구나, 앞이 안 보여."

"내 담당 지역은 금년 봄부터 재개발, 재건축이 진행된단 말이야. 그

걸 전혀 감안하지 않고 전년 대비 실적을 기준으로 목표를 책정하다니. 합리적인 기준으로 목표를 책정해야 도전할 의욕도 생길 것 아냐."

"금년은 목표 달성 포기야. 전임 지점장이 싸놓은 똥 밟았거든. 전임 지점장이 승진이 걸려 있어서 무리를 했더라고. 창고에 쌓여 있는 제품 소진하는 데만 1분기는 족히 걸릴 거야."

"회사가 너무하는 거 아냐? 대리점에 가 보면 지난 연말에 밀어낸 상품이 아직도 창고에 가득 쌓여 있는데. 이런 상태에서 또 밀어내라니. 회사를 그만둘 수도 없고 이거 미치고 환장하겠네."

"방문 및 상담 건수를 지금보다 2배 이상 늘리라고? 그래야 목표 달성이 가능하다고? 그걸 누가 모르나."

이외에도 목표 달성이 어렵다는 핑계들은 무수히 많다. 팔 상품이 없다거나 지역 상권이 안 좋다, 영업 경력이 짧은 신입 사원이 많아 맨파워가 약하다, 영업 지원이 안 된다 등과 같이 말이다. 물론 근거가 없는 것은 아니다. 그러나 그 대부분은 자신의 역량과는 관계가 없는 것들이다. '목표 달성이 이러이러해서 어렵다.'라며 울타리를 세우고 그 안에 갇혀 있는 영업인들이 많다.

목표를 부여받고 나서 제일 먼저 하는 행동이 불만과 핑계를 대는 것이어서는 절대 안 된다. 그런 행동은 목표를 달성하지 못하는 것과 상관관계가 매우 높기 때문이다. 하지만 대부분의 영업인들은 목표를 부여하면 핑계를 대면서 자기 합리화를 꾀한다. 이런 상태에서는 목표 달성이 반쯤 물 건너갔다고 할 수 있다. 핑계거리를 찾는 순간, 목표 달성에 대한 의지도 뚝뚝 떨어지기 때문이다. 핑계를 대는 것은 이처럼 목표를 달성하지 못한 영업인들이 지닌 공통된 DNA다.

은행의 예를 들어 보자. 은행 지점장이나 영업인이 목표 달성이 어렵다며 핑계를 대는 대표적인 것으로는 담당 지역이 좋지 않다는 것이 있다. "부유층이 많이 사는 강남이 아닌 강북인데다 재개발이 진행되어서 어렵다. 전통 시장 상권이 죽은데다, 공단이 있던 곳에서는 공장들도 빠져 나갔다. 비빌 언덕이라도 있어야 어떻게 해 볼 것 아니냐." 라고 말이다.

그렇다면 이런 핑계를 대는 지점장을 부유층이 많이 산다는 강남이나 인구 유입이 많은 신도시 지역의 지점장으로 발령을 내면 어떨까? 그들 대부분의 경우, 목표 달성을 못한다. 목표를 달성하고 못하고의 근본 원인이 담당 지역의 좋고 나쁨에 있지 않기 때문이다. 이를 입증해 주는 사례로 서울에 있는 A은행 구로공단역 지점을 보자.

지금은 디지털 단지역 지점으로 명칭이 바뀌었지만, 2000년대 초반만 하더라도 A은행 구로공단역 지점은 지점장의 무덤이라 불리던 곳이었다. 지금이야 디지털 밸리로 불리면서 벤처기업들이 많이 입주해 있지만, 2000년대 초반까지만 해도 그야말로 상권이 별 볼일 없는 지역이었다. 구로공단 지역에 위치한 기업들의 이전과 폐업 등으로 변변한 기업 고객이 없었던 데다 인근 지역의 개인 고객 기반 역시 대부분이 서민층이었기 때문이다.

이러한 입지 조건으로 목표 달성은 물론, 실적이 항상 전국 꼴찌를 벗어나기 힘들었다. 그러다 보니 부임하는 지점장마다 최하위 고과를 받게 됐고. 어느 시점부터는 아예 지점장의 무덤으로 불리기 시작했다. 모두가 지점장 부임을 기피하는 지점이 되자 은행 본부에서는 할 수 없이 지점장 공모를 했고, 결국 과장급의 젊은 직원이 지점장으로 부임했다.

이 젊은 지점장은 어떻게 됐을까? 다른 지점장들과 마찬가지로 목표 달성도 못하고 꼴찌를 했을까? 정반대였다. 목표 달성은 물론 전국 지점장 평가에서 1~2위를 다툴 정도로 성과가 좋았다.

그 비결은 무엇이었을까? 취약 지점이라 목표가 낮게 책정됐기 때문일까? 아니다. 비결은 의외로 간단했다. 그는 외국인 근로자들을 목표 고객으로 정한 후 이들을 집중 공략했다. 환전, 송금에 대한 니즈가 큰 데 착안해 송금 수수료와 환전 수수료 우대 서비스도 선보였다. 그리고 내국인 못지않게 아주 친절히 외국인 근로자를 대했다.

그들이 본국의 가족들에게 송금만 했을까? 아니다. 적금과 예금도 들었고, 신용카드도 가입했다. 이런 소문은 외국인 근로자들 사이에 순식간에 퍼졌다. 그리고 얼마 지나지 않아 그 지점은 더 많은 외국인 근로자들로 문전성시를 이루었다. 그가 올린 성과의 비결은 바로 여기에 있었던 것이다.

위의 사례는 담당 지역이 좋지 않다는 핑계 대신, 시장과 고객을 보는 패러다임을 바꿔 성공한 사례라 할 수 있다. 이처럼 목표를 필달하는 영업인들은 목표가 너무 높다거나 시장 여건상 도저히 불가능하다는 핑계를 대지 않고, 어떤 악조건에서든 목표를 달성할 수 있다고 긍정의 마인드로 무장한 사람들이었다.

점두 영업의 경우도 마찬가지다. 긍정의 마인드로 무장하면 담당 지역의 핸디캡을 얼마든지 극복할 수 있다. 1983년에 경남 마산에서 문을 연 육일약국이 그 대표적인 사례라 할 수 있다.

육일약국은 당시 마산의 변두리 지역이었던 교방동 시내버스 종점에서 15분이나 걸어야 도착할 수 있었던 달동네에 위치한 4.5평짜리 초미니 약국이었다. 개업 초기에는 하루 3~4명 정도만이 찾을 정도로 한가했다. 약국을 개업한 김성오 약사는 처음엔 '홍보가 안 돼서 그러겠지!'라고 생각했다고 한다.

그러나 한 달이 지나고 두 달이 지나도 상황은 나아지지 않았다. 찾는 고객이 없어 하루 종일 약국에 앉아 신문을 읽는 게 주된 일과일 정도였다. 입지 조건의 불리함을 톡톡히 치르던 그런 곳이었던 것이다.

하지만 김 약사는 그런 육일약국을 고객들로 북적이게 만들었다. 몇 년 후에는 마산역 앞으로 약국을 이전했다. 하루 3~4명의 고객만이 찾던 초미니 약국을 약사 수만 11명인 초대형 약국으로 성장시켰다.

육일약국의 성공요인은 무엇일까? 약을 짓는 것은 물론이고, 매사에 정성과 열정을 다해 고객을 모신다는 자세로 초지일관했다는 것이다. 그러나 보다 근본적인 게 있다. 바로 입지의 불리함이란 핑계를 대지 않았다는 것이다. 하루 3~4명만이 약국을 찾는 이유가 입지 때문이란 핑계를 대고 거기에 위안을 삼았다면 육일약국은 결코 성공하지 못했을 것이다. 김 약사는 핑계를 대는 대신 입지의 불리함을 극복하기 위해 피나는 노력을 했고 마침내 성공할 수 있었다.

점두 영업의 사례를 소개했지만, 보험, 증권, 자동차, 정수기, 학습지 같은 방문 영업이나 대리점 영업, B2B 영업 역시 마찬가지다. 보험이나 증권, 자동차 업종의 경우, 서울이나 부산, 대구 등 대도시를 담당 지역으로 하고 있다면 영업인들이 목표 달성은 물론이거니와 판매왕을 차지하기에도 상대적으로 유리하다. 구매력이 높은 잠재 고객이 많기 때문이다.

그러나 반드시 그런 것만은 아니다. 담당 지역의 핸디캡을 뛰어넘는 영업인들도 있다. 삼성화재에서 8년 연속 판매왕을 차지한 우미라 RC, 현대자동차에서 판매왕을 차지한 임희성 영업인이 그 주인공이다. 우미라 RC의 담당 지역은 평택이고, 임희성 영업인의 담당 지역은 공주다. 두 사람 모두 중소 규모의 도시를 담당 지역으로 해서 판매왕이 됐다. 담당 지역이 좋지 않다는 것은 핑계에 불과하다는 것을 증명해주는 사례라 할 수 있다. 보험이나 증권, 자동차 외에도 학습지, 화장품, 정수기 분야 등에도 그런 영업인들은 많다.

지금까지 소개한 사례들의 경우처럼, 그 분야의 판매왕들은 입지나 상권이 좋지 않은 곳을 담당해도 환경을 절대 탓하지 않는다. 경기 침체나 불황이라는 핑계도 대지 않는다. 그들은 절대로 핑계를 대지 않는 DNA를 가지고 있기 때문에 언제나 목표를 달성하고 판매왕에 오를 수 있었다. 당신 역시 마찬가지다. "목표가 너무 벅차다.", "우리 회사의 상품 경쟁력으론 절대 불가능하다."라는 핑계 대신 어떻게 하면 목표를 달성할 것인지를 고민해야 한다.

우리 몸 안에 있는 DNA는 겨우 3%만 활동을 한다. 지금 당신 안에서 잠자고 있는 97%의 DNA 중 절대로 핑계를 대지 않는 DNA를 깨워야 하는 이유가 바로 여기에 있다. 그리고 그 DNA를 활동하게 해야 한다.

그래야 어떤 악조건에서든 핑계를 대지 않고 신규 개척의 기회와 목표 달성 방법을 찾을 수 있다.

원대한 목표를 설정한다

영업 목표에는 보통 2개가 있다. 하나는 회사 목표고, 다른 하나는 본부나 지점, 팀 단위에서 설정한 내부 목표(또는 의욕 목표)다. 내부 목표는 물론 회사 목표보다 5~10% 정도 높은 수준으로 설정한다.

목표를 달성하는 영업인은 이 2개의 목표와는 별개로 자신만의 목표를 하나 더 가지고 있다. 회사 목표는 물론이거니와 의욕 목표보다도 더 높게 잡는다. 그렇기 때문에 회사의 목표에 대해 불만을 터뜨리거나 핑계를 대지도 않는다. 반면 일반적인 영업인들은 스스로의 목표를 설정하지 않는 편이다. 설정하는 경우에도 대부분 회사의 목표보다 낮게 잡는다. 이렇게 목표를 잡기 때문에 회사의 목표에 대해 무지막지한 목표라며 불만을 터뜨린다. 그리고는 다음과 같이 볼멘소리를 한다.

"전년도 같은 불경기에 악전고투를 해 실적을 달성했더니 올해는

20%를 더 판매하라고? 마이너스 성장을 하는 시장에서 어떻게 20%를 더하라는 거야."

팀장이나 지점장 같은 영업 리더들도 이와 다르지 않다. 그중에는 다음과 같이 하소연하는 이들도 많다.

"회사의 상품력이나 브랜드 파워, 마케팅 능력이 떨어진다고 팀원들이 넋두리를 늘어놓는다. 회사에서는 이것을 인정하지 않지만, 어느 누구도 부인하지 않는다. 목표라도 낮게 주면 도전해 볼 의욕이라도 생길 텐데. 목표를 부여받고 난 후 팀원들의 불만이 이만저만이 아니다. 이 상황을 어떻게 돌파해야 하나? 열심히 일하지 않는 팀원들은 없는 것 같은데. 그래도 몸으로 부딪치면서 열심히 뛰자고 해야 하나? 자기 돈으로라도 부족분을 메꾸겠다면 어떻게 해야 하나? 그냥 못 본 척 해야 하나? 목표 달성 워크숍에 함께 가서 목표 달성 방안을 함께 찾아보는 것은 어떨까? 매년 갔지만, 효과는 별로였잖아. 비슷비슷한 아이디어들만 나오는 워크숍을 그래도 가야 하나? 그래도 가야겠지? 이렇게 대책 없이 시간만 보낼 순 없을 테니까."

그렇다면 이와 같은 고민에 빠져 있는 영업 리더들에게 필요한 것은 무엇일까? 신규 개척 역량을 강화한다든지, 기존 고객의 재구매율이나 유지율을 높이기 위한 역량을 강화하는 것도 물론 필요할 것이다. 그러나 이보다 시급한 게 있다. 무엇보다 목표에 대한 관점부터 바꿔야 한다. 회사로부터 목표를 부여받기 전에 스스로 자신의 팀이나 지점의 영업 목표를 설정해야 한다. 이때에는 자신의 팀이나 지점에서 불가능해 보이는 원대한 목표를 설정하는 것이 좋다.

이런 말을 하면 전혀 공감이 되지 않는다는 이들이 많을 것이다. 하지만 그 때문에 목표를 달성할 의지나 전략이 나오기 힘든 것이다. 목표란 참 묘한 것이다. 목표를 높게 설정해서 노력하면 반드시 그 근처까지 가기 때문이다. 반면에 목표를 낮게 설정하면 무난히 목표를 달성할 수 있을 것 같지만, 의외로 그조차도 달성하지 못하는 경우가 많다. 이런 현상이 나타나는 이유는 인간의 본성 때문이다.

앞서 소개한 영업인과 영업 리더의 경우처럼 무지막지한 목표를 부여받았다고 생각하는 영업인들은 대부분 불만을 토로한다. 그리고 그들 중 대부분이 불가능한 목표를 받았다며 자포자기해 버린다. 하지만 일부 영업인과 영업 리더들은 전혀 다른 반응을 보인다. 그들은 그런 목표라도 달성하기 위해 노력한다. 만유인력의 법칙과 상대성 원리를 발견한 뉴튼과 아인슈타인처럼 말이다. 만유인력을 어떻게 발견했느냐는 질문에 뉴튼은 "내내 그 생각만 했다."라고 답했고, 아인슈타인도 "몇 달이고 몇 년이고 그 생각만 했기 때문에 상대성 원리를 발견했다."라고 답했다.

흥미로운 사실은 불가능해 보일 정도로 높은 목표를 설정한 영업인들 중에도 목표를 필달하는 이들이 반드시 나타난다는 것이다. 그들에게 무슨 특별한 비결이 있는 것은 아니다. 그들은 365일, 24시간 동안 목표 달성만을 생각하고 노력했다. 뉴튼과 아인슈타인처럼 말이다. 이처럼 인간의 뇌는 목표 지향적인 특징을 지녔다. 인체의 사령탑 격인 뇌가 어떤 목표를 설정하면, 신체의 나머지 부분은 거의 맹목적으로 그 목표를 달성하기 위해 노력한다. 그래서 도저히 불가능하다고 느껴질 정도의 높은 목표도, 도전하고 노력하다 보면 달성되거나 그 근처까지 가게 되는 것이다. 이것은 1년 365일 내내 목표 달성만을 생각하기 때문에 가능한 것이다.

또한 목표는 사실 크고, 구체적일수록 좋다. 다양한 실험 결과들이 이 사실을 입증해 주고 있다. 그중 하나가 예일대의 실험 결과다. 예일대에서 재학생 500명을 대상으로 꿈과 목표에 대해 조사한 적이 있었다. 이들 중 3%만이 구체적인 꿈과 목표를 갖고 있었고, 8%는 꿈과 목표를 갖고는 있었지만 구체적이지 않고 막연했다. 나머지 89% 학생들은 막연한 꿈조차 갖고 있지 않았다. 흥미로운 것은 20년 후에 이들 조사 대상 500명의 재산을 추적 조사한 결과다. 이들 500명이 보유하고 있는 전체 재산의 90%를 꿈과 목표가 구체적이었던 3% 학생들이 갖고 있었다고 한다.

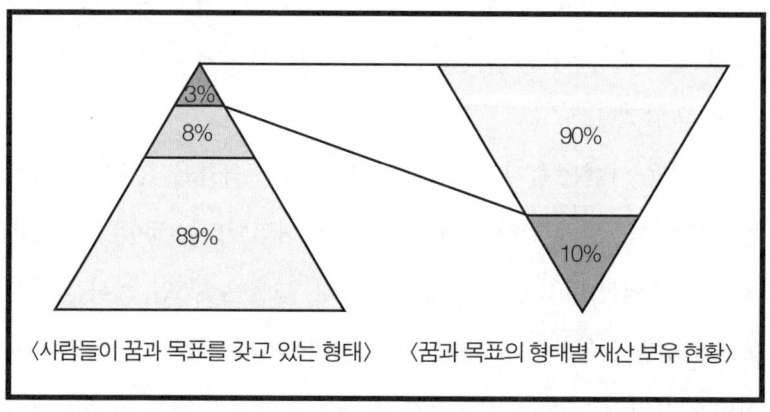

〈사람들이 꿈과 목표를 갖고 있는 형태〉　〈꿈과 목표의 형태별 재산 보유 현황〉

이것은 꿈과 목표를 구체적으로 가질수록 성공을 통해 커다란 부를 이룰 수 있다는 사실을 증명하는 연구 결과라 할 수 있다. 물론 "크게 욕심내지 않고 조금씩 노력해서 지금 이 자리까지 오게 됐습니다."라고 말하는 사람도 있다. 그러나 커다란 성취를 이룬 대부분의 사람들은 꿈과 목표를 크게 가진 사람들이다.

미국의 부동산 재벌 록펠러도 목표를 크게 가져야 한다는 좌우명으로 성공한 사람이었다. 그는 다음과 같이 강조했다.

"목표를 높은 곳에 두어야 한다. 똑같은 노력이지만 목표를 크게 가진 사람에게는 큰 곳을 향한 노력이 되고, 먹고 사는 일에 급급한 목표를 세운 사람에게는 작은 노력이 되고 만다. 스스로 못할 것이라고 생각하는 것이 자신을 속이는 가장 큰 거짓말임을 명심하라."

미국의 유명한 도시 건축가인 다니엘 버넘 역시 "작은 꿈은 아예 꾸지도 마라. 작은 꿈은 사람들의 피를 들끓게 하는 기적을 만들지 못한다."라고 강조했고, 영국의 대형 마트 테스코의 CEO였던 테리 리히 역시 "큰 목표를 가져라. 작은 꿈과 목표는 작은 두려움 앞에서 더 작게 조각날 수밖에 없다. 진정한 변화와 혁신은 오직 크게 꿈꾸고, 원대한 목표를 세울 때만 가능하다."라고 말했다.

그러니 당신도 이제부터 목표를 크게 설정해야 한다. 회사가 부여한 목표보다 높을수록 좋다. 절대로 작은 목표에 안주하지 마라. 작은 목표는 당신의 피를 들끓게 하는 기적을 만들지 못한다. 당신은 도저히 도달할 수 없을 것 같은 최고의 목표를 세워야 한다. 그런 다음, 목표와 현상의 갭을 분석하고 달성 전략을 수립해야 한다. 그리고 원대한 목표를 달성하기 위해 1년 365일, 하루 24시간 동안 이상과 희망을 향해 나아가야 한다. 록펠러, 다니엘 버넘, 테리 리히, 삼성생명 예영숙 명예 전무의 말을 되새기면서 말이다. 이와 같은 프로세스가, 곧 목표를 필달하는 영업인으로 가는 핵심 DNA를 몸 안에 이식시키는 과정이다.

그렇다면 더 팔 수 있는 여력이 있는데도 목표를 달성한 후에는 팔려고 하지 않는 영업인들은 어떻게 해야 할까? 더 높은 목표를 설정하고 더 팔기 위해 노력해야 한다. 그렇게 하는 것은 회사는 물론이고 자신에게도 도움이 된다. 실제로 보험회사 영업본부장이나 지점장들은 능력이 충분한데도 목표를 달성하고 나면 더 이상은 팔지 않으려는 영업인들이 있다고 필자에게 고민을 털어놓곤 한다. 이런 현상이 비단 보험회사에만 있는 건 아니다. 화장품, 정수기, 학습지와 같은 소비재는 물론 B2B 제품을 파는 영업인들에게도 나타나는 현상이다.

왜 이런 현상이 나타나는 것일까? 목표 이상으로 더 팔려고 하면 심신이 피곤해지기 때문이다. 그러나 보다 근본적인 이유는 목표관리 시스템에 있다. 전년도 실적을 감안해서 목표를 책정하는 그런 시스템 말이다. 그들은 다음 해의 목표가 걱정되기 때문에 더 이상 팔려고 하지 않는 것이다. 회사 입장에서는 더 팔 수 있는 기회를 놓치는 셈이다. 이런 현상이 회사에만 손실일까? 아니다. 영업인에게도 손실이다.

"팔아야 판 것이다."라는 말이 있다. 일부 고객에게는 한두 달 기다려 달라고 부탁해 승낙을 받아낼 수도 있을 것이다. 그러나 내년에 꼭 사주겠다고 약속한 고객일지라도 내년에 정말 살 것인지는 고객 본인도 모른다. 그것은 신만이 아는 영역이다. 그 사이에 신이 데려갈 수도 있다. 법인 고객의 경우는 특히 더 그러하다. 담당자와 키맨은 물론 의사결정권자가 바뀌거나 금융 위기와 같은 외부 환경 탓에 투자 계획이

전면 보류될 수도 있다.

  그래서 진정한 영업 달인들은 팔 기회가 있을 때 최대한 많이 팔기 위해 노력한다. '내년 목표에 더해질까 봐.' 또는 '더 이상 팔면 심신이 고달퍼지니까.'와 같은 걱정은 하지 않는다. 왜냐하면 내년에도 그렇게 일이 많을지, 많이 팔 수 있을지는 오직 신만이 알고 있다고 굳게 믿기 때문이다. 그리고 목표에 제한을 두지도 않는다. 원대한 목표일수록 성취 가능성도 높다는 걸 그들은 이미 체험했기 때문이다. 그래서 목표도 원대하게 설정한다. 현재와 같은 접근 방법으로는 달성이 불가능하므로 발상의 전환을 시도한다. 자신의 영업 활동을 진화시키고 혁신하기 위해 노력하는 것이다.

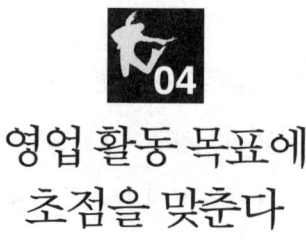

영업 활동 목표에
초점을 맞춘다

영업 목표라고 하면 대개 판매 목표, 수주 목표, 이익 목표를 생각하게 마련이다. 하지만 달성해야 할 영업 목표에는 다음과 같은 4가지가 있다.

1. 재무적 목표 : 판매 목표, 수주(신규 개척) 목표, 이익 목표
2. 영업 활동 목표 : 방문 및 상담, 제안 및 PT 등 일간, 주간, 월간 활동 목표
3. 영업 관리 목표 : 채권 관리, 고객 정보 관리 등 영업인이 관리해야 할 목표
4. 점유율 목표 : 시장 점유율, 고객 점유율 등의 목표

그렇다면 이 4가지 중 목표 달성에 가장 직접적으로 영향을 미치는 것은 무엇일까? 바로 영업 활동 목표라고 할 수 있다. 그러나 아쉽게도

영업인들이 가장 관심을 갖는 것은 대개가 재무적 목표다. CEO나 영업본부장 역시 마찬가지다. 일부의 경우에는 점유율 목표에 관심을 가지기도 하지만, 가장 관심을 가지는 것은 뭐니 뭐니 해도 역시 재무적 목표의 달성 여부다.

이것은 곧 영업 목표에 대한 초점을 잘못 맞추고 있다는 것을 간접적으로 말해 준다고 할 수 있다. 왜냐하면 몇 골을 넣어 스코어가 어떻게 됐느냐와 같이 결과에만 초점을 맞추는 것이기 때문이다. 그래서 오히려 대부분의 영업인과 영업 조직이 목표를 달성하지 못하는 것이다. 판매나 수주 목표와 같은 재무적 목표는 그저 숫자에 불과하다. 실제로 목표 달성에 직접적으로 영향을 미치는 것은 영업 활동 목표이며, 재무적 목표와 영업 관리 목표, 점유율 목표는 영업 활동 목표의 종속변수일 뿐이다.

반면에 목표를 필달하는 영업인들은 대개 영업 활동 목표에 초점을 맞춘다. 여기서 말하는 영업 활동이란 방문 및 상담, 제안 및 PT 등 신규 고객 개척과 기존 고객을 유지시키기 위한 모든 활동을 말한다. 신규 고객을 개척하기 위해서는 가망고객의 발굴, 접근, 상담, 제안 및 프레젠테이션, 협상과 같은 영업 활동이 이루어져야 하고, 기존 고객을 유지시키기 위해서는 고객 유지 · 재구매율 제고, 지갑 점유율 제고, 고객 추천율 제고 등을 목적으로 한 다양한 영업 활동이 이루어져야 한다. 그들은 이런 모든 활동들을 다음과 같은 방식들을 통해 목표로 전환한다.

구분	활동	201X년 실적	201X년 목표
신규 고객 개척 (신규 수주)	1. 가망고객 발굴 및 접근	1. 매주 20명(5개사) 2. 방문(내점):매주 10명(천 명) 3. 이메일, 문자:매주 3,000명 4. 전화:매주 50명 5. 가망고객 발굴 캠페인:주 1회	1. 매주 40명(10개사) 2. 방문(래점):매주 20명(2천 명) 3. 이메일, 문자:매주 6,000명 4. 전화:매주 100명 5. 가망고객 발굴 캠페인:주 2회
	2. 상담	매주 30명(3개사)	매주 60명(6개사)
	3. 제안	매주 15명(2개사)	매주 30명(4개사)
기존 고객 유지 · 성장	1. 고객 유지 · 재구매율 제고	1. 식사:매주 5명(1개사) 2. 동호회 활동:분기 1회 3. 정보 제공:월 1회 4. 세미나, 연구회:분기 1회 5. 도우미 활동:분기 1회 6. 문화, 예술 이벤트:반기 1회 7. 기념일 마케팅:100명	1. 식사:매주 10명(2개사) 2. 동호회 활동:주 1회 3. 정보 제공:주 1회 4. 세미나, 연구회:분기 1회 5. 도우미 활동:주 1회 6. 문화, 예술 이벤트:주 1회 7. 기념일 마케팅:150명
	2. 지갑 점유율 제고		
	3. 고객 추천율 제고		

이것은 그저 하나의 예에 불과할 뿐이다. 목표를 필달하는 영업인들은 위에서 든 활동 항목 외에도 더 많은 신규 고객 개척 및 기존 고객 유지와 관련한 영업 활동을 월간, 주간, 일별로 구체적으로 설정한 후 반드시 실천한다.

한국GM 동대문 대리점 박노진 대표도 이런 영업 활동 목표 관리의 신봉자다. 1997년부터 2008년까지 대우자동차와 GM대우, 한국GM을 거치며 12년 연속 판매왕을 차지하고, 5,000여 대의 자동차를 팔아 자동차 영업의 전설로 불리는 그의 좌우명은 무엇일까? '판매 실적은 발뒤꿈치에서 나온다!'와 '좌우지간 만나라!'이다. 영업 실적은 발품, 즉 영업 활동과 밀접한 관계가 있다는 것이 그의 신조인 것이다. 대리점 개설

후에 박 대표는 영업 사원들에게 "영업성과는 행동과 실천에서 나온다. 그러니 우선 영업 활동량부터 2배로 늘려라!'라고 수시로 강조한다.

　다시 한 번 당부한다. 신규 개척의 달인이 되고 싶은가? 수주를 전년 대비 100% 더 하고 싶은가? 제안 및 프레젠테이션을 할 때, 횟수 대비 계약률을 2배 이상 높이고 싶은가? 기존 고객 유지율, 재구매율, 교차 구매율을 200% 높이고 싶은가?

　그렇다면 방법은 2가지가 있다. 하나는 영업 활동량을 크게 늘리는 것이다. 그런 다음에 주간, 월간, 연간 영업 활동 목표를 설정하고 돌진하면 된다. 이렇게 하면 대부분의 영업인은 그 목표를 달성할 수 있을 것이다.

　그런데 영업 활동량을 물리적으로 늘리기 어려운 영업인들도 있다. 그들은 어떻게 해야 할까? 다음의 2가지 방법 중 하나 또는 두 가지 모두를 선택해야 한다. 첫 번째는 시간을 달리 쓰는 것이다. 회의 시간, 보고용 자료 작성 시간, 이동 시간 등 불필요한 시간을 줄이는 것이다. 그래도 부족하면 잠자는 시간을 줄여서라도 신규 고객 개척과 기존 고객 유지를 위한 영업 활동 시간을 늘려야 한다.

　그렇게 영업 활동량을 대폭 늘렸는데도 목표를 달성하지 못했는가? 목표 달성이 어려울 것 같은가? 그렇다면 접근 방법을 달리 해야 한다. 영업 활동을 차별화하고 혁신해야 한다. 그렇게 한다면 당신도 목표를 필달하는 영업인이 될 수 있다.

끊임없이 차별화와 혁신을
시도한다

목표를 필달하는 영업인의 네 번째 DNA는 끊임없이 차별화를 시도한다는 것이다. 그렇다면 그들은 왜 차별화를 시도하고 혁신을 시도하는 것일까? 남과 다르게 하지 않거나 세일즈 프로세스를 혁신하지 않으면 목표를 달성하기가 점점 어려워지고 있기 때문이다.

매년 20% 이상 고성장하는 시장에서는 열심히 뛰면 대부분 목표를 달성할 수 있다. 그러나 성장률이 5% 이하로 떨어지면 얘기가 달라진다. 경쟁이 치열해지기 때문에 목표 달성이 그만큼 어려워지는 것이다. 문제는 우리나라 내수 시장 대부분의 성장률이 5% 미만이라는 것이다. 열심히 노력하는 것만으로는 성과를 올리기 어려운 구조인 것이다. 이처럼 이제는 노력한다고 해서 목표 달성이 가능한 시대가 아니다. 그러므로 목표 달성률을 높이려면 남과 다르게 차별화하고 새롭게 혁신해야 한다.

그렇다면 목표를 달성한 영업인들은 무엇을 어떻게 차별화하고 혁신했을까? 마케팅에서의 차별화 영역은 상품, 가격, 브랜드, 세일즈 프로모션 및 서비스 등이다. 그중에서 영업인으로서 차별화가 가능한 영역에는 어떤 것이 있을까?

상품이나 브랜드는 아무래도 본사나 마케팅 부서의 영역이라서 영업인의 경우에는 차별화가 어렵지 않느냐는 생각을 가진 이들이 있을 것이다. 자동차나 가전제품의 경우에는 차별화가 어렵다면서 말이다. 물론 일리 있는 말이다. 그러나 그럼에도 불구하고 목표를 필달하는 영업인들은 상품의 차별화를 시도한다. 실제로 상품도 얼마든지 영업인의 차별화 대상이 될 수 있다. 가령 은행이나 보험 분야에서 금융 영업인들의 역량은 고객이 원하는 맞춤형 상품을 적시에 제공할 수 있느냐 없느냐에 달려 있다고 해도 결코 과언이 아니다. 그 대표적인 예가 보험업계의 살아 있는 전설인 삼성생명의 예영숙 명예 전무다.

예 전무가 다른 영업인들과 자신을 차별화한 영업 방식은 콘셉트 마케팅이다. 콘셉트 마케팅은 고객 개개인의 가치가 모두 다르다는 인식을 바탕으로, 고객이 가장 중요하게 생각하는 가치에 콘셉트를 맞춘 제안서를 제시한 후, 다시 그 콘셉트에 맞는 상품 설명으로 풀어가는 영업 방식이다. 다시 말해서 고객 맞춤 상품으로 차별화를 꾀하는 것이다.

상품 차별화 못지않게 서비스 차별화와 혁신을 시도하는 영업인들도 있다. 신세계 백화점 본점의 여성복 매장에서 일하는 노연주 매니저가 그중 하나다. 2012년 당시, 61세의 나이에도 불구하고 매장에서 현역으로 근무한 노 매니저는 신세계 백화점에서는 전설로 통한다. 61세라는 나이도 나이지만, 19년 동안 신세계 백화점에서 일하면서 '디자이너 여성복 판매사원 베스트 3'에 7년 연속 선정되기도 했다.

그렇다면 노 매니저의 비결은 무엇일까? 다른 판매사원이나 매니저들과는 달리 끊임없이 혁신을 시도한다는 것이다. 노 매니저가 끊임없이 혁신을 추구하는 방법은 메모에 있다. 요즘도 그녀는 매달 50~70페이지짜리 노트 두 권을 메모로 채운다. 단골 고객이 사간 옷과 취향은 물론이거니와 고객별로 수선 부위까지 메모한다. 그뿐만이 아니다. 그녀는 고객과 나누었던 이야기까지도 메모한다. 머릿속에 다 기억하고 있지만, 시간이 지나면 잊혀지기 때문이다.

그녀는 고객이 다음번에 백화점을 찾으면 메모를 확인한 후, "지난번에 사셨던 옷과 어울릴 만한 이 옷을 입어보시라."라고 권한다. 또한 판매한 옷이 때가 탔을 때가 됐다는 생각이 들면 전화를 해서 꼭 드라이클리닝을 하라는 말도 잊지 않는다. 이와 같은 세심함이 고객의 충성심을 얻는 노 매니저만의 차별화된 서비스인 것이다.

그렇다면 목표를 필달하는 영업인들은 상품과 서비스, 세일즈 프로세스 등을 어떻게 차별화하고 혁신할까? 다음과 같은 3가지 방법을 활용한다

🌏 목표를 필달하는 영업인의 차별화와 혁신방법 3가지

　1. 진화한다

　2. 창조적으로 모방한다

3. 퍼스트 무버가 되기 위해 노력한다

1_ 진화한다

진화란 현재 자신이 하고 있는 방법을 끊임없이 개선하는 것을 말한다. 이것은 홍콩 최고의 부자로 손꼽히는 리카싱 청콩그룹 회장의 성공 철학이기도 하다. 리카싱 회장은 성공의 비결로 남과의 경쟁이 아닌 어제의 자신과의 경쟁을 꼽는다. 그는 성공한 상인은 어제보다 오늘을 더 지혜롭게 보내는 사람이라고 강조한다. 그의 말에 따르면, 경쟁자와 다르게 하는 것만이 차별화는 아닌 것이다. 자신의 어제와 다르게 하는 것, 즉 매일매일 진화하는 것 역시 차별화와 혁신의 방법이라고 말한다.

세계적 발레리나로 명성을 떨치고 있는 강수진 씨 역시 마찬가지다. 그녀도 어제의 자신과 경쟁한다. 자신의 유일한 경쟁자가 어제의 자신이라고 생각하기 때문이다. 눈을 뜨면 그녀는 어제보다 가슴 벅차고 열정적으로 살려고 노력한다. 연습실에 들어서면 어제보다도 강도 높은 연습을 한 번 더, 1분이라도 더 하려고 마음 먹는다. 어제를 넘어선 오늘을 사는 것, 이것이 바로 강수진 씨의 삶의 모토인 것이다.

영업인 역시 마찬가지다. 어제와 다른 오늘을 맞이하려면 어제와는 다른 영업 활동을 해야 한다. 오늘은 어제보다 가망고객을 한 사람이라도 더 만나야 하고, 상담 시간을 1분이라도 더 늘려야 하는 것이다. 이를 통해 끊임없이 자신의 영업 프로세스를 진화시켜야 한다.

그렇다면 영업인은 왜 진화해야 하는 걸까? 앞에서 말했듯이 주변의 모든 것이 변하기 때문이다. 고객이 변하고 고객의 니즈나 원츠, 기대 수준도 변한다. 고객 저변은 물론 목표 고객도 변한다. 뿐만 아니라 시장이나 경쟁자도 변한다. 이처럼 영업 환경을 둘러싼 모든 것이 변한다. 하지만 잘 변하지 않는 것이 있다. 바로 영업인 자신이다. 다수의 영업인들은 가망고객을 발굴하고 접근하는 방법에 변화를 주지 않는다. 어제, 일주일 전, 한 달 전과 똑같은 방법으로 접근한다.

80:20 법칙을 연구한 한 전문가에 따르면, 하위 80%의 사람들은 10년 동안 새로운 지식이나 기술을 전혀 배우지 않는다고 한다. 영업인들 중에도 이런 사람이 있다. 당신은 어떤가? 어제와는 다른 오늘, 지난 달과는 다른 이번 달을 만들어 가고 있는가? 그렇다면 다행이다. 만약 그렇지 않다면 지금 당장 어제와 다른 오늘을 만들기 위해 무언가를 시작해야 한다.

목표를 필달하는 영업인들은 이 사실을 매우 잘 알고 있다. 그래서 어제와 다른 오늘, 오늘과 다른 내일을 만들기 위해, 즉 혁신하기 위해 끊임없이 노력한다. 이는 자신이 파는 상품과 서비스, 세일즈 프로세스의 약점을 보완하고 강점을 더욱 진화시키기 위해서다. 앞서 소개한 예영숙 명예 전무의 경우가 대표적인 사례다. 그녀는 "끊임없이 진화하지 않으면 프로가 될 수 없다."는 신념으로 바쁜 일정 속에서 하루도 빠짐없이 2개 이상의 경제 신문을 읽는다. 고객과 다양한 대화를 위해 부족한 부분들을 채워 나가기 위해서다.

예 전무 같은 업계 최고의 영업 달인이 스스로를 진화시키기 위해 노력하는 이유는 무엇일까? 고객이 빠르게 진화하기 때문이다. 21세기는 정보로 무장한 똑똑한 고객들로 넘쳐나고 있다. 자신을 진화시키거나 혁신하지 못하면 고객들로부터 외면당할 수밖에 없고, 결국은 시장에서 도태될 수밖에 없다. 경쟁자 역시 마찬가지다. 고급 정보와 혁신적인 세일즈 스킬로 무장한 경쟁자들이 매일매일 등장하고 있다. 영업 환경은 이렇게 빠르게 변하고 있다. 경쟁력 있는 영업인으로 진화하지 못하면 도태될 수밖에 없는 것이다.

여기서 아주 중요한 핵심 포인트가 있다. 어제와 다른 오늘, 오늘과 다른 내일을 만들어 나가는 데 가장 중요한 지향점은 바로 고객이어야 한다는 것이다. 그렇다면 가장 고객 지향적인 진화의 방법은 무엇일까? 상품이든 서비스든 고객이 원하는 대로 제공해 줄 수 있는 역량, 즉 맞춤화(customization)다.

맞춤화란 상품, 서비스, 가격, 배송 등을 고객이 원하는 형태로 제공하는 것을 말한다. 쉬운 말로 표현하면 고객 입맛대로 해준다는 의미다. 맞춤화를 통해 진화와 혁신을 시도하는 이유는 간단하다. 다른 진화와 혁신의 방법들은 너도나도 쉽게 따라 할 수 있어 시간이 지날수록 그 효과가 감소하기 때문이다. 대표적인 사례로는 식당 상호에 너도나도 '원조'라는 수식어를 붙이는 것을 들 수 있다.

족발집이든 보쌈집이든 아구찜집이든 한 곳이 장사가 잘되면 경쟁자들이 인근에다 슬그머니 가게문을 연다. 그러면 이에 대응하기 위해 최초로 문을 연 식당은 '원조 ○○집'이란 식으로 간판을 바꾼다. 여기에 경쟁자들은 한술 더 떠 '진짜 원조 ○○집'과 같은 간판을 발 빠르게 바꿔 단다. 그 결과, 특정 지역에서는 '원조'라는 간판이 붙은 식당이 대여섯 곳이 되기도 한다. 상호만 따라하는 게 아니다. 맛은 물론 서비스까지 흉내를 낸다. 물론 흉내를 낸다고 해도 상품의 본원적인 맛은 따라가지 못하는 경우도 있다. 하지만 품질이나 맛, 성능 등 상품의 본원적 가치를 차별화하기 어려운 분야에서는 차별화의 효과가 오랫동안 지속될 수 없다. 이와 같은 단점을 극복하는 방법이 바로 맞춤화다.

그렇다면 영업인이 맞춤화를 통해 차별화의 이점을 얻을 수 있는 방법에는 어떤 것이 있을까? 맞춤 상품과 맞춤 서비스를 제공하는 것 등을 들 수 있다. 식당에서 후식을 예로 들어 보자. 일괄적으로 주는 수정과의 경우에는 차별화의 시도라고 할 수 있다. 그러나 "저희 가게엔 커피, 녹차, 수정과, 유자차가 있습니다. 무엇으로 드시겠습니까?"라고 물은 뒤, 고객이 선택하는 음료를 가져다주는 방식은 맞춤화의 시도라고 할 수 있다.

다른 사람보다 대화를 잘하기 위해서도 맞춤화의 개념이 필요하다. 롯데백화점의 명품관에서 최고의 퍼스널 쇼퍼로 명성을 날리고 있는 양유신 팀장이 대표적이다. 양 팀장은 퇴근 후 새벽 한두 시까지 다음 날 방문 예정인 고객과 나눌 대화 내용을 준비한다. 고객의 기본적인 인적 사항, 가족 관계 등에서부터 최근의 상품 구매 내역과 선호 상품, 관심 사항까지 철저히 준비한다. 예를 들어, 한 고객이 최근 와인에 관심을 가지고 있으면 많은 시간을 할애해 와인에 대한 자료를 모으고 공부한다. 다음날 백화점을 찾은 고객과 이야기를 나눌 때 유용하게 활용하기 위해서다. 고객과 대화를 할 때, 신뢰와 호감을 얻기 위해 자신을 매일매일 진화시키기 위해 노력하는 사례라 할 수 있지 않을까?

당신은 어떤가? 예영숙 명예 전무나 양유신 팀장처럼 어제와 다른 오늘을 만들기 위해 끊임없이 진화하고 있는가? 또한 어제와는 다른 오늘, 새롭게 진화한 맞춤 서비스를 고객에게 제공하기 위해 노력하고 있는가?

2_ 창조적으로 모방한다

이것은 다른 사람이나 경쟁자, 이업종의 방법을 벤치마킹해 상품이나 서비스에서 차별화와 혁신을 시도하는 전략을 말한다. 삼성전자나 현대자동차와 같은 국내의 대표적인 기업은 물론이고 창조적 혁신 기업을 표방하는 애플조차도 사실은 창조적 모방 전략으로 성공을 거둔 기업이라고 할 수 있다. 아이팟이나 아이패드도 그렇지만, 애플 스토어 역시 창조적 모방의 대표적인 사례라 할 수 있다.

그렇다면 애플 스토어를 통해 점두 판매를 시작하기로 결심한 스티브 잡스가 벤치마킹한 곳은 어디였을까? 스티브 잡스가 벤치마킹 대상으로 지목한 기업은 뜻밖에도 포시즌즈라는 호텔이었다. 스티브 잡스가 유통 전문 기업이 아니라 호텔을 벤치마킹한 이유는 매우 단순하다. 세계에서 최고의 고객 서비스를 제공하는 기업이 바로 포시즌즈 호텔이라고 판단했기 때문이다.

세계적인 고급 브랜드 호텔이라는 비전을 정한 포시즌즈는 업계 최초로 여행자용 샴푸, 피트니스 센터, 편안한 침대, 풀 서비스 스파 등을 도입했다. 지금은 호텔업계에 일반화된 것들이지만, 포시즌즈가 처음 도입할 당시만 해는 업계 최초의 혁신적인 고객 서비스들이었다. 애플은 이런 포시즌즈 호텔을 벤치마킹했다. 최초의 고객 서비스를 창조해

낸 것은 아니지만, 애플은 포시즌즈라는 이업종을 창조적으로 모방해 세계의 그 어떤 업종, 그 어떤 기업보다도 최고의 고객 서비스를 제공하기 위해 노력하고 있다.

KFC, 피자헛 등으로 유명한 얌브랜드의 CEO 데이비드 노박도 창조적 모방으로 성공한 대표적인 기업인이다. 그는 창조적 모방의 중요성과 그 성과에 대해 이렇게 말한다.

"나는 좋은 아이디어를 발견할 수 있다면 어디서든 아이디어를 배우고 가져올 것이다. 사실 나의 성공 가운데 일부는 다른 사람들의 아이디어에 바탕을 둔 것이다. 부끄러운 일이기는 하지만, 그 가운데는 경쟁사의 아이디어를 벤치마킹한 것도 있다."

노박이 말한 것처럼 창조적 모방에는 두 가지 방법이 있다. 첫 번째는 동업종의 베스트 프렉티스를 벤치마킹하는 것, 두 번째는 이업종의 베스트 프렉티스를 벤치마킹하는 것이다.

영업인의 경우에도 얼마든지 창조적 모방을 통해 목표를 필달하는 영업 달인이 될 수 있다. 첫 번째 방법의 대표적인 사례로는 현대자동차의 판매왕인 최진성 차장의 복장을 모방한 자동차 영업인들을 들 수 있다. 2000년대 들어 여러 차례 판매왕에 오른 최진성 차장의 세일즈 노하우는 매우 다양하다. 그중 하나가 복장이다. 그의 복장이 일반적인 자동차 영업인과는 다르기 때문이다.

자동차 영업인들은 정장이나 콤비 슈트를 단정히 입는 게 일반적이다. 그러나 최진성 차장은 보통의 자동차 영업인들과는 다르게 연미복을 입고 가망고객을 발굴하러 다닌다. 승용차 대신 오토바이를 즐겨

타기도 한다.

최 차장이 이와 같은 차별화 전략으로 세일즈 성과를 올려 판매왕이 되자, 그를 모방하는 영업인들이 나타나기 시작했다. 이렇게 복장과 오토바이 타는 것을 모방한 영업인들은 대개 얼마 지나지 않아 포기해 버렸다. 하지만 제법 오랜 기간 동안 따라하는 이들도 있었다. 재밌는 사실은 최진성 차장의 복장과 오토바이 타기를 오랫동안 모방한 영업 인일수록 세일즈 성과 또한 높았다는 것이다.

그렇다면 왜 이런 현상이 나타났던 것일까? 다음의 두 가지 이유 때문이다.

하나는, 자동차 세일즈에 대해 확고한 신념과 열정을 가졌기 때문이다. "따라할 게 없어 그런 걸 따라하느냐."라는 주위의 시선에도 아랑곳하지 않고 오랜 기간 동안 그런 활동을 유지하려면 신념과 열정이 필수다. 당신 주변에서 목표를 필달하는 영업 달인을 한번 떠올려 보라. 그들은 영업에 대한 확고한 신념과 열정이 넘치는 사람들이다. 이런 영업인들이야말로 성과가 높고 목표도 필달하는 사람이다.

다른 하나는, 고객들도 그와 같은 열정을 높게 샀기 때문이다. 고객이나 가망고객으로부터 열정이 넘치는 영업인이라고 인정받으면 절반은 성공했다고 할 수 있지 않겠는가?

두 번째 방법인 이업종의 베스트 프렉티스를 벤칭마킹하는 대표적인 사례로는 최진성 차장의 연미복을 창조적으로 모방해 길거리에서 스머프 인형 복장을 한 채 신규 고객을 유치하거나 슈퍼맨이나 로보캅 복장을 한 채 영업 활동을 펼치는 영업인 등을 들 수 있다. 현대해상화재보험의 김희태 씨도 그중 하나다. 그는 차 안에 항상 다양한 의상을 준비해 가지고 다닌다. 그리고 20~30대 고객을 만날 때는 최신 유행의 캐주얼 차림으로, 주부들 앞에서는 화려한 색상의 옷과 촌스러운 선글라스 차림으로 변신해서 나타난다.

이것을 보고 '꼭 그렇게까지 해야 하나?'라거나 '나는 자동차나 보험이 아닌 기계 부품을 파는 영업인이니까 해당사항이 없다.'라고 생각하는 사람도 있을 것이다. 그러나 이런 복장을 하고 세일즈를 하는 영업인들에게는 공통점이 있다. 탁월한 세일즈 성과를 올리고, 목표도 필달한다는 것이다. 그들이 좋은 성과를 내는 이유는 '정말 열심히 한다.', '열정이 있다.'라는 긍정적 이미지가 고객에게 호감과 친근감을 불러일으키기 때문이다.

만약 당신이 복장에 그다지 신경을 쓰지 않았다면 지금부터 변신을 해보는 것은 어떨까? 최진성 차장이나 김희태 씨를 벤치마킹해도 좋고, 주변의 다른 영업인이나 유명 연예인, 스포츠 스타를 벤치마킹해도 좋다. 그리고 전혀 다른 업종인 사우스웨스트항공을 벤치마킹하는 것도 한 방법이다. 펀 경영과 유머 경영으로 유명한 미국의 사우스웨스트항공은 승무원들이 해당 기념일마다, 가령 독립 기념일, 추수 감사절, 할로윈데이에 맞춤형 복장을 입는 것으로 유명하다.

이번에는 학습지 회사의 지부장이나 영업 팀장을 위한 창조적 모방의 아이디어를 생각해 보자. 현재 학습지 시장은 성장 정체를 보이고 있다. 출산율의 감소가 가장 큰 이유다. 학원의 영향력이 커진 것 또한 중요한 요인 중 하나라고 할 수 있다. 이와 같은 상황을 타개하기 위해 학습지 회사들이 선택한 전략 중 하나가 러닝센터 운영이다. 러닝센터란 기존의 학습지처럼 교사가 학생의 집을 방문해 10~15분 정도 가르치는 것이 아니라 학생이 러닝센터를 방문해 교사로부터 교육을 받는다. 학원과 기존 학습지 방식의 장점을 결합한 방식인 것이다.

그러나 문제는 차별화 효과가 그리 오래 지속되지 못한다는 것이다. 한 학습지 회사에서 러닝센터를 개설하자 경쟁자들도 곧바로 따라했기 때문이다. 이런 상황에서 러닝센터의 경쟁력을 강화하려면 어떻게 해야 할까? 물론 교사가 열심히 가르치면 될 것이다. 그러나 이 방법 역시 차별화에 한계가 있다. 경쟁자들도 열심히 가르치기 때문이다. 그렇다면 어떻게 하면 좋을까? 러닝센터의 콘셉트를 바꾸는 것은 어떨까? 경쟁자가 쉽게 모방할 수 없도록 말이다.

그렇다면 어떤 콘셉트가 좋을까? 여러 가지 대안이 있을 것이다. 하나의 대안으로 은행 PB센터의 콘셉트를 창조적으로 모방하는 방법이 있다. 대부분 은행의 PB센터는 'Total Life Care 서비스'를 콘셉트로 하고 있다. 사람들은 은행 PB센터라고 하면 고액 자산가들에게 금융과 부동산, 절세 등 자산관리에 관한 솔루션을 제공할 거라고 생각한다. 그러나 그게 전부가 아니다. 고객의 종합 자산관리는 물론 건강, 자녀 교육, 문화·예술 등 라이프스타일 전반에 관한 서비스를 제공하는 콘셉트로 운영되고 있다.

학습지 회사의 러닝센터 역시 마찬가지다. 학습지와 학원의 장점을 결합해 학업 성적을 높여 주겠다는 콘셉트를 뛰어넘어야 한다. 'Total Edu Care'처럼 러닝센터에 등록한 학생과 학부모를 대상으로 교육에 관한 종합 솔루션을 제공하겠다는 콘셉트로 말이다. 콘셉트를 그렇게 정하면 학습지는 물론이고 특목고 입시, 어학 연수, 대학 진학, 유학 등 자녀 교육에 관한 모든 솔루션을 제공할 수 있을 것이다. 그리고 좀 더 범위를 넓히면 세 살부터 여든 살까지 평생교육에 관한 종합 솔루션을 주겠다는 콘셉트도 가능해진다. 이것은 결코 터무니없는 발상이 아니다. 학습지나 러닝센터의 주요 고객층인 유아, 초등생의 부모들을 대상으로 한 평생교육 솔루션은 지금 당장이라도 제공이 가능하기 때문이다.

하지만 벤치마킹을 할 때 유의할 점이 있다. 경쟁자나 이업종의 사례를 그대로 따라하지 말아야 한다. 당신의 아이디어를 넣어, 즉 창조적으로 모방해야 더 효과적이다. 삼성전자나 애플처럼 말이다.

3_ 퍼스트 무버(선도자)가 되기 위해 노력한다

차별화의 세 번째 단계는 혁신을 통해 퍼스트 무버, 즉 지금까지 존재하지 않았던 새로운 상품이나 서비스를 창조해 선도자가 되는 방법을 말한다. 에디슨의 전기, 소니의 워크맨, 빙그레의 바나나맛 우유, 위니아 만도의 김치냉장고, 대교의 러닝센터, 애플의 아이폰, 다이슨의 날개 없는 선풍기, 대우 일렉트로닉스의 벽걸이 세탁기 같은 제품이 여기에 해당한다.

그러나 기업들만 파괴적 혁신을 통한 퍼스트 무버(선도자)가 될 수 있는 것은 아니다. 영업인들도 얼마든지 가능하다. 대표적인 예로 앞서 소개했던 현대자동차 최진성 차장과 대우전자와 대우일렉트로닉스에서 여러 차례 판매왕을 차지했던 백숙현 씨를 들 수 있다. 백숙현 씨가 퍼스트 무버(선도자)가 된 것은 가망고객 발굴과 접근 방법에 있다.

대부분의 영업인들은 가망고객을 찾아가는 영업 활동을 펼친다. 그러나 그녀는 가망고객이 자신을 찾아오도록 만드는 전혀 다른 방법을 선택했다. 그렇다면 백숙현 씨가 가망고객이 자신을 찾아오도록 만든 방법은 무엇일까? 그것은 바로 이벤트의 활용이었다. 백숙현 씨는 컴퓨터 경진대회, 전자레인지를 활용한 요리 강습회, 미스 미스터의 밤, 대우전자 구미공장 견학회 등 다양한 이벤트를 통해 수천, 수만 명의 가망고객이 자신을 찾아오도록 만들었다. 현존하는 영업인들 중에서 백숙현 씨처럼 많은 가망고객이 스스로 찾아오도록 만드는 혁신적인 영업 활동을 펼치는 사람은 극소수에 불과하다.

은행에도 퍼스트 무버 전략으로 큰 성과를 올리는 영업인이 있다. 오성섭 IBK 기업은행 강남 PB센터장이 그 주인공이다. 오 센터장이 근무하는 강남 PB센터는 신금융 1번지로 불리는 서울 강남구 도곡동의 타워팰리스와 대림 아크로빌 입주민을 주요 타깃으로 하고 있다. 이 지역은 보안이 워낙 철저해 아파트 단지 내에 전단지 한 장도 붙이기 어렵다는 특징을 지니고 있다.

그렇다면 이 지역의 은행, 증권 등 금융사 지점들은 어떻게 신규 고객을 개척하고 있을까? 타워팰리스와 대림 아크로빌 입주민만을 대상으로 한 재테크 세미나와 문화·예술 관련 이벤트를 열기도 한다. 그러나 한계가 있다고 한다. 사정이 이렇다 보니 대부분의 금융사 지점들은 주로 자사 지점에 방문하는 고객을 최대한 정성껏 응대하고 기존 고객의 소개를 받는 등의 영업 활동을 펼치고 있다. 상황이 이렇다 보니 오 센터장은 강남 PB센터에 부임한 후, 한 달간 아파트 단지를 무작정 걸어다니는 게 일과였다. IBK 강남 PB센터를 알리고 신규 고객도 유치해야 하는데 특별한 아이디어가 떠오르지 않았기 때문이다.

그렇다면 이와 같은 상황에서 오 센터장이 꺼낸 무기는 무엇이었을까? 다른 금융 영업인들이 전혀 시도하지 않았던 혁신적인 방법, 즉 주민을 대상으로 한 사진 찍어주기였다. 오 센터장은 단지 내에 연회장을 빌려 장수 사진에서부터 각종 증명 사진, 여권 사진 등을 찍어줬다. IBK 강남 PB센터 고객이 아닌 일반 주민들도 무료로 촬영을 해줬다. 비용은 모두 공짜였다. 특히 장수 사진은 수요가 폭발적이었다.

이런 정성과 노력은 기대치 않은 결과를 낳았다. 처음엔 가망고객인 아파트 주민들과 친해지자는 게 주된 목적이었다. 그런데 입소문이 나면서 가망고객들이 IBK 강남PB센터를 자진해서 방문하기 시작했다. 중요한 사실은 찾아온 고객들이 사진만 가지고 돌아가지 않았다는 것이다. 하루 7~8명 정도의 주민들이 사진을 잘 찍어줬으니 무슨 상품이라도 가입해야겠다고 말했다. 실제로 그들은 IBK 기업은행 강남 PB센터에서 적금과 펀드에 새로 가입하고 신용카드도 발급받았다. 그들 대부분이 고액 자산가들이었다. 사진 찍어 주기가 2012년 11월부터 시작됐으니, 오 센터장이 사진을 찍어 준 주민들의 숫자가 늘어날수록 실적도 비례해서 늘어나지 않았을까?

제약업계에서도 퍼스트 무버 전략으로 판매왕이 되고 CEO의 자리에까지 오른 이가 있다. 2012년 초에 한국산도스제약의 CEO가 된 박수준

사장이 그 주인공이다. 박 사장이 제약업계와 인연을 맺은 것은 1992년, 한국화이자에 입사하면서부터다. 당시는 접대와 리베이트 영업이 판을 치던 시절이었다. 그해 말, 전체 영업 사원 중 실적 1위 판매왕의 영광은 신입 사원이었던 그에게 돌아갔다. 그 이후에도 박 사장은 한국화이자에서 근무했던 6년 동안 판매왕의 자리를 놓치지 않았다.

그렇다면 그 비결은 무엇이었을까? 그는 접대와 리베이트 영업의 달인이었을까? 설득의 달인, 프레젠테이션의 달인이었을까? 아니다. 듣기의 달인이었다. 주요 고객인 의사들에게 제품이 좋다고 설명하기보다는 오히려 제품에 대해 묻고 배움을 요청했던 게 좋은 인상을 남겼다. 그는 "회사에서 제품에 대해 배웠는데 이해가 안 가니 좀 가르쳐 주십시오."라고 의사 고객에게 부탁하는 방식을 택했다. 모든 제약 영업인들의 접근 방식과는 정반대였지만, 그의 이런 전략은 적중했다. 가르치는 데 익숙한 의사들의 특성을 역으로 활용해 호감과 신뢰를 얻었던 것이다.

이상으로 목표를 필달하는 영업 달인들의 차별화와 혁신 방법 3가지를 소개했다. 물론 퍼스트 무버, 즉 선도자가 되는 것은 쉽지 않다. 그러나 어제와 다른 오늘, 오늘과 다른 내일을 만들기 위해 끊임없이 자신을 진화시키고, 창조적으로 모방하는 것은 그리 어려운 일이 아니다. 이제부터라도 차별화와 혁신 방법 3가지를 실천해서 목표를 필달하는 영업인으로 거듭나기 바란다.

자기만의 필살기가 있다

만약 당신이 원대한 목표를 세우고 365일, 24시간 노력한다면 자신의 목표를 달성할 수 있을까? 아마 그렇다고 답할 사람은 별로 없을 것이다. 원대한 목표는 노력만으로 달성되는 것이 아니기 때문이다. 목표를 달성하기 위해서는 자신의 영업 활동과 현상과의 갭을 분석하고 달성할 수 있는 전략을 수립해야 한다. 그리고 다른 사람들과 다르게, 때로는 어제와는 다른 방법으로 실천해 나가야 한다. 그렇게 해도 목표를 달성하기 어려울 때가 있다.

이럴 땐 어떻게 해야 할까? 영업 활동 목표에 초점을 맞추고 영업 활동량을 대폭 늘려야 한다. 그러나 신규 고객 개척과 기존 고객을 유지하기 위한 모든 영업 활동에 초점을 맞추기란 쉽지 않은 일이다. 목표를 필달하는 영업인들 역시 모든 영업 활동을 다 잘하는 건 아니다. 따라서 목표 달성에 가장 중요한 영향을 미치면서 자신이 가장 잘할 수 있는 영업 활동에 역량을 집중하는 것이 좋다.

가령 가망고객 발굴을 예로 들어 보자. 가망고객 발굴 방법이란 일반적으로 연고 인맥 활용, 개척, 소개 영업의 3가지를 말한다. 필자는 여기서 더 나아가 인맥 활용, 연구·조사, 가망고객 발굴 캠페인, 세미나 마케팅, 커뮤니티 마케팅, 소개받기, 스스로 찾아오는 고객 만들기 등과 같은 7가지 방법을 강조한다. 하지만 아무리 목표를 필달하는 영업 달인이라고 해도 7가지 방법 모두가 탁월한 것은 아니다. 한 가지나 두세 가지를 잘하는 경우가 대부분이다. 따라서 당신 역시 모든 것을 잘하기보다는 당신만의 필살기 몇 개 정도를 가지는 편이 좋다.

그렇다면 어떤 필살기에 가져야 할까? 물론 많을수록 좋다. 그러나 다음의 7가지 중에서 한두 가지나 두세 가지로도 충분하다. 그것만 확실히 실천해도 당신은 목표를 필달하는 영업인으로 거듭날 수 있다.

🐾 목표를 필달하는 영업인의 7가지 필살기

1. 목소리가 크다

2. 언제나 고객을 즐겁고 행복하게 한다

3. 절대 '노' 라고 말하지 않는다

4. 가망고객, 고객과 열정적으로 어울린다

5. 가망고객과 고객을 빚진 상태로 만든다

6. 고객이 스스로 찾아오도록 만든다

7. 열렬한 팬, 알파고객이 많다

1_ 목소리가 크다

'목소리가 큰 것도 목표 필달을 위한 필살기가 될 수 있을까?'라고 의문을 갖는 사람이 있을 것이다. 하지만 "답은 그렇다."이다. 이를 다른 말로 표현하면, 신념과 열정이 넘친다고 할 수 있다. 영업에 입문하게 된 배경이 어떠하든 어떤 환경에서 어떤 상품을 팔든, 신념과 열정이 넘치는 영업인은 고객을 만나면, 평소보다 목소리가 한 옥타브쯤 올라간다. 자신감과 의욕이 넘치기 때문이다.

목표를 필달하려면 무엇보다도 고객의 호감을 얻는 게 중요하다. 고객의 호감을 얻기 위해서는 기본적으로 첫인상이 좋아야 한다. 끌리는 첫인상의 주인공이 되려면 단정한 복장과 용모, 밝고 환하게 웃는 표정으로 고객과 인사를 나눠야 한다. 그 다음에 필요한 것이 대화의 기술이다. 호감을 얻는 대화의 기술은 필자의 세일즈 관련 책들에서 많이 언급했으므로 여기서는 생략한다. 다만, 고객의 호감을 얻는 대화의 기술 중 목소리를 크게 하라는 것은 강조하고 싶다. 목표를 필달하려면 평소보다 큰 목소리로 말하는 것이 중요하다. 그리고 손짓이나 몸짓과 같은 보디랭귀지, 즉 신체언어를 적극적으로 활용해야 한다. 그러면 당신의 태도를 보면서 고객은 속으로 이렇게 생각할 것이다.

'이 영업인은 정말 열심히 노력하는구나. 이렇게 열정적으로 설명하는 사람은 처음이야!'

이 단계까지 가면 일단 성공이다. 당신의 목소리는 어떤가? 고객을 만나면 작아지는가? 입 안에서 오물거리지는 않는가? 이제부터는 평소보다 두세 배 큰 목소리, 즉 신념과 열정이 넘치는 태도로 고객을 만나라. 그 길이 목표 필달은 물론이고, 당신을 최고 경영자로 만들어 줄 수도 있다. 다음의 조사 결과처럼 말이다.

"포춘 500대 기업의 최고경영자들을 대상으로 한 설문 조사에서 무려 94%의 응답자가 자신의 성공에 가장 크게 기여한 요소로 태도를 꼽았다."

2_ 언제나 고객을 즐겁고 행복하게 한다

이 말에 이의를 다는 사람은 거의 없을 것이다. 하지만 이를 제대로 실천하는 영업인은 그리 많지 않다. 왜 그런 것일까? 고객의 생일이나 결혼기념일에 축하 메시지나 케이크, 꽃다발 같은 선물을 보내지 않기 때문일까? 뮤지컬이나 음악회 티켓, 갤러리 투어 같은 이벤트를 하지 않기 때문일까? 물론 그런 면도 있을 것이다. 그러나 필자가 강조하는 것은 위의 것들과는 다른 차원의 문제다. 물론 위에서 언급한 방법들도 고객을 즐겁고 행복하게 만들 수 있다. 이에 대해서는 뒷부분에서 소개하고, 여기서는 고객 응대에 대한 것만 소개하겠다.

당신이 고객을 방문하든 아니면 고객이 당신이 근무하는 지점이나 가게로 찾아오든, 고객을 즐겁고 행복하게 하려면 어떻게 해야 할까? 잘 웃고, 유머 감각을 갖는 것도 필요하며, 칭찬을 잘하는 것도 그 한 방법이다.

그렇다면 어떻게 해야 칭찬을 잘할 수 있을까? 무엇보다 습관이 중요하다. 당신은 우선 집에서 자신의 배우자나 자녀를 칭찬하는 습관부터 기를 필요가 있다. 가령 "여보, 오늘따라 헤어스타일이 날씨와 너무 잘 어울리네요.", "아들아, 이번 시험에서 영어 성적이 많이 올라갔구나. 잘했다."와 같이 말이다. 집에서 이렇게 매일 3번 이상 칭찬하면 당신은 칭찬의 달인이 될 수 있다. 그리고 회사에 출근해서도 상사나 동료, 후배에게 칭찬 멘트를 날려보라. 이렇게 해서 하루에 10번 이상 다른 사람을 칭찬하는 습관을 길러라. 그런 다음, 고객을 만났을 때 칭찬 멘트를 날려보라.

물론 고객에 대해 칭찬거리가 별로 떠오르지 않을 수도 있을 것이다. 기껏해야 "얼굴이 정말 동안이세요.", "정말 10년도 더 젊어 보이세요.", "피부가 정말 고우세요.", "넥타이가 너무 잘 어울리세요."와 같은 칭찬이 떠오를 수도 있다. 하지만 조금만 고객에게 관심을 더 가지면 칭찬거리는 무궁무진하다. 고객은 물론 주변의 모든 것들이 칭찬의 대상이 되기 때문이다.

가장 기본적인 칭찬거리는 방금 소개한 고객 용모와 복장에 관한 것이다. 너무 뻔하지 않느냐고 생각하는 사람도 있을 것이다. 하지만 예로부터 칭찬은 지위 고하, 남녀노소를 떠나 상대방을 기분 좋게 만드는 최고의 명약이었다. 절대 권력을 가진 황제나 왕들이 누구를 예뻐했는가? 귀에 거슬리는 충언을 하는 신하들보다는 "전하, 역시 성군이십니다."와 같은 말을 하는 신하들이었지 않았는가. 따라서 당신은 고객을 만날 때마다 그들에게 칭찬을 해줘야 한다. 칭찬을 많이 하면 할수록 고객을 즐겁고 행복하게 만들 수 있기 때문이다.

고객의 집을 방문했을 때도 마찬가지다. 현관이나 거실에 있는 물건이나 방안의 장식품에 관심을 갖고 훌륭하다며 칭찬을 해보라. 고객을 즐겁고 행복하게 해줄 것이다. 현관이나 거실의 장식품은 어떤 특별한 사연이 담긴 것일 수도 있다. 그래서 사람들의 눈에 잘 띄는 곳에 놓아 두었을 수도 있다. 만약 영업인이 방문해서 그 물건에 관심을 보이고 질문을 하면서 칭찬하면 고객은 어떤 반응을 보일까? 기분이 좋아질 것이다. 그리고 고객의 안목에 놀랐다는 듯 한 번 더 칭찬하면 어떻게 될까? 그 다음부터는 일이 술술 풀리지 않을까?

고객의 집을 방문했을 때, 칭찬의 단골 소재가 되는 것이 있다. 바로 고객의 자녀와 부모다. 만약 당신이 거실에 들어섰을 때 아이를 보았다면 "엄마를 닮아서 너무 예쁘게 생겼네요.", "초롱초롱한 눈을 보니 똑똑해 보여 공부를 잘할 것 같습니다." 와 같은 칭찬을, 부모를 보았다면 "올해 연세가 어떻게 되세요? 어머, 놀랐어요. 너무 정정해 보여서." 와 같은 칭찬을 하라.

영업에 활용하기 위해 대학의 평생교육원 같은 곳에서 풍수지리나 역학, 관상에 대해 배우는 영업인도 있다. 그런 사람은 고객의 집을 방문했을 때, 고객의 집이 풍수지리적으로 얼마나 좋은지 혹은 고객의 관상이 얼마나 좋은지 칭찬을 하면 효과적이다. 고객의 집이 풍수지리적으로 명당이나 길지라서 사업이 잘되고 돈도 많이 벌 것이라는데 기쁘지 않을 사람이 몇이나 되겠는가. 또한 가족 모두가 건강할 거라는데 행복하지 않을 사람이 몇이나 되겠는가. 다만, 풍수지리나 관상에 대해 언급할 때에는 금기사항이 있다. 반드시 좋은 것만 얘기해야 한다는 것이다.

이렇게 조금만 관심을 가지면 칭찬거리는 무궁무진하다. 고객에게 보내는 뮤지컬이나 음악회 티켓은 물론 전화 한 통, DM 한 장도 다 돈이다. 하지만 칭찬은 아무리 많이 해도 돈이 들지 않는다. 그러니 칭찬에 인색하지 마라. 하루 일과를 칭찬거리를 찾는 데서 시작하라. 그리고 습관이 되게 하라. 고객 반응이 별로인 것 같아도 절대 포기하지 마라. 고객의 성격이나 당신의 칭찬 기술이 아직 미흡하기 때문일 수도 있다. 칭찬은 돈 한 푼 들이지 않고도 고객을 즐겁고 행복하게 만드는 최고의 명약임을 다시 한 번 명심하기 바란다.

3_ 절대 '노'라고 말하지 않는다

고객에게 '노'라고 말하지 않는 것이 무슨 필살기냐고 말하고 싶은 사람도 있을 것이다. 그러나 그것은 잘못된 생각이다. 당신 주변에서 목표를 필달하는 영업인을 떠올려 보라. 절대 긍정의 영업인으로 불리는, 지금은 신한은행으로 통합된 옛 조흥은행의 기업고객 지점장 공윤석 씨가 그 대표적인 사례다. 그는 기업고객 지점장 시절 영업 실적 평가에서 1~2등을 놓친 적이 없었다. 그 비결로는 여러 가지가 있지만, 그중 대표적인 것이 고객의 말에 '그건 어렵다.', '그건 곤란하다.', '그건 불가능하다.'와 같은 부정적인 말을 하지 않았다는 것이다.

사실 영업을 하다 보면 무리한 요구를 하는 고객을 만나게 마련이다. 때로는 말도 안 되는 요구를 하거나 의도적으로 터무니없는 요구를 하는 블랙 컨슈머도 만난다. 물론 이런 블랙 컨슈머는 일반 고객들과는 다르게 대응해야 할 것이다. 여기서 말하고자 하는 것은 일반적인 고객에 대한 응대 자세와 방법이다.

일반적인 상식을 가진 고객을 처음 만났을 때 또는 그 고객이 어떤 제안을 처음 했을 때는 절대 '노'라고 해서는 안 된다. 고객이 다소 무리한 요구를 하더라도 말이다. 공 지점장 역시 고객이 무리한 요구를 하더라도 절대 '노'라는 부정적인 말을 하지 않았다. 속으로는 '만기가 된 대출 금리를 0.5%씩이나 내려달라니. 이건 말도 안 돼.'라고 생각하더라도 그것을 절대 밖으로 드러내지 않았다.

그 대신 "방법을 최대한 찾아보고 난 뒤 다시 한 번 찾아뵙겠습니다." 와 같은 식으로 말했다. 그러고 나서 지점으로 돌아오면서 역지사지의 심정으로 그 고객의 무리한 요구에 대해 생각했다. 그러면 '고객 입장에서는 그런 요구를 할 수도 있겠구나. 물론 협상 카드일 수도 있고.'라는 생각이 들었다고 한다. 그 다음부터는 고객의 솔루션을 찾기 위해 부단히 노력했고, 그러다 보면 찾을 수 있었다고 한다.

그렇다면 그는 도저히 처리할 수 없는 요구를 하는 고객의 경우에는 어떻게 대응했을까? 최대한 고객의 요구에 근접한 솔루션을 갖고 고객을 만났다. 예를 들면, 동그라미 모양의 솔루션을 원하는 고객에게는 동그라미에 근접한 64각형 모양의 솔루션을 제시하는 식이었다. 이처럼 아무리 어려운 요구라도 자신이 원하는 솔루션이나 최대한 비슷한 솔루션을 가져다 주었기 때문에 고객들은 공 지점장에게 무한한 신뢰를 보냈던 것이다. 공 지점장이 '해결사'란 닉네임으로 불리게 이유는 바로 여기에 있었다.

다른 지점장이나 영업인들은 고객의 무리한 요구를 받으면 어떤 반응을 보일까? 일반적으로 다음과 같은 세 가지 반응을 보인다. 첫 번째,

성격이 괄괄하고 급한 유형의 영업인이다. "상무님, 솔직히 그건 좀 어렵습니다. 지난달에 금리가 0.25%나 인상됐는데, 대출 금리를 4%에서 0.5%나 낮춰달라니요."라며 그 자리에서 '노'라고 말해 버린다. 상황이 이쯤 되면 대화가 더 이상 진행될 리 없다.

두 번째, "(형식적으로만) 검토해 보겠습니다."라고 말하는 유형이다. 이 유형이 공 지점장과 다른 점은 검토해 본다고 말한 후, '말도 안 되는 요구다, 도저히 불가능하다.'라며 고객이 원하는 솔루션을 찾으려는 노력은 하지 않고 그냥 깔아뭉갠다는 것이다. 그런 다음, 고객과 약속한 날짜가 되면 "제가 본부와 상의도 해보고 노력도 해봤는데 아무래도 어렵겠습니다."와 같이 말한다. 고객은 이렇게 말하는 영업인은 절대 신뢰하지 않는다. 대부분의 고객은 이런 유형의 영업인이 노력은 해보지도 않고 그저 말로만 립서비스를 한다는 것을 쉽게 알아채기 때문이다.

세 번째, 공 지점장과 같은 영업인이다. 당신이 고객이라면 누구에게 마음을 열겠는가? 이렇듯 목표를 필달하는 영업인은 고객에게 절대 '노'라고 말하지 않는다. 그런데도 많은 영업인들은 그렇게 하지 않는다. 괄괄하고 급한 성격 탓도 있겠지만, 대부분은 회사 규정상 도저히 불가능하기에 말도 안 된다며 일단 부정적인 태도부터 보인다.

그렇다면 고객의 말에 절대 긍정하는 영업인이 되려면 어떻게 해야 할까? 고객의 말을 일단 인정하는 습관을 길러야 한다. 고객이 잘못 알고 있거나 틀린 말을 하더라도 "사장님, 사실은 그렇지 않습니다. 제가 알고 있는 바로는……."라는 식으로 말하면 안 된다. 눈을 마주치고 고개를 가볍게 끄덕이면서 "그렇군요.", "일리가 있습니다.", "역시 안목이 뛰어나시군요." 등과 같이 일단 인정하는 것이 필요하다.

그렇다면 반론, 즉 부정의 말은 언제 하는 것이 좋을까? 그 자리에서 하기보다는 공 지점장처럼 나름대로 솔루션을 준비한 후에 하는 것이 좋다. 고객의 말에 '노'라고 하지 않는 영업인이 되면 어떤 효과를 얻을 수 있을까? 고객이 요구하는 솔루션을 위해 열심히 노력하는 사람, 아무리 어려운 일을 의뢰해도 틀림없이 해내는 사람이란 이미지를 갖게 된다. 고객과 갑을관계를 떠나 '신뢰가 가는 사람', '해결사'란 평판을 얻게 되는 것이다. 또한 고객이 스스로 찾아오도록 만들기도 한다. 공 지점장의 사례처럼 '해결사'란 명성이 주변 고객들에게도 전파되어 스토리 셀링 효과가 나타나는 것이다.

4_ 가망고객, 고객과 열정적으로 어울린다

영업인들의 영원한 과제 중에서 대표적인 것 하나를 꼽으라고 한다면 바로 탄탄한 인맥을 만드는 것을 들 수 있다. 탄탄한 인맥을 만드는 방법을 살펴보기 전에 인맥의 원천에 대해 먼저 알아보자. 인맥의 원천에는 크게 두 가지가 있다. 하나는 연고 인맥이고, 다른 하나는 목적 인맥이다. 연고 인맥은 혈연, 지연, 학연 등 자연발생적으로 형성되는 인적 네트워크를, 목적 인맥이란 비즈니스 목적을 이루기 위해 인위적으로 형성하는 인적 네트워크를 말한다.

그렇다면 직장 생활을 하면서 알게 된 상사, 동료, 후배 사원이나 종교 활동을 하면서 교회, 성당, 절 등에서 알게 된 사람 등은 어떤 인맥에 속할까? 연고 인맥이라 할수 있다. 왜냐하면 비즈니스 목적을 이루기 위한 인적 네트워크가 아니기 때문이다.

이런 관점에서 필자는 이를 직연(織緣), 종연(宗緣)이라고 한다. 물론 어떤 영업인들은 비즈니스 목적을 위해 신도 수가 많은 교회나 성당, 절을 다니기도 하지만, 그런 경우는 소수에 불과하다. 대부분이 자신의 종교적 신념에 따라 성당, 교회, 절 등에 나가기 때문에 종연 또한 연고 인맥으로 분류해도 무방하다.

목표를 필달하는 영업인들의 공통점 중 하나를 꼽으라면 인맥이 탄탄하다는 것을 들 수 있다. 그렇다면 그들은 연고 인맥이 탄탄한 것일까? 그런 경우도 물론 있겠지만, 대부분은 목적 인맥이 탄탄한 편이다. 심지어 어떤 영업인들은 자신의 연고 인맥을 찾아가지 않는 것을 영업의 신조로 삼기도 한다. 연고 인맥의 또 다른 문제점은 일정 시간이 지나면 대부분 소진된다는 것이다.

그러므로 탄탄한 인맥을 만들기 위해서는 목적 인맥의 폭을 넓고 깊게 만들어야 한다. 인맥의 폭을 넓히는 전통적인 방법으로는 마당발이 되는 것이 있다. 마당발 영업인들은 향우회, 동창회, 동호회, 아파트 입주민 모임 등을 가리지 않고 다양한 모임에 얼굴을 내민다. 뿐만 아니라 경조사에도 빠지지 않고 나타난다.

최근 들어서는 트위터나 페이스북 같은 SNS를 활용해 인맥의 폭을 넓히는 영업인들도 많다. 그러나 이 방법의 단점으로는 인맥의 깊이가 깊지 못하다는 것을 들 수 있다. 물론 이 방법에 마당발식 영업을 접목해 목표를 달성하는 영업인도 있는데, 그들 대부분은 한 번 인연을 맺은 사람과 *끈끈한* 관계를 맺는 경우가 많다.

그렇다면 *끈끈한* 인맥을 만들려면 어떻게 해야 할까? 저마다의 방법이 있겠지만, 가장 보편적인 방법을 꼽으라면 열정적으로 어울린다는 것을 들 수 있다. 목표를 필달하는 영업인들 역시 마찬가지다. 그들은 비즈니스의 목적을 달성하기 위해 고객은 물론 가망고객과도 열정적으로 어울린다.

그렇다면 열정적으로 어울리기 위한 원천은 무엇일까? 다음과 같은 3가지다.

1. 동창회, 향우회와 같은 친목 도모 모임
2. 스포츠, 레저, 예술과 같은 문화 활동 관련 동호회
3. 자선, 봉사, 환경보호와 같은 사회공헌 활동 모임

부산은행 성세환 행장은 영업 달인으로 통한다. 2001년 처음 지점장을 맡은 부산 엄궁동 지점을 시작으로, 성 행장은 거치는 곳마다 해당 지점을 1등 점포로 만드는 수완을 발휘했다. 그의 비결은 무엇이었을까? 고객과 열정적으로 어울리는 스킨십 영업에 있었다. 그는 영업을 잘하는 비결에 대해 다음과 같이 말한다.

"영업을 잘하려면 고객이 원하는 건 뭐든 해야 한다. 고객이 술을 좋아하면 술을 마시고, 골프를 즐기면 골프를 쳐야 하고, 보신탕을 먹자고 하면 보신탕을 맛있게 먹어야 한다."

한마디로 고객이 원하는 것을 통해 고객과 열정적으로 어울려야 한

다는 것이다. 그가 강조하는 것처럼 고객과 1:1로 어울리는 것도 물론 효과적이지만, 동호회나 친목 모임, 봉사 관련 모임 등을 통해 1:10이나 1:30으로 어울리는 것이 훨씬 효과적이다. 영업의 생산성을 높일 수 있기 때문이다. 르노삼성자동차의 김중곤 파트장이 그 대표적인 사례다. 그는 10년가량 삼성생명에 다니다가 르노삼성자동차에 입사했다.

처음 입사해서는 실적이 별로 좋지 않았다. 르노삼성자동차는 수습기간 3개월 안에 9대의 자동차를 판매해야 정직원이 되는데, 김 파트장은 입사한 지 9개월이 되어서야 20명의 동기 중 가장 늦게 정직원이 됐다. 하지만 그는 정직원이 된 후 본격적으로 실력을 발휘하기 시작했다. 김 파트장이 동기들에 비해 늦게 두각을 나타낸 비결은 무엇일까? 동호회를 통해 가망고객들과 열정적으로 어울렸기 때문이다.

김 파트장은 야구 동호회 활동을 통해 다양한 사람들과 어울렸다. 그리고 그 과정에서 자동차를 사거나 타는 사람들이 무엇을 원하는지 알게 됐다고 한다. 물론 그들 중 많은 사람들이 김 파트장에게 차를 샀고, 김 파트장에게 지인들을 소개를 해준 사람들도 부지기수였다. 이를 바탕으로 성과를 내기 시작해 김 파트장은 2007년부터 2011년까지 5년 연속 판매왕을 차지했다. 그는 자신의 이런 경험을 바탕으로 자동차 영업뿐 아니라 다른 무언가를 팔려는 후배들에게도 동호회 활동을 적극 추천하고 있다.

그렇다면 고객이나 가망고객과 열정적으로 어울리는 것이 왜 효과적일까? 그것은 고객과 친밀한 관계를 구축할 수 있고, 고객이나 가망고객의 자아실현 욕구를 충족시킬 수 있기 때문이다. 인간은 누구나 골프, 등산, 낚시, 마라톤, 뮤지컬 등 자신이 좋아하는 일을 즐기면서 자유롭게 살고 싶어 한다. 이것이 바로 심리학자 매슬로우가 말한 자아실현의 욕구다. 이런 사실을 잘 알고 있는 영업인들은 골프, 마라톤, 뮤지컬 등과 같은 동호회에 가입하거나 고객, 가망고객을 대상으로 아예 그런 동호회를 만들기도 한다. 그런 다음, 그들과 열정적으로 어울린다.

동호회와 함께 자선, 봉사 관련 모임에 가입하거나 만드는 것도 한 방법이다. 자신의 즐거움을 추구하는 대신 남을 돕고 봉사하는 것에 삶의 보람을 느끼는 이들도 많기 때문이다. 그러니 이제부터 당신도 고객이나 가망고객과 어울릴 수 있는 모임을 최소한 5개 이상 만들어라. 그리고 그들과 열정적으로 어울려라. 그러면 당신만의 필살기가 될 것이다.

5_ 가망고객과 고객을 빚진 상태로 만든다

열정적으로 어울려도 기대만큼 효과를 보지 못하는 영업인들도 물론 있을 것이다. B2C 영업인 중에도 있겠지만, 특히 B2B나 B2G 영업인들이 그런 경우가 많을 것이다. 금융 상품이든 일반 소비재든, 고객은 영업인이 마음에 들면 가격에 크게 구애받지 않고 지갑을 연다. 영업인과 친밀한 관계가 되면 될수록 지갑을 열 확률은 그만큼 더 높아진다.

그러나 B2B나 B2G 분야는 다르다. 제 아무리 구매 담당자와 친하다고 해도 바로 구매로 연결되지는 않는다. 구매 담당자 대부분이 최종 의사 결정권자가 아니기 때문이다. 자기 돈을 쓰는 것과 회사 돈을 쓰는 것은 차원이 다른 문제다. 최종 의사 결정권자 역시 마찬가지다. 자신이 최종 결정을 내리고 난 후에 구매 부서, 사용 부서, 자금 집행 부서 등 관련 부서를 의식하지 않을 수 없다. 그룹사에 속해 있는 기업이나 공기업의 경우에는 나중에 있을지 모를 감사도 의식해야 한다. 그러므로 B2B, B2G 영업인은 B2C 영업인과는 차원이 다른 필살기를 갖기 위해 노력해야 한다.

그렇다면 B2B, B2G 영업인들이 지녀야 할 필살기에는 어떤 것이 있을까? 그중 하나의 방법으로 고객과 가망고객을 빚진 상태로 만드는 것을 들 수 있다. 이것이 물론 B2B, B2G 영업인들에게만 유용한 것만은 아니다. 이것은 금융이나 일반 소비재, 점두 영업인에게도 목표 달성을 위한 필살기로 아주 유용하게 활용될 수 있다.

그렇다면 고객과 가망고객을 빚진 상태로 만드는 것이 왜 목표를 필달하는 영업인들의 필살기가 되는 것일까? 왜냐하면 그것이 인간의 기본적인 심리를 자극하기 때문이다. 심리학자들의 연구에 따르면, 상대로부터 무언가를 받은 사람은 호의적인 상태가 된다. 세계적인 심리학자인 로버트 치알디니는 이런 현상을 '상호성의 법칙'이라고 말한다. 그의 실험에 의하면, 아무런 조건을 내걸지 않고 상대에게 먼저 무언가를 준 다음 무언가를 구매해 달라고 요청했을 때와 그렇지 않은 경우를 비교해 보았더니 전자가 약 2배가량 더 많은 반응을 보였다고 한다. 심리적으로 빚진 상태가 되었기 때문이다.

우리 주변에서 볼 수 있는 대부분의 판매왕이나 영업 달인들 역시 고객과 가망고객에게 무언가를 먼저 주는 데 능한 사람들이다. 선물이든 정보든 무료 체험이든 도움이든 말이다. 이것이 바로 '목표를 필달하는 영업 달인=고객과 가망고객을 빚진 상태로 만드는 달인'이라고 불러도 무방한 이유다.

그렇다면 어떻게 해야 고객이나 가망고객을 빚진 상태로 만들 수 있을까? 선물이나 술 접대, 리베이트나 뇌물 공세라도 펴야 할까? 그것들은 지금도 물론 유용하게 활용되는 방법들이다. 하지만 대부분이 편법적이거나 불법적인 방법들이다. 그래서 목표를 필달하는 영업인들은 다르게 접근한다. 고객과 가망고객이 안고 있는 문제를 해결해 주고 도움을 주는 식으로 말이다.

기본적으로 고객이 안고 있는 문제는 크게 2가지로 분류할 수 있다. 하나는 업무적인 문제다. 이것은 곧 고객이 해당 상품을 통해 얻고자 하는 본원적 문제, 즉 영업인이 권하는 상품을 통해 얻을 수 있는 편익을 말한다. 다른 하나는 업무적인 것과는 전혀 관계없는 고객 개인의 문제다.

고객의 문제를 해결해 주는 대표적인 사례인, 은행이나 증권사의 PB(Private Service) 서비스를 예로 들어 보자. 업무적인 문제 해결이나 도움 제공은 고객의 종합 자산관리 서비스를 통해 이루어진다. 고객의 금융·부동산·실물 자산을 안전하면서도 적정 수익을 올리도록 운영해 주거나 조언해 주는 것이 여기에 해당한다. 물론 상속·증여 등 절세 관련 솔루션도 업무적인 문제를 해결해 주는 것이라고 할 수 있다.

하지만 PB 서비스는 여기에 그치지 않는다. 고객의 개인적인 문제를 해결해 주거나 도움도 제공한다. 의료 종합검진 서비스, 자녀 유학정보 제공, 자녀 결혼문제 해결을 위한 커플 매칭 이벤트 같은 서비스가 그 대표적인 사례다. 주목할 것은 개인 고객은 물론, 법인 고객 대부분도 개인적인 문제를 해결해 주거나 도움을 주면 고마워한다는 것이다. 목표를 필달하는 영업인들은 이러한 전략을 잘 활용해 그들을 빚진 상태로 만드는 것이다.

그렇다면 그들은 어떻게 고객과 가망고객이 안고 있는 문제를 해결해 주고 도움을 줘 빚진 상태로 만드는 것일까? 그들은 다음과 같은 2가지 방법을 주로 활용한다.

고객과 가망고객을 빚진 상태로 만드는 방법
1. 정보 제공
2. 도우미, 해결사, 집사 되기

1) 정보 제공
"남자 영업 사원이 담배를 권할 때, 저는 정보를 제공했어요."

평범한 여사원에서 한국 코닝의 CEO 자리에까지 오른 이행희 사장이 말한 자신의 성공비결이다. 식사나 술자리보다 상대의 비즈니스 성과를 높여주는 정보 제공으로 세일즈 성과를 높였다는 것이다. 고객이나 가망고객에게 제공하는 정보에는 크게 2가지가 있다. 하나는 고객과 가망고객의 업무적인 문제 해결에 도움을 주는 정보이고, 다른 하나는 개인적인 관심 사안에 관한 정보이다.

업무적 문제 해결에 도움을 주는 것에는, 이행희 사장 외에도 금융 영업인이 이메일이나 DM 등을 통해 자산관리나 재테크 관련 정보를 보내주는 것 등이 포함될 수 있다. 2010년 교보생명에서 판매왕을 차지했던 지연숙 FP도 그런 사람 중 하나다. 그녀가 판매왕에 오를 수 있었던 노하우에는 여러 가지가 있다. 그녀는 자신의 노하우로, 고객의 성향에 맞는 상품 권유와 철저한 고객 서비스를 든다. 그리고 대표적인 고객 서비스로 매달 1,000여 명의 고객에게 보내는 재테크 정보 등 유익한 정보가 담긴 편지를 꼽는다.

지연숙 FP처럼 은행이나 보험 분야의 금융 영업인들 중에는 도움이 되는 정보를 제공함으로써 고객을 빚진 상태로 만드는 이들이 많다. 제약이나 의료기기 영업인 중에는 의사들에게 관련 분야의 최신 의학 논문이나 임상 실험 결과를 보내주는 이들도 있다. 이처럼 정보를 오랜 기간 주기적으로 보내는 영업인들에게는 공통점이 있다. 그들 모두 목표를 필달하는 상위 1% 이내의 영업인들이라는 것이다.

그들은 업무에 직접 관련된 정보만으로 고객이나 가망고객을 빚진 상태로 만드는 것이 아니다. 절세나 건강, 자기 계발에 대한 정보도 보낸다. 또한 육아·어학 연수·해외 유학과 같은 교육 관련 정보, 레저·문화·예술 관련 정보 등도 보낸다. 심지어 휴가 시즌 전에는 휴가를 가는 데 도움이 되는 정보를 제공하기도 한다. 가령 여행지는 어디가 좋고, 숙박·교통편은 어떤지, 여행지 인근에 맛있는 식당은 어떤 곳이 있는지 등에 대한 정보를 제공하는 식이다.

이메일이나 DM을 활용해 정보를 제공하는 방법 외에도 세미나나 연구회를 활용하는 영업인도 있다. 그 대표적인 이가 ING생명의 박준

배 FC다. 그는 자신이 목표로 삼은 의사 고객들을 공략하기 위해 한 달에 20여 회 정도의 세미나를 개최한다. 세미나 주제도 자산관리를 어떻게 할 것인지가 아니다. 입지 선정, 자금 조달 및 관리, 간호사 채용 등 병원 개업과 관련된 정보를 제공해 주기 위해 세미나를 개최하는 것이다.

그뿐만이 아니다. 공동 개원의 허와 실, 의료시장 개방 대응 전략과 같은 주제로도 세미나를 연다. 병원 경영에 필요한 모든 것에 대해 정보를 제공해 주기 위해 세미나를 활용하고 있는 것이다. AIG생명에서 5년 연속 판매왕을 차지한 장길동 SM, 대한생명에서 2007~2008년 2년 연속 판매왕을 차지한 정미경 FP 역시 재무 설계 세미나를 적극 활용해 고객을 빚진 상태로 만든 대표적인 사람들이다.

제약 영업인 중에서도 세미나를 통해 고객에게 정보를 제공하는 영업인이 있다. 한국 노바티스에서 대전지역 병·의원 영업을 담당하는 이연호 차장이 그 주인공이다. 이 차장은 의사들에게 다가설 때 술을 적극 활용한다. 그렇다고 해서 술을 자주 마시는 게 아니다. 와인에 관심이 많은 개인 병원장들을 상대로 '와인 아카데미'를 적극 활용한다.

처음에는 전문 강사를 불러 강의를 했지만, 요즘에는 자신이 직접 소믈리에가 돼 와인 아카데미를 운영한다. 이를 계기로 와인을 배우고 싶은 의사들이 이 차장을 찾는 경우가 부쩍 늘었다. 이 차장은 2006년 한국 노바티스에 입사한 이후, 이와 같은 세미나 마케팅을 통해 우수 영업 사원들만 받는 상을 연거푸 수상했다.

세미나는 고객이나 가망고객에게 정보를 제공해 그들을 빚진 상태로 만들 수 있는 유용한 방법 중 하나다. 그러나 한계도 있다. 주로 1회성으로 끝나기 때문에 끈끈한 결속력을 유지하기가 어렵다. 이런 단점을 보완할 목적으로 연구회를 결성해 정기적으로 정보를 제공하는 영업인도 있다. 연구회란 '생산성 향상 연구회', '재테크 연구회', '원가 절감 연구회' 등처럼 고객들과 함께 특정 주제를 연구하기 위해 만든 커뮤니티를 말한다.

연구회 운영의 궁극적인 목적은 세미나와 같다. 연구회에 참여하는 고객과 가망고객들의 문제를 해결해 주고 도움을 주기 위해 운영되는 것이다. 이런 관점에서 본다면 연구회는 주로 B2B, B2G 영업에 유용할 수 있다. 그러나 B2C 영업에도 도움이 된다. 그 대표적인 사례로는 신한은행 갤러리아 팰리스 지점의 고준석 지점장이 멘토가 돼 운영하는 '자산관리 멘토 스쿨'을 들 수 있다.

이 프로그램은 기본적으로 5개월간 진행된다. 부동산·금융·세무 등 총 3개의 파트로 나눠 무료 강의를 한 다음, 한 달에 한 번씩 커피숍에서 모임을 갖고 고준석 지점장이 직접 멘토 역할을 해주는 식이다. 이 멘토 스쿨에 참석한 한 주부는 다음과 같이 말한다.

"매일 아침 경제신문을 정독하고, 지금까지 읽은 부동산 관련 서적만 50여 권이 넘지만, 상가, 단독 주택지 등 상품이 워낙 다양해져서 부동산 시장의 트렌드를 따라잡기가 벅차다. 이번 기회를 통해 부동산 투자 정보를 얻을 생각이다. 5개월 한시적으로 운영되는 멘토 스쿨이라지만 앞으로도 계속 참가할 예정이다."

고준석 지점장의 자산관리 멘토 스쿨은 2011년 1기 모집 당시에는 정원 80명에 400여 명이 신청할 정도로 큰 인기몰이를 했다. 1회성 세미나보다 지속적인 투자 정보를 얻을 수 있기 때문일 것이다. 여기서 중요한 사실은 자산관리 멘토 스쿨에 참가하기 위해 400여 명의 가망고객이 스스로 찾아 왔다는 것이다. 고 지점장의 자산관리 멘토 스쿨은 현재까지도 많은 인기를 얻으며 지속적으로 운영되고 있다. 고객이나 가망고객이 안고 있는 문제를 해결해 주기 위한 정보 제공의 위력을 보여주는 좋은 사례라고 할 수 있다.

2) 도우미, 해결사, 집사 되기

고객과 가망고객을 빚진 상태로 만드는 두 번째 방법은 그들의 도우미, 해결사, 집사가 되는 것이다. 도우미, 해결사, 집사가 주는 이미지로 인해 대개 고객이나 가망고객의 개인적인 문제를 해결해 주거나 도움을 주는 것이 연상되기도 한다. 그러나 이것은 고객과 가망고객의 업무적인 문제 해결과 도움 제공에도 활용이 가능하다. 앞서 소개했던 공윤석 지점장이 바로 도우미이자 해결사가 된 경우라고 할 수 있다.

이것은 사실 우리가 고객을 빚진 상태로 만들 때, 주변에서 가장 많이 접할 수 있는 방법이다. 고객의 절세에 결정적으로 도움을 주었다든지, 고객에게 나대지를 임대하도록 조언해 매월 1,000만 원의 임대수익을 올리게 해주었다든지, 아르바이트를 하던 은행 지점에서 은행원들을 도와준 것이 계기가 돼 이동통신사의 대리점 사장이 된 20대 미혼 여사장의 사례 등이 대표적인 경우다.

또한 은행의 청원경찰 신분으로 360억 원의 예금을 유치해 화제가 됐던 한원태 씨도 도우미의 대표적인 사례다. 그는 안양 유원지 상인 연합회원들을 위해 주말마다 설거지를 해주고 가게를 찾는 손님들과 어울려 도움을 주었다. 이런 노력 끝에 그는 결국 이들 상인 모두를 신규 고객으로 유치할 수 있었다.

우리은행 지점장 평가에서 항상 상위 1% 이내에 드는 동월순 지점장도 고객과 가망고객에게 도움을 주기 위해 노력하는 대표적인 영업인이다. 그가 상위 1%에 든 비결은 무엇일까?

그 하나는 저인망식 정보 네트워크를 구축한 데에 있다. 새로운 지점에 부임하면 그는 가까운 미용실을 찾고 야쿠르트 아줌마와 친해지려고 노력한다. 고객이 안고 있는 문제에 대한 정보를 찾기 위해서다. 그리고 다른 하나는 고객과 가망고객에 도움을 주는 것이다. 환율 변동이 심했을 때 중소기업에 환율 정보를 제공해 큰 도움을 준 것이 대표적인 경우다. 동 지점장이 서울의 양재 북지점에서 만났던 식품 원자재 납품업체 A사의 사례도 그렇다.

동 지점장이 A사를 처음 방문했을 때, 그 회사 대표는 '무차입 경영'이 원칙이라며 찾아올 필요가 없다고까지 말했다. 그러다 2008년 금융 위기로 환율이 치솟자 이 회사는 고민에 빠졌다. 외국에서 들어오는 원자재 가격이 크게 올랐기 때문이다. 이 때 동 지점장은 회사를 찾아가 "신용장을 열어줄 테니 수입 대금 결제를 몇 개월만 늦춰라. 환율은 곧 정상 수준이 될 테니 기다려 보라."고 조언했다. 그의 조언 덕분에 이 회사는 환율이 정점을 찍던 때보다 30% 이상 싼 가격에 결제를 할 수 있었다. 그 결과, 이 회사 대표는 "앞으론 우리은행하고만 거래하겠다."라고 입장을 바꿨다.

이 밖에도 모든 영업인들이 벤치마킹할 만한 사례 하나를 소개한다. 하나은행과 신한은행에서는 고객 자녀들의 결혼을 돕기 위해 매년 커플 매칭 이벤트를 개최하고 있다. 은행이 결혼 정보 회사도 아닌데 왜 이런 서비스를 제공하는 것일까? 고객에게 도움이 되는 것은 무엇이든 지원하겠다는 경영철학 때문이다.

'은행 본점 차원의 서비스이므로 영업인 개인이 실행하기는 어렵다.', '은행이나 증권 등 고액 자산가를 대상으로 한다면 몰라도 정수기를 파는 나한테는 좀.', 'B2C 영업인이라면 몰라도 난 B2B 영업인이라서.'라는 생각을 가진 영업인도 물론 있을 것이다. 하지만 이것은 잘못된 생각이다. 실제로 대우전자와 대우일렉트로닉스에서 가전 영업 달인으로 불렸던 백숙현 씨는 맞선이나 소개팅을 넘어 '미스 미스터의 밤'이란 커플 매칭 이벤트를 개최하기도 했다. 영업인 개인도 얼마든지 고객과 가망고객의 개인적인 결혼 문제에 도움을 줄 수 있음을 증명해주는 좋은 사례다. 이처럼 고객이나 가망고객에 도움을 주거나 고객이 직면한 어려움을 해결해 주는 해결사가 되면 그들을 빚진 상태로 만들 수 있다.

그렇다면 집사가 된다는 것은 어떤 의미일까? 도우미나 해결사 차원을 넘어 고객의 집사처럼 되라는 뜻이다. 이런 서비스의 원조는 스위스의 PB은행들이다. 스위스의 은행들은 PB들에게 고객과 긴밀한 관계, 마치 중세 교회나 귀족 가문의 집사와 같은 수준의 관계를 요구한다. 집사란 집안의 모든 일을 도맡아서 책임지고 처리하는 사람으로,

고객들은 자신의 배우자와 한 달 이상 출장이나 여행을 갈 경우, 스위스 은행의 PB들에게 자신을 대신해서 자녀의 학교에 가달라고 요청할 정도라고 한다. 현재 우리나라 은행의 PB들이나 백화점과 호텔의 컨시어지 서비스 역시 집사와 같은 서비스를 지향하고 있다.

어떤 사람들은 '내가 하인도 아닌데, 집사와 같은 서비스까지 제공해야 하나? 아무리 갑을관계라지만 내 인격이나 생활도 있는데.'라고 생각할 것이다. 그런 생각을 가진 영업인이라면 부산은행 성세환 행장의 다음과 같은 영업 지론을 다시 한 번 되새겨 보아야 한다.

"영업을 잘하려면 고객이 원하는 건 뭐든 해야 한다. 고객이 술을 좋아하면 술을 마시고, 골프를 즐기면 골프를 쳐야 하고, 보신탕을 먹자고 하면 보신탕을 맛있게 먹어야 한다."

그의 말에 따르면, 고객이 집사와 같은 도움을 받길 원한다면 그렇게 해줘야 한다. 그 정도로 긴밀한 관계를 구축해야 고객을 빚진 상태로 만들 수 있고, 그 정도가 돼야 어떤 악조건에서도 목표를 달성할 수 있다는 것이다.

6_ 고객이 스스로 찾아오도록 만든다

앞서 소개했던 대우전자와 대우일렉크로닉스의 백현숙 씨나 IBK 기업은행 오성섭 강남 PB센터장 외에도 목표를 필달하는 영업인 중에는 고객들이 스스로 그들을 찾는 경우가 많다. 물론 '나에게도 스스로 찾아오는 고객이 있다.'라고 자랑스럽게 말할 수 있는 영업인들이 있겠지만, 그들 대부분이 목표를 필달하는 것은 아니다. 한 달에 한두 명이나 서너 명이 찾아오는 것만으로는 목표 달성이 어렵기 때문이다. 그나마 영업인을 찾아오는 것이 아니라 상품의 브랜드 파워나 매장 입지의 유리함, 다른 브랜드나 매장이 마음에 들지 않아 찾아오는 경우도 많다.

하지만 여기서 말하는 고객이 스스로 찾아온다는 것은 이런 속성 때문이 아니다. 영업인으로서 당신의 그 무언가에 끌리기 때문에 찾아오는 것이다. 그렇다면 고객을 끌어당기는 힘이란 무엇을 말하는 것일까? 다음의 2가지다.

🌑 고객이 스스로 찾아오도록 만드는 2가지
1. 최고(전문가)라는 명성
2. 두 번째 이름, 닉네임

1) 최고(전문가)라는 명성
스스로 찾아오는 고객이 많은 영업인들의 공통점은 자신의 분야에서 최고(전문가)라는 명성을 얻고 있다는 것이다. 이것은 비단 B2B나 B2G 영업인, 금융 영업인, 부동산, 의료 서비스, 법률 서비스 등 상품을 판매하는데 전문적인 지식이 필요한 영업인들에게만 해당되는 것은 아니다. 화장품이나 정수기, 가전, IT 기기 등을 파는 영업인에게도 해당된다. 토요타 자동차의 딜러인 D&T의 정대영 부장이 그 대표적인 경우다.

고객들은 그를 '차 박사'로 부른다. 고객들은 차가 고장이 나면 제일 먼저 정대영 부장을 찾는다. 그는 가망고객을 만날 때도 고객의 차종을 물어본 후, "그 차 어디가 잘 고장나죠?"라고 한 번 더 묻는다. 그 다음부터는 그야말로 일사천리다. 가망고객들 대부분이 '어? 이 양반, 차에 대해선 전문가로군.'이란 인식을 갖기 때문이다. 물론 자신이 파는 상품 분야에서 최고(전문가)가 돼야 한다는 것을 모르는 사람은 없다.

그런데도 대부분의 영업인들은 최고(전문가)가 되지 못한다. 그 이유는 무엇일까? 그것은 바로 최고(전문가)가 되겠다는 목표가 없는데다 의지도 약하기 때문이다. '내가 영업 사원인데 상품에 대해서는 이 정도 지식만 있으면 돼.'라는 사고가 근본적 문제인 것이다. 따라서 영업인이라면 정대영 부장처럼 자신이 파는 상품에 대해 최고(전문가)가 되겠다는 목표부터 갖는 게 필요하다. 그런 강력한 의지가 있어야 영업 목표 달성도 가능하기 때문이다.

물론 아무리 노력해도 최고(전문가)가 되는 게 쉽지 않은 업종도 있다. 금융이나 IT 등은 고도의 전문 지식이 필요한 업종들이 해당된다. 그렇다면 이들 업종에 종사하는 영업인들은 어떻게 해야 할까? 특정 분야에 집중해 최고(전문가)가 된 후에, 그 영역을 점차 넓혀가는 것도 하나의 방법이다.

가령 금융 영업인의 예를 들어 보자. 금융 영업인이 주식, 채권, 펀드, ELS나 ETF 등 모든 금융 상품에 대해 최고(전문가)가 되는 것은 쉽지 않다. 따라서 모든 금융 상품에 대해 최고(전문가)가 되기보다는 채권이면 채권, 주식이면 주식 등 해당 분야에서 최고(전문가)가 되는 것이 효과적이다. 세무 분야에서도 마찬가지다. 고객에게 모든 세무 문제에 대해 최고(전문가)의 솔루션을 제공해 주기란 매우 어려운 일이다. 세법이 복잡한데다 자주 바뀌기 때문이다. 따라서 이 경우에도 상속·증여세 분야나 부동산 관련 세금 분야 등으로 범위를 좁혀 최고(전문가)라는 명성을 얻는 접근법이 필요하다. 부동산 영업인 역시 마찬가지다. 상가나 오피스 빌딩 또는 토지 등의 한두 분야로 범위를 좁혀 해당 분야에서 최고(전문가)라는 명성을 얻는 것이 좋다.

하지만 어떤 영업인은 이런 하소연을 하기도 한다. '나는 보험 영업인인데도, 고객의 절세 문제에 대한 솔루션을 제공해야 하나?'라고 말이다. 이런 하소연에 다음과 같이 되묻고 싶다.

"보험 회사들은 왜 영업인을 LP(Life Planner), FC(Financial Consultant), FP(Financial Planner), RC(Risk Consultant) 등으로 부르고, 화장품 회사에서는 왜 뷰티 컨설턴트(Beauty Consultant)라는 명칭으로 부르는 걸까?"

이런 관점에서 본다면, 자동차 영업인이 차 박사, 보험 영업인이 보험 박사만 돼야 하는 것은 아니다. 자동차와 관련한 고객의 라이프스타일과 보험은 물론, 고객의 재무 설계 전반에 관해서도 조언해 줄 수 있어야 한다. 그래야 진정한 최고(전문가)로 인정받을 수 있다. 영업인들뿐만이 아니다. 음식점이나 마트, 커피 전문점을 운영하는 자영업자들 역시 마찬가지다. 자신이 판매하는 상품에 있어서 최고라는 명성을 얻는 것이 절대적으로 필요하다.

실제로 김밥 하나로 최고라는 명성을 얻은 사례가 있다. 2008년에 현대백화점 본점에 입점한 '나드리 김밥'이 그 주인공이다. 나드리 김밥은 원래 잠실역고 앞에 있던 조그만 김밥집이었다. 신문이나 방송은 물론, 인터넷에도 오른 적이 없다. 하지만 맛있다는 명성이 현대백화점 본점의 레이더망에 잡혀 입점하게 되었다. 그리고 2011년에는 현대백화점 일산 킨텍스점에도 입점했다. 이처럼 자신의 분야에서 최고가 되면 고객은 물론 백화점 같은 곳에서도 스스로 찾아온다.

유부 김밥으로 명성을 날리고 있는 서울 방배동의 '해남 원조 김밥'도 좋은 사례다. 이곳은 한 줄에 2,000원 하는 김밥을, 많을 땐 하루에 5,000줄, 평균적으로는 2,000줄 이상 판다. 이 정도를 팔려면 방배동 인근 상권에서만 판매하는 것으로는 불가능하다. 대형 교회나 대학 등은 물론, 서울 지역 곳곳에 맛있다는 명성이 자자했기 때문에 가능한 일이었다. 이처럼 영업인으로 성공하기 위한 가장 원초적인 속성이 바로 자신의 분야에서 최고라는 명성을 얻는 것이다. 만두든 오뎅이든 라면이든, 그게 무엇이든 관계없이 말이다.

이것을 모르는 사람은 물론 없을 것이다. 그러나 자신의 분야에서 최고라는 명성을 얻는 영업인은 극소수다. 그렇기 때문에 영업 목표를 필달하는 사람도 적은 것이리라. 이젠 당신도 목표를 명확히 해야 한다. '하루에 김밥 1,000줄 판매', '라면 1,000 그릇 판매'와 같은 목표가 아니라 '여의도에서 김밥이 가장 맛있는 집', '테헤란로에서 라면이 가장 맛있는 집'과 같은 목표를 세워야 한다.

2) 두 번째 이름, 닉네임

고객 중에 자신의 영업 담당에게 "팥으로 메주를 쑨다고 해도 당신은 믿을 만한 사람입니다."라고 말하는 사람이 있다. 이 말은 곧 자신의 영업 담당자에게 절대적인 신뢰를 보낸다는 의미다. 이처럼 목표를 필달하는 영업인 중에는 자신의 이름 대신 '절대 신뢰할 만한 사람'이란 닉네임으로 불리는 이들도 있다. 고객이 영업인의 이름보다 신뢰라는 두 글자를 먼저 떠올리는 것이다.

그렇다면 고객의 절대적인 신뢰를 받으면 어떤 현상이 일어날까? 그 고객으로부터 전폭적인 지지를 받아 고객 당사자는 물론 가망고객들이 스스로 찾아온다. 고객이 주변 사람들에게 입소문을 내고, 강력하게 추천하기 때문이다. 이런 사실을 너무도 잘 알기 때문일까? 목표를 필달하는 영업인들 역시 이구동성으로 고객의 신뢰를 얻는 것이 가장 중요하다고 말한다. 신뢰를 얻는 방법으로 "고객과의 약속은 반드시 지킨다.", "일관성과 지속성을 갖고 고객을 대하는 것이 중요하다.", "과도한 마케팅을 삼가야 한다." 등의 예를 들면서 말이다.

BMW 딜러로서 코오롱 모터스에서 판매왕을 차지한 김정환 차장도 고객에게 절대 거짓말을 안 하고 손해를 보더라도 끝까지 약속을 지키는 영업인이다. 실제로 2006년에는 이런 일도 있었다고 한다. 그가 고객에게 스포츠카 모델인 BMW Z4를 팔 때의 일이다. 본사에서 해당 모델의 가격을 올린 줄도 모르고 200만 원이나 낮은 가격으로 차량을 소개해 고객과 계약을 끝냈다. 차량을 출고할 때가 돼서야 뒤늦게 실수를 했다는 것을 알아챘지만, 김 차장은 계약서에 적힌 금액대로 차를 인도했다. 이에 대해 그는 "고객의 잘못이 아닌 내 잘못이었고, 고객과의 약속은 무조건 지켜야 했기 때문이었다."라고 말했다.

비슷한 에피소드가 또 있다. 김 차장은 "계약을 한 고객이 차량 결함을 주장하며 새 차로 교환해 줄 것을 요구한 적이 있었다. 비용 문제로 회사와 고객 간에 시비가 일어나 곧바로 내가 400만원을 냈다. 내가 팔았으니 내가 책임져야 한다고 생각했다.”라고 한다. 그는 이런 식으로 고객과의 신뢰를 쌓아간다. 하나둘씩 돌탑을 쌓듯 신뢰가 쌓이기 시작하자 큰 변화가 일어나기 시작했다. 전국 각지에서 그에게 신차 구입 문의를 해온 것이다. 신뢰를 경험한 고객들이 주변 사람들에게 이런 사실을 얘기하는 것에서 그치지 않고 강력하게 김 차장을 소개하고 추천했던 것이다.

은행, 증권, 보험 등 금융 영업인 중에는 고객들에게 닉네임으로 불리며 성과를 올린 이들이 많다. 한화생명에서 판매왕 타이틀을 3회나 차지한 유현숙 매니저도 그중 하나다. 유 매니저는 매일 새벽 1시에 자신의 주된 영업 지역인 동대문 새벽시장으로 출근한다. 고객이자 가망고객인 상인들을 상대로 보험뿐 아니라 주식, 부동산 등 각종 재테크 정보를 전달해 주기 위해서다. 재밌는 사실은 어느 때부터인지 유 매니저를 ‘동대문 시장의 재테크 선생님’으로 부르는 상인들이 많아졌다는 것이다.

이 닉네임이 전파되면서 동대문 시장의 상인들로부터 “돈이 생기면 유현숙을 찾아라!”라는 말이 생겼다. 고객, 가망고객이 스스로 유 매니저를 찾기 시작한 것이다. ‘재테크 선생님’이 다른 사람들과는 확실하게 차별화된 유현숙 매니저만의 필살기 중 하나였던 것이다. 그 닉네임이 동대문 시장에 전파되는 한, 고객은 물론이거니와 그들의 소개를 통해 가망고객들이 스스로 찾아오는 효과도 지속적으로 누릴 수 있을 것이다. 유 매니저는 이와 같은 노하우로 2006년에 이어 2009년, 2010년에 판매왕의 자리에 올랐다.

재미있는 현상은 뛰어난 영업 달인들 중에는 유현숙 매니저처럼 자신의 이름보다 닉네임으로 불리는 경우가 많다는 것이다. '해결사'나 '동반자', '집사', '도우미', '내 인생의 멘토', '마당발' 등이 고객들로부터 불리고 있는 대표적인 닉네임들이다. 의사나 간호사와 같이 매일 고객을 대하는 직업을 가진 사람들 역시 마찬가지다. '우리 가족 주치의', '신의', '수호천사' 등과 같이 고객들로부터 우호적인 의미를 지닌 닉네임으로 불리는 이가 많다.

점두 영업을 하는 매장이나 음식점, 치킨집, 커피 전문점과 같은 경우에도 고객과 가망고객들로부터 매장 이름 대신 닉네임으로 불리는 것이 좋다. 이는 도미노 피자의 성공 요인이 되기도 했다. 도미노 피자는 브랜드 이름 대신 '30분내 배달'이라는 이미지가 고객들의 머릿속에 파고들어 성공할 수 있었다.

기업의 CEO들 중에도 자신의 이름보다 닉네임으로 더 유명한 이들이 있다. 영업인 출신으로 그룹사 회장이 된 웅진그룹 윤석금 회장은 영업인 시절 '영업의 신', '방문판매의 귀재'로 불렸다. 이 밖에도 삼성전자 최지성 부회장은 '영업맨의 신화', '디지털 보부상'으로, 이마트의 최병렬 사장은 '최틀러', 영업을 잘해 한국투자증권의 CEO 자리에까지 오른 유상호 사장은 '전설의 제임스', 영업통으로 불리는 하나금융지주 김정태 회장은 '영업 달인'이란 닉네임으로 불린다.

당신도 이들처럼 이름 대신 고객과 가망고객들로부터 불릴 닉네임

하나 정도는 있어야 한다. 고객이 스스로 당신을 찾도록 만들기 때문이다. 그렇다면 어떤 닉네임으로 불리는 것이 좋을까? 해결사든, 도우미든, 그 어떤 것이라도 좋다. 그러나 한 가지 유념할 게 있다. 긍정적인 이미지를 줄 수 있는 닉네임이어야 한다. 예를 들면, 점포 이름 대신 '우리 동네 재테크 사랑방', '대한민국에서 가장 친절한 가게', '가장 맛있는 집', '고객을 진정으로 위하는 곳', '가장 깨끗한 곳', '재미와 즐거움을 주는 곳' 등으로 말이다.

심지어는 닉네임이 가게의 상호가 되어 버린 곳들도 있다. '욕쟁이 할머니 집', '총각네 야채가게' 등이 그것이다. 그들에게 닉네임은 마치 훈장과도 같다. 닉네임은 고객과 잠재고객에게 자신과 자신의 가게가 어떻게 비치고 있는지를 가장 잘 나타내 주는 평판이기 때문이다.

그렇다면 고객들로부터 긍정적인 닉네임으로 불리려면 어떻게 해야 할까? 닉네임은 우연히 만들어지는 것이 아니다. 고객과 가망고객에게 불렸으면 하는 닉네임의 콘셉트를 정한 후, 전략적이고 지속적으로 실천해야 한다.

7_ 열렬한 팬, 알파고객이 많다

목표를 필달하는 영업인 중에는 신규 고객보다 오히려 기존 고객의 비중이 높은 이들도 많다. 〈헤럴드 경제〉가 2013년 5월, 우리나라 국내 완성차 및 수입차 업계 판매왕을 대상으로 설문조사를 한 결과가 이를 증명해 준다. 설문 결과는 다음과 같다.

"신규 고객이 아닌 기존 고객의 추천으로 판매하는 비율에 대해 7명

중 5명이 50% 이상이라고 답했다. 그중 2명은 70% 이상이었다. 10대 중 7대는 기존 고객의 추천으로 판매했던 셈이다. 한 자동차 판매왕은 '신규 고객을 늘리는 건 한계가 있다. 기존 고객 관리를 철저히 해 그들이 또 다른 판매원이 되도록 하는 게 판매 비결'이라고 말했다."

충성고객이란 특정 상품이나 브랜드를 지속적으로 재구매하거나 계속 이용(또는 계약 관계를 유지)하면서 지갑 점유율도 높고, 주변 사람도 추천을 잘 해주는 고객을 말한다. 자신이 재구매하는 것은 물론 새로운 고객을 추천하는 고객인 것이다. 단골고객이나 평생고객과 유사하지만, 조금은 다른 고객이라 할 수 있다. 목표를 필달하는 영업인들에게는 충성고객이 많다는 공통점이 있다. 자동차 분야만 그런 게 아니다. 은행, 보험, 증권 등이나 화장품, 정수기, 식품과 같은 소비재뿐 아니라 IT, 부품, 건설 등의 B2B, B2G 분야 역시 마찬가지다.

그렇다면 고객은 왜 특정 상품이나 브랜드, 매장 또는 영업인이나 서비스 담당에게 충성하는 것일까? 그것은 다음의 8가지 이유 때문이다.

🕵 고객이 충성하는 이유 8가지

1. 품질, 성능, 기능, 디자인 등 상품의 본원적 속성이 뛰어나서

2. 가격이 싸기 때문에

3. 포인트, 마일리지와 같은 로열티 프로그램이 좋아서

4. 이용하기 편리하기 때문에

5. 예전부터 습관적으로 이용해 와서

6. 독과점적이기 때문에 선택의 여지가 없어서

7. 연고 관계인이나 특정 회사와의 연관성 같은 상황적 요인 때문에

8. 특정 브랜드나 기업, 특정인이 너무 마음에 들어서

특정 상품이나 브랜드, 특정 매장을 반복적으로 찾고 재구매하는 고객이라 해도 충성의 이유가 저마다 다른 것을 알 수 있다. 보통 충성고객은 이 8가지 중 단 1개의 속성 때문에 특정 상품이나 브랜드를 찾기도 한다. 하지만 대부분은 2~3가지 속성 또는 그 이상의 속성 때문에 특정 브랜드, 영업인이나 서비스 담당, 매장을 찾는다. 1번과 8번을 제외한 2~7번 속성을 보면 고객이 무조건 충성하는 게 아니란 걸 알 수 있다. 특정 상품이나 브랜드, 기업에 충성하는 이유가 가격, 포인트 프로그램, 입지 등과 같이 어떤 조건들이기 때문이다.

반면 1번과 8번 속성은 다르다. 고객은 어떤 조건을 따지지 않고 특정 상품이나 브랜드, 기업 또는 영업인이나 서비스 담당에 열정적인 지지를 보낸다. 이렇게 열정적 지지를 보내는 고객이야말로 열렬한 팬과 같은 고객이라 할 수 있다. 열렬한 팬이 인기 연예인이나 유명 스포츠 선수에게만 있는 것은 아니다. 특정 브랜드나 기업에도 있고, 영업인이나 서비스 담당과 같이 고객 접점에서 고객을 만나는 사람들에게도 존재한다. 필자는 이런 고객, 즉 열렬한 팬과 같이 헌신적으로 충성하는 고객을 '알파고객'이라고 한다. 충성고객보다 한 차원 더 높은 최고의 고객이란 의미에서다.

알파고객은 헌신적으로 재구매하고 교차 및 추가 구매에 적극적으

로 반응해서 지갑 점유율이 압도적으로 높을 뿐만 아니라 매우 적극적으로 주변 사람에게 추천을 한다. 목표를 필달하는 영업인들의 공통점은 이와 같은 알파고객이 많다는 것이다. 그렇다면 평범한 영업인들은 알파고객이 없을까? 그렇진 않다. 보통의 영업인들도 알파고객이 있다. 어떤 유형의 영업인이라도 영업을 하다 보면 본인과 코드가 꼭 맞는 고객을 만나기 때문이다.

그러나 보통의 영업인과 목표를 필달하는 영업인은 거느린 알파고객의 수가 다르다. 대부분의 영업인에게도 전체 고객 대비 5~10% 정도의 알파고객은 있다. 하지만 목표를 필달하는 영업인은 다르다. 그 수가 최소 20%에서 많게는 80%에 이른다. 이 정도 수준이 되기 때문에 신규 고객보다 기존 고객의 재구매와 소개를 통해 신규 고객의 확보가 이루어지는 것이다.

그렇다면 어떻게 해야 열렬한 팬, 알파고객을 만들 수 있을까? 지금까지 소개했던 목표를 필달하는 영업인의 6가지 필살기가 그 답이다. 보다 상세한 설명은 뒷부분 '목표를 필달하는 영업인으로 거듭나기 5단계'의 '알파고객 만들기 4가지 방법'에서 하게 될 것이다.

이제 알파고객을 어떻게 만들 수 있는지, 그 방법을 알았을 것이다. 다음 단계에서 해야 할 일은 목표를 갖는 것이다. 만약 당신의 고객이 200명이라면 그중 몇 %, 몇 명을 알파고객으로 만들 것인가? 30%, 50% 정도로는 약하다. 당신의 고객 전부를 알파고객으로 만들겠다는 원대한 목표와 계획을 세워야 한다. 그리고 지금 당장 실천해야 한다.

절대로 포기하지 않는다

목표를 필달하는 영업인의 7번째 DNA인 '절대로 포기하지 않는다'라는 의미는 목표를 포기하지 않는다는 것을 말하는 것일까? 그렇다. 그리고 자신이 세운 영업 활동의 목표를 절대 포기하지 않는다는 것도 의미한다. 가령 하루에 5명 이상의 가망고객을 만나겠다는 목표를 세웠다면 이를 철저히 지키는 것 말이다.

『그래서 그들은 바다로 갔다』,『펠리컨 브리프』 등으로 유명한 존 그리샴도 그와 같은 방법으로 성공한 사람이었다. 변호사 생활을 하면서 글을 쓰기 시작한 그의 목표 중 하나는 새벽 5시30분에 사무실에 출근해서 매일 한 페이지를 쓰는 것이었다. 10분이 걸리거나 한 시간이 걸리기도 했지만, 하루도 글쓰기를 포기하지 않았다. 이런 열정이 그를 소설가로 우뚝 서게 한 원동력이었던 것이다.

'절대로 포기하지 않는다'라는 의미에는 고객의 거절에 그냥 쉽게 물러나지 않는다는 뜻도 담겨 있다. 고객의 거절에 대해 쉽게 포기하는 경우가 많을수록 목표에 대한 포기도 빨라지기 때문이다. 영업을 하다 보면 누구나 거절을 당하게 마련이다. 그렇다면 목표를 필달하는 영업 달인들은 어떨까? 앞서 소개한 삼성생명 예영숙 명예 전무 같은 영업 달인은 거절을 당하지 않을까? 거절을 두려워하지 않을까?

아니다. 그들도 수없이 거절을 당한다. 예 전무는 영업이 고객의 거절에서부터 시작된다고 말한다. 거절을 당하는 것도 영업의 과정이란 것이다. 예 전무는 이걸 깨달으면서 거절에 대한 두려움이 사라졌다고 한다. 두려움이 없으니 자신감이 생길 수밖에 없다. 거절을 두려워하지 않는 태도가 살아 있는 영업 전설의 비결이었던 것이다. 그러나 대부분의 영업인은 거절을 당할까 두려워 말도 못 꺼낸다. 거절을 당하면 당할수록 위축되게 마련이다. 축소 지향형 인간이 되고 마는 것이다. 이를 극복하는 것이 바로 영업이다.

또 다른 영업의 전설로 불리는 교원그룹의 장평순 회장도 거절을 두려워하지 않고 절대로 포기하지 않았던 영업 달인 중 한 명이다. 절대로 포기하지 않는 장 회장의 정신을 제대로 보여주는 것이 바로 그 유명한 '영업에서의 100도론'이다. 그는 다음과 같이 말한다.

"신입 사원 시절 99번을 찾아가도 거절하던 곳이 100번째 가니까 사주더라. 99번 찾아가서 포기했다면 그 99번은 아무런 쓸모가 없는 거다. 중기 기관차가 움직이는 것도 마찬가지다. 엔진의 물은 섭씨 99도에서 100도가 되어야 움직인다. 목표를 세우고 끈기를 갖고 끝까지 포기하지 않는 것이 바로 성공의 비결이다."

장 회장의 성공 비결은 이처럼 절대로 포기하지 않는 것에 있었다고 해도 과언이 아니다. 당신이나 당신 부서의 모든 영업인들이 장 회장과 같다면 문제될 게 없다. 그러나 안타깝게도 그런 사람들은 10%가 채 되지 않는다. 그래서인지 고객이 거절하면 대부분의 영업인은 다음과 같이 생각하고, 행동한다. '예산이 없다는데 어쩔 수 없잖아.', 'AA은행과 30년 동안이나 거래를 했다는데 어쩔 수 없지.', '품질과 성능은 비슷한데 가격이 비싼 건 사실이잖아.', '우리 회사와 좋지 않은 경험이 있어 다시는 꼴도 보기 싫다잖아.'라며 포기해 버린다. 이런 고객에게 매달리느니 새로운 고객을 찾는 게 더 효과적이라고 자위하면서 말이다.

그러나 이런 행동은 너무나 쉽게 포기해 버리는 자신에 대한 핑계일 뿐이다. 너무나 쉽게 포기하는 것은 영업인의 미션이 아니다. 자신의 말에 두말없이 포기하고 발걸음을 돌리는 영업인에게 '정말 매너 있는 사람이야. 다음번에 방문하면 꼭 사줘야지.'라고 생각하는 고객은 이 세상 어디에도 없다.

그럼에도 불구하고 왜 많은 영업인들이 쉽게 포기하는 것일까? 거기에는 두 가지 이유가 있다. 하나는 포기하지 않겠다는 의지가 약하기 때문이고, 다른 하나는 쉽게 포기하다 보니 습관이 되었기 때문이다. 따라서 영업인이라면 내일 지구의 종말이 온다고 해도 절대로 포기하지 않겠다는 강한 의지로 무장해야 한다. 예영숙 명예 전무와 장평순 회장처럼 말이다.

"남자한테 정말 좋은데, 어떻게 표현할 방법이 없네!"라는 CF로 일약

스타덤에 오른 천호식품 김영식 회장도 그런 사람 중 하나다. 김 회장이 영업에 입문한 것은 군 제대 후 학습지를 돌리면서부터다. 김 회장은 학습지 영업을 하던 어느 날, 교통사고로 팔목 골절상을 당했다. 그는 주위의 권유로 뼈가 붙는 데 좋다는 달팽이를 먹고 큰 효과를 봤다. 그래서 달팽이 엑기스를 팔면 돈을 많이 벌 수 있겠다는 생각에 본격적으로 세일즈에 뛰어들었다.

지금도 달팽이 엑기스라고 하면 생소하다는 반응을 보이는 사람이 대부분이다. 하물며 당시에는 달팽이를 식용으로 먹는다는 게 상상조차 어려운 시절이었다. 상황이 이렇다 보니 잠재고객에게 거절을 당하기 일쑤였다. 보통 사람이었다면 아마 하루이틀 만에 포기했을 것이다. 하지만 김 회장은 달랐다. 수없이 거절을 당해도 포기하지 않았다. 오히려 "달~~팽아, 달팽아! 걱정 말아라!"라고 외치면서 영업을 계속했다. 이런 그를 보고 주위에선 모두 미쳤다며 손가락질을 해댔다.

그러나 지성이면 감천이라고 했던가? 김 회장의 노력이 빛을 보기 시작했다. 그리곤 돈을 벌기 시작했다. 1994년에는 모 은행장이 '부산에서 현금 보유 100위 안에 드는 부자'라고 할 정도로 많은 돈을 벌었다. 최악의 상황에서도 절대 포기하지 않았던 정신력이 이뤄낸 성과였다. 삼성생명에서 1년 만에 최연소로 보험 명인에 오른 최현진 FC 역시 마찬가지다. 그의 사례를 한 번 보자.

최 FC가 영업에 입문하면서 내건 좌우명은 '백만 번 거절당해도 좋다!' 였다. 최 FC는 이렇게 포기할 줄 모르는 정신으로 입사 1년 만에 삼성생명 역사상 최연소로 보험 명인(삼성생명이 보험설계사의 영업 능력을 나눈 8개 등급 중 최고 등급)의 위치에 올랐다. 연봉 역시 1년 만에 1억, 2년 만에 2억을 받았다. 최 FC는 자신의 성공 비결에 대해 다음과 같이 말한다.

"세일즈는 거절을 밥 먹듯이 당하며 살아야 하는 직업이다. 하지만 영업이란 마치 커다란 자루 속에 공평하게 담겨 있는 빨간 공, 파란 공과 같아서 수많은 거절 뒤에는 반드시 '예스!'가 나온다. 그러므로 많이 팔기 위해서는 계속해서 공을 꺼내는 방법밖에 없다. 많이 만날수록, 많이 거절당할수록, 그만큼 성사될 확률도 높아진다. 더불어 나의 실력도 쌓인다. 그러니 거절은 얼마나 즐거운 일인가. 고맙다. 백만 번이라도 기꺼이 거절을 당하겠다."

출처 : 『25살 성공 공식, 대한민국을 뒤집다』, 홍현진 저(2010)

B2B 해외 영업에서도 이런 정신으로 성과를 낸 사례가 있다. 리튬 1차 전지 세계 3위 업체인 비츠로셀의 장승국 대표가 그 주인공이다. 다음은 장승국 대표의 사례다.

1987년 설립된 비츠로셀은 2006년 이전까지만 해도 군용 무전기에 들어가는 1차 전지를 생산하는 내수 중심의 업체였다. 옛 대우 유럽 법인장 출신으로 2006년 이 회사에 합류한 장 대표는 거래 가능성을 가진 전 세계 업체의 문을 두드리며 해외 진출을 모색했다. 내수만으로는 기업의 미래가 없다고 판단했기 때문이다.

인도 같은 신흥국은 기술 전수를 조건으로 시장을 뚫었다. 미국 같은 선진국에서는 '맨땅에 헤딩 정신'을 발휘했다. 처음엔 들은 척도 안 했고, 말단 직원들조차 만나기 어려웠다. 비츠로셀의 제품을 쓸 수 없는 이유를 100가지도 넘게 들어야 했다. 하지만 계속 찾아가 서서히 마음을 얻었다.

미국 최대의 스마트 그리드 업체인 '센서스'의 경우 "샘플 한번 보자."는 말이 나오기까지 무려 2년이나 걸렸다. 하지만 포기하지 않고 계속 찾아가 제품을 설명한 끝에, 5년 만에 수주에 성공했다. 이후, GE에너지·실버 스프링 등 세계 주요 관련 업체들과도 거래를 성사시켰다.

비츠로셀의 2012년 매출액은 650여억 원, 영업이익은 85억 원이다. 2006년 매출이 220억 원이었으니 6년 만에 3배 가까이 성장했다.

출처 : 〈중앙일보〉 2012. 12. 20

비츠로셀 성장의 핵심 원천은 이처럼 기술력에만 있었던 것이 아니었다. 기술력 이전에 맨땅에 헤딩을 하고, 고객사의 거절에도 절대로 포기하지 않는 정신이 없었다면 오늘의 비츠로셀은 존재하지 않았을 것이다.

그렇다면 절대로 포기하지 않는 영업인이 되려면 어떻게 해야 할까? 절대로 포기하지 않는 DNA를 이식이라도 시켜야 할까? 물론 필요하다. 그러나 그것만으로는 부족하다. 절대 포기하지 않는다는 것이 스토커처럼 집요하게 고객을 괴롭히라는 의미는 아니기 때문이다. 고객이 거부하면 능숙하게 받아넘길 줄 아는 요령도 필요하다.

이런 요령은 말솜씨가 좋다고 해서 얻어지는 게 아니다. 고객의 거절 유형별 설득 시나리오를 만들어 반복적으로 훈련하는 것이 최상의 방책이다. 그렇게 노력하다 보면 말솜씨가 별로여서 설득력이 떨어진다는 영업인들도 쉽게 포기하지 않게 된다. 어떤 고객을 만나도 설득할 수 있다는 자신감이 생기기 때문이다.

또한 고객이 거절하지 못하도록 만드는 것도 중요하다. 왜 고객은 영업인의 제안이나 만나는 것 자체를 거절하는 것일까? 거기에는 세 가지 이유가 있다.

첫째, 영업인이 마음에 들지 않기 때문이다. 영업인의 복장과 태도, 말투가 마음에 들지 않으면 만나고 싶은 마음조차 생기지 않는 것이 인지상정이다. 지금까지 만남을 통해 신뢰를 주지 못했거나 좋지 않은 경험을 한 경우도 마찬가지다.

둘째, 영업인을 만날 필요성을 느끼지 못하기 때문이다. 영업이란 자신의 판매 목표를 달성하기 위해서 고객에게 상품을 파는 활동이 아니다. 고객의 행복을 위해 가장 좋은 상품을 소개해 주는 활동이다. 따라서 고객이 만날 필요를 느끼도록 하려면, 고객에게 물건을 파는 사람이 아니라 행복 전도사가 돼야 한다.

셋째, 상품의 필요성을 느끼지 못하기 때문이다. 이런 상황에서는 일단 물러나는 것이 상책일까? 그렇지 않다. 고객이 전혀 생각지 못했던 것까지 상기시켜 해당 상품의 필요성을 느끼게 해주어야 한다.

그렇다면 당신은 고객에 어떻게 접근해야 할까? 자신의 세일즈 성과를 올리기 위해서라기보다는, 고객에게 도움을 준다는 사명감을 가지고 접근해야 한다. 한 연구 결과에 따르면, 두세 번 거절을 당한 후 포기하지 않고 네 번째 찾아가는 영업인이 겨우 12%에 지나지 않는다고 한다. 당신은 어떤가? 두세 번 거절당한 후 포기하지는 않는가? 99번 거절을 당해도 포기하지 않고 찾아가는가? 백만 번 거절당해도 포기하지 않을 자신이 있는가? 5년 동안 거절을 당해도 포기하지 않고 계속 찾아간 고객이 있는가? 그렇다면 다행이다. 만약 그렇지 않다면 지금 즉시 절대 포기하지 않는 마인드부터 갖추기 바란다.

3장

가망고객 발굴
활동 목표 설정 및 달성 방안

구슬이 서말이라도 꿰어야 보배란 말이 있다. 이와 마찬가지로 아무리 뛰어난 목표 달성 DNA를 가지고 있거나 이식시켰다 해도 그 자체로 목표를 필달하는 영업인이 될 수는 없다. 갈고 닦아야 한다. 마라톤 풀코스를 뛸 수 있는 몸을 만들 듯이 말이다.

마라톤 풀코스를 뛸 수 있는 몸을 만들려면 어떻게 해야 할까? 먼저, 완주에 필요한 체력과 현재의 체력 사이의 갭을 확인해야 한다. 마라톤 풀코스를 뛰려면 심폐 기능도 좋아야 하고 무릎도 좋아야 하며 지구력도 있어야 한다. 이런 조건들과 현재의 상태를 분석해서 얼마만큼의 갭이 있는지를 확인해야 한다.

다음으로, 마라톤 풀코스를 뛰기 위해 강화해야 할 요소별 우선순위를 찾아야 한다. 우선순위 요소별로 완주에 필요한 목표를 설정한 다음에는 거기에 도달하기 위한 방안을 수립해야 한다. 예를 들어, 완주하기 위해 다른 체력 조건은 다 괜찮은데 무릎이 안 좋은 사람이 있다고 가정하자. 이 사람이 마라톤 풀코스를 완주하기 위한 KSF(Key Success Factor)는 무릎이 될 것이다. 따라서 이 사람은 우선적으로 무릎 강화에 관한 목표를 설정하고 달성 방안을 수립해 실천해야 한다. 이런 식으로 단계별로 체력을 만들어 나가야 비로소 완주가 가능하다.

목표를 필달하는 영업인으로 거듭나는 것도 이와 크게 다르지 않다. 그 프로세스 역시 다음과 같은 3단계를 거치면 된다.

🌏 목표를 필달하는 영업인으로 거듭 나기 위한 3단계 프로세스
  1. 목표와의 갭을 확인하라
  2. 목표 달성을 위한 KSF를 찾아라
  3. KSF별 활동 목표를 설정하고 달성 방안을 수립하라

목표와의 갭을 확인하는 방법은 굳이 설명하지 않아도 알 수 있을 것이다. 그러므로 목표 필달 KSF가 무엇이고 왜 찾아야 하는지를 알아보고, 영업인이 목표를 달성하기 위한 4가지 핵심 KSF별 활동 목표 설정과 달성 방안에 대해 알아볼 것이다.

목표와의 갭을 확인하고 나면, 그 결과는 대부분 3가지 형태, 즉 목표 미달이거나 달성하지 못하는 영업인, 목표를 100% 달성한 영업인, 목표 초과 달성 내지는 초과 달성이 확실한 영업인으로 나타난다. 목표 미달이거나 달성하지 못하는 영업인은 목표와의 갭을 확인하고 난

다음에는, 목표 달성을 위한 핵심 성공 요인, 즉 KSF를 반드시 찾아야한다.

그렇다면 목표 달성을 위한 KSF에는 어떤 것들이 있을까? 그것은 업종이나 영업 형태에 따라 조금씩 다르다. 물론 업종이나 영업 형태가같더라도 영업인마다 조금씩 다를 수도 있다. 모든 영업인에게 공통적인 목표 달성 KSF에는 다음과 같은 것들이 있다.

🌐 목표 필달 KSF (Key Success Factor) 4가지

  1. 가망고객 발굴 역량

  2. 가망고객 접근 역량

  3. 설득 및 협상 스킬

  4. 충성고객 만들기 역량

1~3번 항목은 주로 신규 고객 개척, 3~4번 항목은 기존 고객 관계 강화와 관련이 높다. 물론 이밖에도 다른 KSF가 있겠지만, 대개 이 4가지에 포함되거나 관련된 것들이라 할 수 있다. 이 4가지를 보면 업종과영업 형태를 불문하고 목표 달성에 공통적인 KSF가 있는 반면, 업종마다 중요도에 차이가 나는 KSF도 있다.

그럼 이제부터 목표 달성을 위한 4가지 KSF별 활동 목표 설정 및 달성 방안에 대해 알아보자.

가망고객 발굴
활동 목표 설정 방법

먼저 가망고객 발굴 활동 목표를 설정하기 전에 가망고객의 정의부터 명확히 알아보자.

가망고객이란 쉽게 말해서 고객이 될 가능성이 있는 고객을 말한다. 이는 기본적으로 계약서에 날인하기 직전 상태의 고객, 즉 확정적인 고객으로부터 0.1%라도 고객이 될 가능성이 있는 고객까지를 모두 아우르는 표현이라고 할 수 있다.

그렇다면 가망고객은 잠재고객과 무엇이 어떻게 다른 것일까? 잠재고객은 고객이 될 가능성이 있는지 없는지 판단할 수 없는 고객, 즉 가망고객 이전 단계의 고객을 말한다. 잠재고객과 가망고객을 구분하는 기준은 다음의 3가지다.

🏹 가망고객의 3가지 조건

1. 구매할 의사가 확실하거나 어느 정도 있는 고객

2. 구매력이 있는 고객

3. 접근 가능한 고객

가망고객 발굴이란 무엇을 말하는 것일까? 위의 3가지 조건을 충족하는, 즉 고객이 될 가능성이 있는 불특정인(또는 불특정 법인)에게 접근 가능한 정보 소스를 확보하는 것을 말한다. 이는 불특정인에게서 이름ㆍ거주지 주소, 직장명과 주소ㆍ부서ㆍ직위 및 전화번호, 이메일 주소 등을 확보하는 것으로, 접근 가능한 정보 소스는 주로 자신의 인맥, 지인, 고객의 소개 등 다양한 마케팅 활동을 통해 확보된다.

물론 이런 방법들보다 더 단도직입적으로 가망고객을 발굴하는 경우도 있다. 앞서 비츠로셀의 사례에서 소개했던 것처럼 소위 '맨땅에 헤딩'이 그것이다. 자신이 목표로 하는 고객(군)을 아무런 사전 예고나 약속도 없는 상태에서 방문해 인사를 하거나 명함을 교환하고, 시장이나 길거리에서 지나가는 불특정인을 대상으로 명함이나 전단지를 나눠주는 활동 등이 대표적이다.

영업 목표 달성 KSF가 가망고객 발굴인 영업인은 먼저 활동 목표를 설정해야 한다. 여기서 강조하고 싶은 것은 반드시 영업 활동 목표는 측정 가능해야 한다는 것이다. 가망고객 발굴 활동 목표를 예로 들면 다음의 표와 같다.

KSF (Key Success Factor)	영업 활동		
	지표	현상(201X년 실적)	목표(201Y년)
가망고객 발굴 역량	가망고객 발굴 건수	( )명(社)/月	( )명(社)/月

목표를 달성하기 위한 첫걸음은, 가망고객을 어떻게 더 많이 발굴할지를 파악하는 것에 있다. 그러므로 목표를 달성하기 위해서는 기본적으로 가망고객 발굴 활동 목표를 현재보다 더 높게 설정할 필요가 있다. 이를 위해 가장 먼저 해야 할 일은 현재의 월평균 가망고객 발굴 숫자를 '영업 활동 현상'란에 기재하는 것이다. 물론 월별로 가망고객을 발굴하는 숫자가 다를 수 있다. 따라서 전년도의 12개월 평균치를 반영하는 것이 좋다. 예를 들면 '(100)명(社)/月'이 될 것이다. 이는 당신이 영업 활동을 하면서 확보한 가망고객 누적 숫자와는 다른 개념이다. 예를 들어 당신의 전년도 누적 가망고객 발굴 숫자가 1,200명(社)이라면, 전년도 월평균 가망고객 발굴 숫자는 100명(社)이 된다.

다음으로, 가망고객 발굴 목표를 설정해야 한다. 이때 반드시 고려할 사항이 있다. 가망고객 발굴 이전에 목표 고객에 대한 명확한 정의를 가지고 있어야 한다는 것이다. 예를 들면, '의사, 변호사, 회계사 등 고소득 전문직 종사자'나 '30~40대 맞벌이 부부' 등처럼 말이다. 이렇게 목표 고객(군)을 명확히 했으면, 그 목표 고객을 대상으로 발굴 목표를 설정하면 된다. 예를 들면 '(200)명(社)/月'과 같이 말이다. 여기서 200명이란 숫자는 금년도에 매월 신규로 발굴할 가망고객의 수를 말한다.

이때에도 유의할 점이 있다. 목표를 전년도 월평균치보다 최소 2배 이상 높게 설정하는 것이 좋다는 것이다. 물론 가망고객 발굴 목표를 2배 이상 높게 설정한다고 해서 신규 고객 확보가 2배 이상으로 증가하는 것은 아니다. 그럼에도 불구하고 이렇게 목표를 높게 설정하는 이유는 무엇일까? 영업에는 확률의 법칙이 작용하기 때문이다.

이것은 가망고객 10명을 방문할 때마다 1명의 신규 고객 유치가 가능하다는 식의 확률이 아니다. 일찍 일어나는 새가 벌레를 많이 잡듯이, 가망고객을 많이 발굴하는 영업인이 신규 고객을 많이 확보할 확률이 높아진다는 의미다. 영업인마다 능력은 다르더라도 결과는 마찬가지다.

그러니 당신이 목표를 달성하지 못하고 있다면 가망고객 발굴 목표부터 지금보다 대폭 높게 설정해야 한다. 목표를 필달하는 영업인으로 가는 첫걸음이기 때문이다.

가망고객 발굴
활동 목표 달성 방법

　가망고객 발굴 활동 목표를 설정했다면 당신은 이제 달성 방안을 찾아서 실행 계획을 수립해야 한다. 그렇다면 어떻게 가망고객에게 접근해야 할까? 다음의 표에서 보는 거처럼 3가지 접근 방법별로 가망고객 발굴 활동 목표 달성 방안을 찾아 실행 계획을 수립하는 것이 좋다.

가망고객 발굴 방법	진화	창조적 모방	시장 선도자
연고 인맥 활용			
연구 · 조사			
가망고객 발굴 캠페인			
세미나 마케팅			
커뮤니티 마케팅			
소개받기			
스스로 찾아오는 고객 만들기			
기타			

그렇다면 여기서 왜 3가지 접근 방법을 강조하는 것일까? 가망고객 발굴 활동 목표나 충성고객 만들기 활동 목표 등의 영업 활동 목표를 대폭 늘리자는 것은 궁극적으로 영업 활동을 양적으로 늘리자는 것을 뜻한다. 그러나 대부분의 영업인들은 영업 활동을 크게 늘리기가 힘들고, 그 성과 또한 기대에 미치지 못할 때도 있다. 3가지 접근 방법을 활용하는 이유는 영업 활동을 양적 · 질적으로 혁신해 목표를 필달하는 영업인으로 거듭나기 위해서다.

이제부터 목표를 필달하기 위해 가망고객 발굴 활동 목표 달성 방안을 찾고 실행안을 수립하는 방법에 대해 알아보자.

영업인들은 자신만의 가망고객 발굴 방법이 있기 마련이다. 그것들을 그룹핑하면 앞의 표처럼 7가지가 된다.

첫 번째 할 일은, 당신이 지금까지 해왔던 가망고객 발굴 활동을 진화시킬 방법을 찾는 것이다. 즉, 당신이 이제까지 해왔던 가망고객 발굴 방식을 양적으로 늘리거나 질적으로 개선하는 것을 말한다. '진화'란에 앞으로 가망고객 발굴 활동을 어떻게 진화시킬 것인지 그 계획을 적으면 된다.

예를 들어, 현재 '연구 · 조사' 방법만으로 가망고객을 발굴하는 영업인은 그 방법을 진화시킬 계획을 수립하면 된다. 지금까지 활용하지 않았던 통계연감이나 언론사 등의 인물정보를 활용하겠다든지, 현재 확보하고 있는 ○○협회 외에 3개의 협회 DB를 추가로 확보하겠다든지와 같은 식으로 말이다. 앞의 표에 소개된 가망고객 발굴 7가지 방법 중에서 당신이 현재 활용하지 않는 방법은 빈칸으로 남겨두면 된다.

두 번째 할 일은, 동업종은 물론 이업종에서 목표를 필달한 영업 달인들이 실행했던 가망고객 발굴 방법 중에서 창조적으로 모방할 수 있는 방법을 찾는 것이다. 당신이 가망고객 발굴을 위해 이미 활용하고 있거나 전혀 활용하고 있지 않은 방법이라도 상관없다.

예를 들어, 당신이 현재 가망고객 발굴 방법으로 세미나 마케팅을 활용하지 않는다고 가정해 보자. 동업종이든 이업종이든, 먼저 목표를 필달한 영업인 중에서 세미나 마케팅을 잘 활용하는 영업인을 벤치마킹한 다음, 당신만의 아이디어와 차별화 포인트를 접목해 그 방법을 혁신하면 된다.

세 번째 할 일은, 퍼스트 무버, 즉 시장 선도자가 되는 방법을 찾는 것이다. 이것은 당신이 속한 업종이나 이업종에서 지금까지 어느 누구도 가망고객 발굴 방법으로 활용하지 않았던 혁신적인 영업 활동 아이디어를 만들어 내는 것을 말한다. 물론 이것은 현실적으로 쉽지 않다. 따라서 우선 진화와 창조적 모방을 잘 활용한 후, 시장 선도자적 혁신 방법을 찾는 것이 더 효과적이다.

진화, 창조적 모방, 시장 선도자가 되기 위한 실천 계획을 세울 때 반드시 지켜야 할 것이 있다. '무엇을, 어떻게, 언제까지 하겠다'는 내용이 구체화되어야 한다는 것이다. 그렇다면 가망고객 발굴 활동 목표 달성을 위한 진화, 창조적 모방, 시장 선도자의 아이디어는 어디서 얻을 수 있을까? 당신 주변에서 목표를 필달한 영업 달인들은 물론 세일즈 관련 서적들에서도 얻을 수 있다. 또한 필자가 앞으로 소개할 가망고객을 발굴하기 위한 7가지 방법에서도 얻을 수 있다. 이를 통해 진화, 창조적 모방, 시장 선도자가 될 계획을 수립한 다음, 반드시 실천해서 당신만의 필살기로 만들기 바란다.

이제 가망고객 발굴 역량 강화 활동 목표 달성 방안에 대해 알아보자.

가망고객을 발굴하는 방법은 영업 형태나 영업인마다 조금씩 다르다. 어떤 영업인은 인맥을 활용해 가망고객을 소개받는 반면, 어떤 영업인은 전단지나 명함 돌리기와 같이 발로 뛰면서 가망고객을 발굴하며, 어떤 영업인은 목표 고객을 대상으로 세미나나 이벤트를 개최하는 방식으로 가망고객을 발굴한다. 이처럼 가망고객을 발굴하는 방법은 제각각이다. 물론 자신에게 부여된 영업 목표를 필달하는 영업인이라면 자신의 방법을 유지하면 된다. 하지만 목표를 필달하지 못하는 영업인이라면 가망고객 발굴 방법부터 변화와 혁신을 해야 한다.

그렇다면 어떻게 해야 가망고객 발굴 방법을 바꾸고 혁신할 수 있을까? 자신의 가망고객 발굴 방법을 더욱 진화시키는 것도 한 방법이고, 자신이 전혀 활용하지 않은 가망고객 발굴 방법을 시도해 보는 것도 한 방법이다. 이를 위해 다음의 7가지 방법을 참고하기 바란다.

🪝 가망고객 발굴을 위한 7가지 방법

1. 연고 인맥 활용

2. 연구 · 조사

3. 가망고객 발굴 캠페인

4. 세미나 마케팅

5. 커뮤니티 마케팅

6. 소개받기

7. 스스로 찾아오는 고객 만들기

1_ 연고 인맥 활용

이것은 혈연, 지연, 학연 등의 연고 관계인이나 직장 동료, 종교 활동 등을 통해 알게 된 지인을 활용하는 방법을 말한다. 목적 인맥, 즉 비즈니스 목적을 위해 형성한 인맥의 활용 방법은 커뮤니티 마케팅에서 소개할 것이다.

하지만 연고 인맥 활용을 통해 가망고객 발굴 목표를 달성한다는 것은 사실 쉽지 않다. 연고 인맥 전부를 가망고객이라 하기에는 무리가 있고, 연고 인맥 전부를 가망고객으로 간주하더라도 그 정도로는 목표를 지속적으로 달성하는 데 역부족인 영업인들이 대부분이기 때문이다. 더구나 연고 인맥을 가망고객의 범위에 포함시키지 않는 영업인들도 있다. 또한 자신이 알고 있는 영업인을 오히려 다른 영업인보다 더 적대시하는 사람들도 있다. 따라서 가망고객 발굴 목표를 달성하기 위해서는 연고 인맥을 전략적으로 활용하는 능력이 필요하다.

그렇다면 어떻게 하는 것이 좋을까? 알고 있는 연고 관계인이나 지인의 호감과 신뢰를 얻는 것이 무엇보다 중요하다. 그렇다면 어떻게 해야 그들의 호감과 신뢰를 얻을 수 있을까? 3가지 방법이 있다.

첫째, 성실하고 매사에 적극적이며 열심히 노력하는 모습을 보여줘야 한다. 연고 관계인이나 지인들이 참여하는 각종 모임에 열정적으로 참여하는 것과 같은 방법으로 말이다.

둘째, 평소에 자주 연락하고 만나야 한다. 주변을 보면 아무런 연락도 하지 않다가 갑자기 연락을 해오는 사람들이 있다. 그 정도는 아니지만 평소에 거의 연락을 하지 않던 사람으로부터 갑자기 안부 전화가 걸려오는 경우도 있다. 언제 만나서 식사나 한번 하자며 말이다. 이런 경우에는 십중팔구, 한두 달이 지나고 나면 아들이나 딸의 결혼식이라며 청첩장을 보내려는데 주소가 어떻게 되느냐고 물어온다. 몇 년, 아니 거의 십여 년 동안 연락도 없이 지내다가 불쑥 청첩장을 보내거나 무슨 부탁을 하는 사람들보다는 그래도 낫지만, 기분이 썩 좋지 않은 것은 사실이다.

영업인이라면 절대로 그래선 안 된다. 연고가 있는 사람들과 평소에도 자주 연락을 하고 만나야 한다. 오랜 기간 동안 연락을 않고 있다가 불쑥 연락한 후, 찾아가서 세일즈 하는 것은 결코 바람직하지 않다. 최소한 세 번 이상 만나거나 연락을 한 후에 찾아가는 것이 도리다.

자, 읽던 책을 잠시 내려놓고 지금 당장 실천해 보자. 지금 당장 당신의 연고 관계인이나 지인, 최소한 10명에게 연락을 취해보라. 오랫동안 만나지 않았거나 연락을 주고받지 않았던 연고 관계인에게부터 연락을 취해보라. 전화나 문자 또는 카톡도 좋고, 편지나 카드도 좋다. 이런 식으로 최소한 1년에 3번 이상 연락하고, 최소한 1년에 1번 이상은 만나라. 직접 얼굴을 맞대고 차나 식사, 가볍게 술을 한잔 하는 등의 대면 접촉이 물론 가장 효과적이다. 그러나 대면 접촉이 어려울 경우에는 편지, 전화, 문자나 이메일, SNS 등을 활용하는 것도 좋다.

그리고 명절이나 연말연시, 특정 기념일 등에는 정기적으로 안부를 전하라. 어떤 형태로든 주기적이고 지속적으로 만남의 끈을 놓지 않는 것이 중요하다. 인간관계는 화초 가꾸기와 비슷하다. 아무리 좋았던 관계도 관심을 갖고 돌보지 않으면 황폐해지기 마련이다. 이웃사촌이란 말이 괜히 나왔겠는가. 매일매일 만날 수 있고, 대화도 나눌 수 있기 때문이다.

셋째, 절대 부담을 주지 마라. 영업인들이 연고 관계인이나 지인을 만나서 자주 범하는 실수가 있다. 그들 대부분이 바로 그 자리에서 상품 카탈로그를 꺼낸다는 것이다. 절대로 그래선 안 된다. 연고 관계인이나 지인이 스스로 상품 얘기를 꺼낼 때까지 기다리는 것이 좋다.

동창회에서 얼굴 한 번 스쳤을 뿐인데 선·후배라며 문자나 이메일로 영업을 시도하는 이들이 있다. 물론 이런 방법이 통할 때도 있다. 운 좋게도 상대방이 해당 상품을 구입할 의사를 갖고 있는 경우에 그렇다. 그러나 이것은 확률이 매우 낮다. 영업인은 상대를 가망고객이라 여기며 무언가를 팔려고 하지만, 상대는 오히려 부담감을 갖거나 불쾌해 할 수 있다.

2_ 연구·조사

당신은 다음과 같은 4가지 연구·조사 방법을 활용해서 가망고객 발굴의 목표를 달성할 수도 있다.

🌏 연구·조사로 가망고객을 발굴하는 4가지 방법
 1. 통계연감이나 언론사 등의 인물 정보 활용

2. 신문 · 잡지 · 전문지 활용

3. ○○협회 등에 가입하거나 그 멤버를 활용

4. 내부 자료 활용

가망고객을 발굴한다면서 간혹 불특정인이나 특정 법인의 DB를 확보하는 영업인들이 있다. DB를 활용해 이메일이나 DM을 보낸다고 해서 효과가 없는 것은 아니다. 하지만 확률이 극히 낮다. 연구 · 조사도 구매 가능성이 있는 잠재고객의 소스를 확보하는 것에서부터 진행해야 한다. 이제부터 연구 · 조사를 통해 가망고객을 발굴하는 4가지 방법에 대해 알아보자.

첫 번째, 각종 통계연감이나 인명사전, 언론사와 신용정보회사 등의 인물 정보를 활용하는 방법이다. 특히 언론사나 신용정보회사 등에서 제공하는 유료 서비스를 이용할 경우에는 이름, 직장명, 부서, 직위, 전화번호 등의 간단한 정보 외에 출신학교, 취미, 특기, 자녀 수, 보유 주식 수, 보유 부동산 등의 정보까지 얻을 수 있다.

두 번째, 신문이나 잡지, 전문지를 활용해 목표 고객을 발굴하는 방법이다. 매년 3~4월경이 되면 경제신문 등에서는 국내의 주요 그룹별, 회사별로 경영진의 프로필을 소개한다. 주요 법인의 신임 대표이사나 임원의 인사 이동이 있을 때에도 신문사는 경쟁적으로 프로필을 소개한다.

또한 신문이나 잡지에서는 최근 호황인 업종이나 크게 성공하고 있는 기업인 및 개인에 대한 인터뷰 기사를 수시로 게재한다. 만약 당신이 벤처기업 CEO나 임원을 목표 고객으로 설정했다면 이런 정보 하나하나가 가망고객을 발굴하기 위한 원천이 된다. 한국GM 동대문 영업소의 박노진 대표가 신문을 활용해 가망고객을 발굴하는 대표적인 영업인이다. 다음은 박노진 대표의 사례이다.

신문과 타 업종의 사람의 정보를 활용하는 박노진 대표!

한국GM 동대문 영업소의 박노진 대표는 신문의 경제면에 나온 업종별 경기 현황을 보고 돈이 몰리는 업종을 가려 중점적으로 찾아다닌다. 점심 식사도 마케팅의 연장이다. 일부러 잘 된다는 업종의 사람들과 어울려 식사한다. 밥을 먹으면서도 수시로 수첩을 폈다 접었다 한다. 물론 메모를 하기 위해서다.

"이런 자리에서 얻는 정보야말로 인터넷에도 안 나오는 살아 있는 정보입니다. 가령 함께 밥을 먹는 분이 주위의 누구는 요즘 사업에 대박이 터졌다든가, 누구는 부도가 났다든가 하는 소식을 알려주시거든요. 그럼 그중에서도 가능성이 있는 분들을 가려서 메모를 한 뒤 바로 찾아가 봅니다."

세 번째, ○○협회와 같은 전문직 종사자들의 모임에 가입하거나 가입이 불가능할 경우에는 협회 멤버를 활용하는 방법이다. 예를 들면, ○○치과 협회, 서울시 개업의 협회, ○○변호사 협회, ○○로터리회 등에 멤버로 가입하는 방법이다. 문제는 가입 조건이 안 될 경우가 많다는 것이다. 이럴 경우에는 협회 멤버로 있는 지인을 최대한 활용하는 것이 좋다. 지인이 한 사람도 없는 경우에는 어떻게 해야 할까? 협회 여직원이라도 잘 알아두면 얼마든지 회원 명단을 확보할 수 있다.

네 번째, 내부 자료를 활용하는 방법이다. 그 대표적인 방법이 이탈했거나 휴면중인 고객을 찾는 것이다. 앞서 소개한 박노진 대표도 이탈·휴면고객을 발굴하는 데에 많은 공을 들인다. 그는 경쟁사의 차량을 구입한 고객, DM이 반송되어 돌아오는 고객, 전화번호가 바뀌어 연락이 안 되는 고객의 연락처를 알아내 연락을 취한다. 고객이 매우 고마워해 의외로 좋은 결과까지 얻을 수 있기 때문이란다. 그는 현재 하루 평균 5명씩 연락이 두절된 고객의 연락처를 알아내 연락을 하고 있다.

그러니 당신도 이제부터 회사의 내부 자료를 통해 이탈한 고객이나 휴면고객에게 관심을 가져라. 그들의 연락처를 알아내면 당신도 하루 평균 5명 이상의 가망고객을 발굴할 수 있지 않을까?

3_ 가망고객 발굴 캠페인

이것은 소위 개척영업을 말한다. 전철역 입구에서 전단지를 나눠 주거나 건물의 맨 윗층에서부터 차례로 내려오면서 카탈로그와 명함, 사탕이나 껌 같은 것을 주는 일명 빌딩타기 역시 가망고객 발굴 캠페인이라고 할 수 있다. 이것은 연구·조사보다 적극적으로 가망고객을 발굴하는 방법으로 업종이나 영업인마다 조금씩 다르지만, 기본적으로는 다음의 3가지 방법이 있다.

🌏 가망고객 발굴 캠페인의 3가지 방법
1. 전단지 나눠주기
2. 쳐들어가기

3. 텔레마케팅

1) 전단지 나눠주기

당신은 일상생활에서 수많은 제품의 광고 전단지를 매일 접할 것이다. 심지어 주말이나 휴가철에 리조트를 가서도 전단지를 볼 수 있다. 왜 이렇게 전단지를 쉽게 접할 수 있을까? 은행 등 큰 기업에서부터 동네 치킨집에 이르기까지 가망고객을 발굴하기 위해 가장 많이 활용하기 때문이다.

치킨집이나 중국 음식점을 운영하는 자영업자들의 말에 따르면, 전단지를 돌리는 횟수와 주문 건수가 비교적 상관관계를 나타낸다고 한다. 그래서 주문이 떨어지는 징후가 보이기라도 하면 가가호호에 전단지를 돌린다고 한다. 문제는 너도나도 돌리다 보니 차별성이 떨어진다는 것이다. 따라서 가망고객 발굴 목표를 달성하기 위해서는 무엇보다 전단지를 차별화하는 것이 중요하다. 그렇다면 어떻게 해야 전단지를 차별화할 수 있을까?

첫째, 누가 보더라도 눈에 확 들어와야 한다. 이를 위해 가장 먼저 신경 써야 할 것이 디자인과 색상이다. 그런 다음 상품의 가치를 전달할 핵심 콘셉트를 어떻게 표현할 것인가를 고려해야 한다. 가령 치킨의 예를 들어 보자. 그냥 맛있다는 표현보다는 왜 맛이 있는지, 맛과 양에 비해 얼마만큼의 가격 메리트가 있는지 등 치킨의 본원적 가치를 차별화해 표현하는 것이 좋다.

둘째, 감성을 제공하는 전단지여야 한다. 대부분의 영업인들은 '전단지 앞뒷면을 어떻게 구성할 것인가? 무엇을 알릴 것인가?에 대해 많은 고민을 한다. 그들 대부분은 상품의 본원적 가치를 알리기 위해 노력한다. '상품의 품질·성능·기능이 뛰어나다', '정말 맛이 있다'와 같은 내용을 집어넣는 것이다. 하지만 그런 이성적 접근보다는 전단지의 내용을 감성적으로 구성하는 것이 좋다.

리조트에 오는 사람들에게 치킨을 팔 경우를 한 번 생각해 보자. 이곳은 대개 가족이나 친구, 연인, 회사 동료들과 오는 장소다. 따라서 이들을 타깃으로 한 감성적 카피 문구를 전단지에 넣는 것이 좋다. 예를 들면, '가족을 사랑하는 아빠의 현명한 선택, 부자(父子) 치킨!', '둘이 먹으면 더욱 사랑이 깊어지는 심연(深淵) 치킨!'처럼 말이다.

이럴 경우, 전단지를 목표 고객별로 여러 개 만들어 동시에 돌려야 한다. 방 하나에 한 개의 전단지를 돌리는 것보다는 비용이 더 들겠지만, 효과는 훨씬 좋을 수밖에 없다. 어떤 사람들은 '어? 이 치킨집 전단지가 도대체 몇 장이야?'라는 반응을 보이면서 그냥 넘어가기도 하겠지만, 어떤 사람들은 감성적인 카피 문구에 이끌려 긍정적인 반응을 보이기도 할 것이다. 소중한 사람들과 즐거운 추억을 만들고 싶기 때문이다.

상품이 아니라 사람을 홍보하는 것도 하나의 방법이다. 이런 경우에는 치킨만 10년 넘게 만든 치킨의 달인이라는 점을 강조하는 것은 물론이거니와 맛있는 치킨을 만들기 위해 혼을 쏟아 부을 정도로 열정을 다했다는 내용 등을 담는 것도 좋다.

셋째, 지속적이어야 한다. 어떤 영업인은 개업했을 때, 한두 번 정도 전단지를 돌리면 된다고 생각한다. 그러나 이것은 잘못된 생각이다. 지속적으로 돌리는 것이 효과적이다. '이곳은(또는 이 사람은) 왜 이렇게 전단지를 자주 보내지?'라고 불만을 표출하는 사람이 있을 정도가 되어야 한다. 그러면 일단 잠재고객에게 당신이나 당신의 가게를 기억시키는 데에 성공했다고 볼 수 있다. 그리고 그렇게 해야 '이 사람은 참 열심히 하는구나!'라는 생각을 갖게 만들 수 있다. 이와 관련해 3가지 사례를 소개한다.

필자는 주말이면 가끔씩 햄버거 배달 서비스를 이용한다. 대개 A햄버거에 전화로 주문을 한다. 경쟁사인 B햄버거도 배달 서비스를 실시하고 있지만 A햄버거를 자주 이용하는 이유는 특별히 맛이 있어서도, 가격이 싸서도, 포인트를 더 많이 적립해 줘서도, 배달을 빨리 해서도 아니다. 이유는 간단하다. 냉장고에 A햄버거의 전단지가 붙어 있기 때문이다.

그렇다고 해서 A햄버거의 배달 서비스만 이용하는 건 아니다. 아주 가끔씩 B햄버거의 배달 서비스도 이용한다. A햄버거가 배달을 못 한다고 할 때나 주문이 밀려 오랜 시간 기다려야 할 때에는 B햄버거를 이용한다. 그러나 그때 뿐이다. B햄버거의 전단지가 냉장고에 붙어 있지 않기 때문이다. B햄버거는 배달할 때마다 햄버거만 주고, 전단지는 주지 않는다. 반면 A햄버거의 전단지는 냉장고에 2개나 붙어 있다.

동네 중국집의 경우에도 마찬가지다. 배달할 때마다 냉장고 부착용 전단지를 잊지 않고 가져온다. 귀찮을 정도다. 그러나 전단지를 버리면서 상호를 다시 한 번 보게 된다. 전단지 돌리기의 효과인 것이다.

이번에는 어느 자동차 영업인의 사례다. 자동차 영업인 A씨의 하루 일과는 이른 아침 아파트 단지에 주차해 있는 자동차 유리창에 전단지를 끼우는 것에서 시작된다. 처음엔 자신이 사는 아파트 단지에서 시작했지만, 나중엔 주변 아파트 단지까지 그 영역을 넓혔다. 그는 전단지를 한두 번 돌리는 것으로 그치지 않았다. 매주 한 번씩 전단지를 돌렸다. 월요일은 A아파트 단지, 수요일은 B아파트 단지라는 식으로 말이다. 비가 많이 내릴 경우를 제외하고는 거르는 날이 거의 없었다.

그는 눈이 내리는 날에도 전단지를 돌렸다. 자동차 유리창에 쌓인 눈을 치우기 위해 빗자루를 들고서 말이다. 이렇게 지속적으로 전단지를 돌린 효과는 기대 이상이었다. 전단지에 적힌 A씨의 휴대폰으로 신차 구입에 대해 문의하는 고객들의 전화가 제법 걸려왔기 때문이다.

넷째, 사람을 알려야 한다. 유명 프랜차이즈 제과점들과 경쟁하는 동네 제과점을 예로 들어 보자. 25년 동안 빵을 만든 경우, '대한민국 제과 명장'처럼 강조하는 식이다. 과자점 3곳과 카페 1곳을 운영하는 김영모 대표가 이 방법을 활용하는 대표적인 인물이다. 물론 맛있는 빵을 만들기 위해 혼을 쏟아 부을 정도로 열정을 다한다는 내용 등을 담는 것도 좋다.

전통 국수를 판매할 경우에도 마찬가지다. 국수의 본원적 가치를 장황하게 홍보하는 대신, 40년 넘게 전통 국수를 만들고 있는 장인의 국수라는 점을 강조하는 것이 더 효과적이다. 이때에는 전단지에 전통 국수를 만드는 장인의 사진을 반드시 넣어야 한다. 이와 함께 상을 받았다는 것을 홍보하는 것도 효과적이다.

로버트 치알디니의 『설득의 심리학』을 보면 '권위의 법칙'이란 게 있다. 사람들은 공신력 있는 기관으로부터 상을 받았거나 TV 프로그램에 출연했다는 것에 쉽게 설득된다. 김영모 과자점의 경우, 제빵 산업 발전에 기여한 공로로 2012년에 정부로부터 은탑산업훈장을 받았다. 이런 사실을 전단지에 넣어 활용하면 가망고객은 물론 잠재고객들로부터도 높은 신뢰를 얻을 수 있다.

당신이 전단지를 이미 돌리고 있다면 이를 더욱 진화시켜야 한다. 그러나 아직 전단지를 돌려 보지 않았다면 위의 사례들을 창조적으로 모방해서 활용하기 바란다. 틀림없이 전단지를 돌리는 활동만으로도 가망고객 발굴 목표를 필달하는 데에 많은 도움이 될 것이다.

2) 쳐들어가기

이것은 가망고객 발굴 캠페인을 위한 두 번째 방법으로, 상가든 사무실이든 개인 집이든 무조건 문을 열고 들어가는 방법을 말한다. 대표적인 것으로 1990년대에 보험과 자동차 분야의 영업인들이 즐겨 사용했던 빌딩타기를 들 수 있다. 앞서 소개한 비즈로셀처럼 맨땅에 헤딩하는 식으로 가망고객을 발굴하는 방법도 여기에 속한다.

영업에 대한 경험이나 가망고객 발굴에 대한 특별한 노하우가 없는 영업인들만 이 방법을 활용하는 것은 아니다. B2C 영업에서도 이런 방식으로 가망고객을 발굴해 판매왕을 차지한 영업 달인이 있다. 2000년대 초반에 교보생명에서 판매왕의 타이틀을 여러 차례 차지했던 조용신 팀장이 그런 경우다. 그의 목표 고객은 의사, 변호사, 회계사 등 고소득 전문직 종사자들이었다. 그렇다면 조 팀장은 목표 고객으로 삼았던 고소득자들을 어떻게 발굴하고 접근했을까?

조 팀장은 자신의 목표 고객을 가장 손쉽게 찾는 방법을 생각해냈다. 그것은 길거리에서 누구나 쉽게 찾을 수 있는 개인 병원이나 변호사 사무실, 회계사 사무실 등을 직접 방문하는 것이었다. 조 팀장은 아무 연고도 없고 약속도 하지 않은 병원, 변호사 사무실, 회계사 사무실 등을 직접 방문하기 시작했다. 그 후, 어떤 일이 벌어졌을까? 당연히 수없이 거절을 당했다. 사전에 약속도 하지 않은 채 불쑥 방문하면 대부분 상담은커녕, 의사나 변호사도 만날 수 없었다. 간호사나 사무실 직원들로부터 봉변을 당하는 일도 많았다.

그러나 그런 과정을 거치면서 의사, 변호사 등 전문직 고객들이 점차 늘기 시작했다. 대부분의 경우에는 거절을 당했지만, 열 사람 중 적어도 1~2명가량은 상담할 기회를 얻을 수 있었기 때문이다. 물론 상담 시간이 충분치 않아 어떤 때는 카탈로그만 놓고 나오는 경우도 많았다. 조 팀장은 그 과정을 통해 1분 안에 상대의 호감을 얻어야 한다는 사실도 터득했다. 어쨌든 그런 노력들이 하나씩 결실을 맺으면서 의사 등 고소득자 전문직 고객들이 점차 늘어났다. 그리고 일단 교두보를 확보하자, 그들로부터 소개를 받는 효과까지 덤으로 얻게 되었다.

앞서 언급한 것처럼 영업에는 확률의 법칙이 존재한다. 어떤 영업인이든 신규 고객 1명을 유치하려면 1명 이상의 잠재고객을 만나 상담을 해야 한다. 가령 10명의 잠재고객을 만나면 3명과 상담할 수 있고, 그중 1명 정도를 가망고객으로 만드는 영업인이 있다고 가정하자. 이 영업인이 1명의 잠재고객을 만나 거절을 당하면 그 다음에 만나는 잠재고객은 가망고객이 될 확률이 높아진다. 따라서 거절을 당하더라도 절대 포기하지 말고 오히려 성공 확률이 더 높아졌다는 희망을 가져야 한다.

그렇다고 해서 열 번 찍어 안 넘어가는 나무 없다고 계속 거절을 당해도 좋으니 무작정 잠재고객에게 쳐들어가는 방식이 최선이라는 의미는 아니다. 일발필중이라고 한 사람의 잠재고객을 가망고객, 신규고객으로 만들어야 한다. 또한 무작정 쳐들어가기와 같은 방법이 아닌 다른 방법으로 가망고객을 발굴할 수 있다면 그것이 훨씬 효과적이다. 성공 확률이 더 높기 때문이다. 여기서 던지는 메시지는 당신만의 가망고객 발굴 노하우가 없다면 목표를 달성하기 위해 쳐들어가기와 같은 방법도 적극 활용해야 한다는 것이다.

3) 텔레마케팅

가망고객 발굴 캠페인을 위한 세 번째 방법은 텔레마케팅이다. 텔레마케팅으로 가망고객을 발굴하지 않는 영업인들도 물론 많다. 하지만 텔레마케팅은 여전히 가망고객을 찾아내는 데 아주 유용한 방법이다.

텔레마케팅으로 가망고객을 발굴하는 것에는 2가지가 있다. 첫째는 전화로 만날 약속을 하거나 DM과 이메일 메시지를 보내도 좋다는 승낙을 받는 활동이다. 둘째는 전화로 무언가를 팔아야 하는 활동, 즉 가망고객을 발굴하는 것에 그치지 않고 잠재고객을 설득해 신규 고객으로까지 유치하는 영업 활동이다. 그렇다면 어떻게 해야 텔레마케팅을

통해 효과적으로 가망고객을 발굴할 수 있을까? 다음의 9가지 방법을
활용해 보기 바란다.

🎯 텔레마케팅에서 활용해야 할 9가지 방법

1. 사전에 잠재고객의 정보 수집

2. 잠재고객의 이름을 묻거나 확인하기

3. 잠재고객의 이름, 직위(직책)을 넣어 인사하기

4. 자신의 회사, 부서와 이름, 직위 소개

5. 호감을 갖게 만들기

6. 가급적이면 질문을 많이 하기

7. 관심을 유발할 멘트 날리기

8. 상품이 주는 혜택 설명하기

9. 맞춤형 대화하기

첫째, 잠재고객과 통화하기 전에 잠재고객의 정보를 수집하는 것이
좋다. 아무런 정보도 없는 상태에서 통화를 하면 거절당할 확률이 높
기 때문이다. 그렇다면 잠재고객에 대한 정보를 어떻게 수집할 수 있
을까? 잠재고객에 대해 알고 있는 인맥을 활용하거나 처음으로 전화를
받은 사람을 활용하는 것이 효과적이다. 다음과 같이 말이다.

"안녕하십니까? AA캐피탈 법인 영업팀 ○○○입니다. 죄송하지만, 몇
가지만 여쭤어도 되겠습니까? 법인 차량 담당자가 누구시죠? (이름을 알
려주면 반드시 고맙다는 인사를 한다.) 담당하신 지는 얼마나 되셨죠? 아, 6개

월 되셨군요. 전에는 무슨 업무를 담당하셨나요?"

이렇게 처음 전화를 받은 사람으로부터 최대한 많은 정보를 얻어내야 한다. 정보를 많이 얻어낼수록 당사자로부터 거절당하지 않을 확률은 높아진다. 공감대를 형성할 대화 소스를 찾을 수 있기 때문이다.

둘째, 잠재고객의 이름을 묻거나 확인해야 한다. 잠재고객이 자신의 이름을 정확히 말했어도 되묻는 것이 좋다. 이는 잠재고객이 가급적이면 말을 많이 하도록 유도하기 위해서다. 아무리 말수가 적은 사람이라도 질문을 하면 입을 열기 마련이다.

셋째, 잠재고객의 이름, 직위(또는 직책)를 넣어 인사를 해야 한다. "김진구 차장님, 안녕하십니까?"와 같은 식이다.

넷째, "저는 Y은행 방배 PB센터 윤미숙 PB입니다."처럼 자신의 회사와 부서, 이름 직위를 곁들여 인사하는 것이다.

다섯째, 호감을 갖게 만들어야 한다. 전화로 만날 약속을 잡든 무언가를 팔든, 텔레마케팅의 성패는 초기 15초에 결정된다. 따라서 차별화된 첫 멘트와 끌리는 목소리가 중요하다. 그렇다면 목소리가 매력적이지 않은 영업인은 어떻게 해야 할까? 목소리를 성형하는 텔레마케터도 있다지만, 공감대를 형성하는 것이 중요하다. 공감대를 형성하기 위해서는 무엇보다도 통화하기 전에 잠재고객에 대한 정보를 많이 파악해야 한다.

예를 들어, 잠재고객이 프로야구 ○○팀의 팬이라면 전날 ○○팀의 경기를 언급하면 된다. 그렇게 운을 떼면 잠재고객은 신이 나서 전날 경기에 대해 이야기할 것이고, 두 사람 사이에는 순식간에 공감대가 형성된다. 이처럼 텔레마케팅에서는 본론을 꺼내기 전에 공감대를 형성해 잠재고객의 호감을 얻는 게 매우 중요하다.

여섯째, 가급적이면 질문을 많이 하는 것이 좋다. 영업인이 실천해야 할 80/20법칙이 있다. 전화든 직접 만나서든 고객이 전체 대화의 80%를 말하게 하고, 영업인은 20% 이내에서 말을 하는 것이 좋다. 그러나 텔레마케팅을 하는 영업인들은 오히려 대면할 때보다 말을 더 많이 하려는 경향을 보인다. 얼굴을 맞대지 않았다는 생각에 조급해지기 때문이다. 영업인이 말을 많이 할수록 고객은 대화에 흥미를 잃기 마련이다. 그렇다면 잠재고객이 말을 많이 하도록 유도하려면 어떻게 해야 할까? 다음과 같은 질문 화법을 구사하는 것이 좋다.

- "잘 아시겠지만 노후 준비는 일찍 준비할수록 좋다고 합니다. 김 차장님도 당연히 준비하고 계시겠죠?"
- "어제 태풍이 상륙해 비바람이 장난이 아니었는데 집과 가족들 모두 무사하셨죠?"
- "소장님, 다음에 출간될 책이 어떤 주제의 책인지, 언제 출간되는지 알려주시겠어요?"

예를 들어 텔레마케터가 필자에게 세 번째 질문을 던진다면 어떻게 될까? 필자는 전화상이지만 신이 나서 제법 많은 이야기를 할 것이다. 이처럼 말을 많이 하게 되면 잠재고객은 상대 영업인에게 어느 정도 호감을 가질 뿐 아니라 미안하다는 생각을 갖게 된다. 잠재고객을 심리적으로 빚진 상태로 만드는 것이다.

일곱째, 관심을 유발할 멘트를 날려야 한다. 다시 자동차 법인 영업인을 예를 들어 보자. 첫 멘트를 "안녕하십니까? 저는 AA캐피탈 자동차 법인 리스 담당 ○○○ 대리입니다. 이번에 5% 이상 비용 절감이 가능한 법인 차량 리스 서비스를 홍보하고자 연락드렸습니다."와 같이 날리는 식이다. 여기서 관심을 끄는 멘트는 바로 '5% 이상 비용 절감이 가능한'이다. 이처럼 관심을 끌 멘트는 잠재고객의 귀를 번쩍 뜨이게 해야 한다.

여덟째, 상품이 주는 혜택을 설명한다. 영업인들이 텔레마케팅에서 실패하는 가장 결정적인 이유는 상품의 혜택을 너무 빨리, 장황하게 설명하기 때문이다. 그 혜택은 지금까지의 7단계를 거친 후에 해도 늦지 않다.

아홉째, 맞춤형 대화를 해야 한다. 전화로 가망고객을 발굴하는 데 그치지 않고 신규 고객으로까지 유치하는 데에 탁월한 영업인들의 공통점이 있다. 바로 고객 눈높이에 맞춘 맞춤형 대화를 잘한다는 것이다. 2010년에 동양생명에서 27세의 나이로 판매왕이 된 김형준 팀장이 그 대표적인 인물이다.

김 팀장은 동양생명이 다이렉트 영업을 시작한 이래 최연소이자 남성 최초로 텔레마케터 분야의 판매왕이 된 사람이다. 그는 2009년 한 해 동안 모두 605건의 신규 계약을 체결했다. 공휴일을 제외하고 하루 평균 3~4건씩 계약을 성사시킨 셈이다. 대면 영업을 통해서도 달성하기 힘든 실적을 텔레마케팅으로 이뤄낸 비결은 무엇일까? 그것은 김 팀장만의 전화 화법에 있다. 그는 시나리오, 즉 대본에 따라 대화를 하는 게 아니라 고객이 정말 필요로 하는 것에 대해 진심어린 관심을 보이며 대화를 한다. 한마디로 맞춤형 대화 능력이 탁월한 것이다.

맞춤형 대화는 이처럼 잠재고객의 공감과 호감을 이끌어내는 중요한 원천이 된다. 또한 잠재고객으로 하여금 무언가를 팔려는 사람이 아니라 동반자라는 생각도 갖게 할 뿐만 아니라 김형준 팀장의 사례에서 볼 수 있듯이, 가망고객을 발굴하는 것을 넘어 고객으로 만드는 효과까지 있다.

4_ 세미나 마케팅

세미나 마케팅은 다음에 소개할 이벤트 마케팅, 커뮤니티 마케팅과 함께 가망고객 발굴과 접근이 동시에 이루어지는 영업 활동이다. 2000년대 이전까지 세미나 마케팅은 주로 IT, 솔루션 등의 B2B 영업 분야에서 법인 고객을 발굴하기 위한 방법으로 활용되어 왔는데, 최근에는 금융사와 건설사에서도 투자 정보와 분양 정보를 동시에 제공하는 세미나를 통해 아파트 분양 고객을 발굴하고 있다.

최근에는 업종을 가리지 않고 다양한 분야의 기업들이 이처럼 세미나를 가망고객 발굴 수단으로 폭넓게 활용하고 있다. 그리고 기업뿐 아니라 은행, 보험, 제약 등 B2C 영업인들 중에서도 가망고객 발굴을 위해 세미나를 활용하는 이들이 점차 늘고 있다. 대표적인 영업인이 앞서 소개했던 ING생명의 박준배 FC다. 박 FC의 목표 고객(군) 중 하나는 의사들이다. 그렇다면 박 FC처럼 목표 고객을 의사로 정한 영업인들은 어떤 방법을 활용할까?

첫 번째로는 자신의 인맥을 활용한다. 두 번째로는 앞서 소개했던 교보생명의 조용신 팀장처럼 사전 약속도 하지 않고 병원 문을 열고 쳐들어가는, 소위 개척 영업 방법을 활용한다. 그러나 그런 영업인은 그리 많지 않다. 세 번째로는 자신의 의사 고객에게 다른 의사를 소개해 달라고 부탁하는 방법을 취한다.

하지만 박 FC는 자신의 경쟁자들과는 달리 차별화된 방법을 구사한다. 은행, IT, 제약 등에서 활용한 세미나 마케팅을 창조적으로 모방해서 자신만의 가망고객 발굴 필살기로 만든 것이다. 박 FC의 가망고객 발굴은 세미나 마케팅에만 있는 것이 아니다. 잠재고객이라고 할 수 있는 3,000명 이상의 의사들에게 매주 1~2회씩 이메일로 정보도 보내고 있다. 그가 제공하는 정보는 병원 경영에 도움을 주는 내용은 물론, 재무 설계와 자산관리에 이르기까지 다양한 주제들을 포함하고 있다.

박 FC 외에도 보험 영업인들 중에는 세미나 마케팅을 통해 가망고객을 발굴하는 이들이 많다. 2010년 삼성생명에서 판매왕을 차지했던 배양숙 FC, 한화생명에서 판매왕을 차지했던 정미경 FP, 삼성생명 강호 WM 에이전시의 김강호 대표 등이 대표적이다. 이들 중 배양숙 FC의 사례를 소개한다.

배 FC는 특이하게도 자신의 주 영업 무대를 두 번이나 옮겨가면서도 목표 달성은 물론, 판매왕이 된 영업 달인이다. 배 FC가 보험 영업에 입문한 건 경주에서다. 경주에서 오후 4시까지만 일하고도 영업 입문 1년 만에 억대 연봉을 받았던 배 FC는 남편의 직장을 따라 부산으로 자신의 영업 활동 무대를 옮겼다. 그리고 2008년 이후에는 아예 서울로 영업 무대를 옮겨 판매왕의 자리에 올랐다.

배 FC의 비결은 한마디로 요약하면, '잠재고객이 안고 있는 문제를 해결해주고 도움을 주는' 영업 방식이라고 할 수 있다. 앞서 소개했던 빚진 상태 만들기의 달인인 셈이다. 그렇다면 배 FC는 어떻게 자신의 가망고객을 발굴했고, 그들을 빚진 상태로 만들었을까?

경주에서는 목표 고객이었던 의사, 변호사들의 DB를 만들었다. 그런 다음, 그들에게 자신의 건물을 갖기 위해 필요한 돈은 얼마며, 어떻게 마련할 것인지, 절세 방법에는 어떤 것이 있는지 등에 대한 솔루션을 1페이지짜리 제안서로 만들어 보냈다. 결과는 대박이었다. 부산에서는 중소기업 경영자들을 목표 고객으로 정해 DB를 만들었다. 그런 다음, '가업 승계 전략'이란 솔루션을 제공했다. 다시 대박을 쳤다. 가업 승계와 관련한 정보를 제공해 그들을 빚진 상태로 만들었기 때문이다.

그리고 2008년 서울로 영업 활동 무대를 옮긴 후에는 세미나 마케팅에 승부를 걸었다. 평소 친분이 있던 그룹사 사장, 부사장에게 부탁해 임원을 대상으로 한 세미나를 마련했다. 세미나 제목은 '따뜻한 재정전문가 배양숙의 행복한 초대'. 재무 컨설팅이 아니라 어떻게 하면 행복한 가정을 만들 것인가가 주제였다. 화려해 보이지만 과중한 스트레스에 시달리는 대기업 임원들을 대상으로 가족관계 전문가를 초청해 강의를 듣게 했다. 물론 세미나 관련 비용은 모두 배 FC가 부담했다.

강의를 들은 임원들은 배 FC에게서 '나를 통해 돈을 벌려는 사람이 아니라,

내 파트너로서 내가 행복해지기를 바라는 사람이구나! 라는 생각이 들었다며 줄줄이 배 FC의 고객이 됐다. 배 FC의 필살기는 바로 잠재고객들이 안고 있는 문제를 해결해 주고 도움을 줘, 그들을 빚진 상태로 만드는 것에 있었다. 세미나 마케팅은 그런 필살기 중 하나였던 것이다.

그러나 안타깝게도 세미나 마케팅을 활용한 가망고객 발굴은 아직까지도 보험이나 은행, 제약 등 일부 업종에 종사하는 소수의 영업인들에게만 국한되어 있다. 하지만 세미나 마케팅은 사실 이들 업종 외에도 학습지, 가전, 자동차, 건강식품, 화장품 등 업종과 영업 형태를 불문하고 가망고객을 발굴하는 데에 아주 유용한 방법이다.

예를 들어 건강식품을 파는 영업인은 건강 관련 세미나를, 학습지를 파는 영업인은 학습 능력 향상을 위한 세미나를, 고객은 물론 고객 부모를 대상으로 개최할 수 있을 것이다. 실제로 A학습지 회사의 서울지역 B지점장은 'OO 외고' 입학생을 초빙해 외고 입시를 어떻게 준비했으며, 학습지를 어떻게 활용했는지에 대한 세미나를 개최해 가망고객 발굴에 큰 도움을 받기도 했다.

B2B, B2G 영업인 역시 마찬가지다. 얼마든지 가망고객을 대상으로 그들이 안고 있는 문제를 해결해 주기 위한 세미나를 개최할 수 있다. 업종과 영업 형태를 불문하고 어떤 영업인이든 세미나 마케팅을 자신만의 가망고객 발굴을 위한 필살기로 만들 수 있다. 단, 세미나를 개최할 때 반드시 고려할 것이 있다. 실패를 두려워해서는 안된다는 것이다. 세미나를 개최해 본 경험이 없는 사람들은 아무리 완벽하게 준비

한다 하더라도 처음 한두 번은 실패할 수 있다. 한두 번이나 서너 번의 실패에 좌절해선 안 된다. 세미나 마케팅의 달인들도 그런 시행착오를 경험했다. 그러니 당신도 창조적 모방 전략으로 세미나 마케팅을 활용해 가망고객을 발굴하기 바란다.

5_ 커뮤니티 마케팅

커뮤니티 마케팅을 활용해 가망고객을 발굴하는 방법은, 앞서 소개한 목표를 필달하는 영업인의 7가지 필살기 중에서 '열정적으로 어울린다'와 관계가 있다. 인간은 평균적으로 250명 정도와 인맥을 맺는다고 한다. 그 원천이 대부분 혈연, 지연, 학연, 직연, 종연과 같은 연고 인맥이다. 앞서 설명한 것처럼 연고 인맥은 대부분 영업 초기에 가망고객으로서의 역할로 끝난다. 따라서 끊임없이 새로운 인맥을 만들어야 한다.

이를 위해서는 연고 인맥의 폭과 깊이를 탄탄하게 하면서 지속적으로 목적 인맥을 만들어 가야 한다. 연고 인맥의 폭과 깊이를 탄탄하게 만들기 위해서는 동창회, 향우회, 입주자 동호회 등 친목 모임에 자주 참여해 총무 같은 직책을 맡아 헌신적으로 노력하는 것이 좋다. 목표를 필달하는 영업인 중에는 20여 개가 넘는 친목 모임에 가입해 활동하는 이들도 있다. 대표적인 이가 앞에서 소개한 백숙현 씨다.

백숙현 씨가 대우전자와 대우일렉트로닉스에서 수차례 판매왕을 차지했던 비결은 가망고객 발굴 능력에 있었다. 백 씨가 가망고객을 발굴하는 방법은 2가지였다. 하나는 이벤트 개최였고, 다른 하나는 커뮤니티 마케팅이었다. 이벤트 개최는 뒷부분 '스스로 찾아오는 고객 만들기'에서 소개하고, 여기서는 그녀의 커뮤니티 마케팅에 대해 알아보자.

백숙현 씨의 커뮤니티 마케팅 노하우는 2가지로 요약할 수 있다. 하나는, 가능하면 많은 친목 도모 커뮤니티에 가입했다는 것이다. 백 씨가 20여 개가 넘는 각종 커뮤니티에 가입해 가망고객 발굴을 위해 노력했다는 것이 이를 입증한다. 다른 하나는, 커뮤니티에 가입한 것에 그치지 않고 총무 등 직책을 맡아 해당 커뮤니티가 활성화되도록 헌신적으로 노력했다는 것이다.

그녀는 이처럼 커뮤니티 마케팅을 통해 동료나 경쟁자들보다 압도적으로 많은 가망고객을 발굴했다. 그녀가 목표 필달을 넘어 판매왕이 되었던 비결은 여기에 있다. 물론 백숙현 씨만 커뮤니티 마케팅을 잘 활용하는 것은 아니다. 은행, 자동차, 정수기, 화장품, 통신 등 다양한 업종에서 목표 필달 영업인들이 전략적으로 활용하고 있다.

그럼 이제 커뮤니티를 활용해 새로운 인맥을 만드는 방법에 대해 알아보자. 여기에는 다음의 3가지 방법이 있다.

🌏 커뮤니티를 활용해 새로운 인맥을 만드는 3가지 방법

1. 스포츠 · 레저 · 문화 · 예술 관련 커뮤니티에 가입하라

2. 자선 · 봉사 · 환경 보호와 같은 공익 목적의 커뮤니티에 가입하라

3. SNS를 활용해 새로운 사람들과 교류하라

첫째, 산악회나 골프 동호회 등과 같은 스포츠·레저·문화·예술 관련 커뮤니티에 가입하는 방법이다. 야구 동호회로 가망고객을 발굴하고, 고객을 유치한 르노삼성자동차의 김중곤 파트장처럼 말이다. 한화생명에서 판매왕을 차지한 정미경 FP도 김 파트장과 마찬가지다. 정 FP는 골프, 등산 등 취미가 같은 VIP 고객들을 모아서 소모임을 운영하고 있다. 골프를 좋아하는 고객과 고객 가족을 중심으로 골프 모임을 만들어 자신의 이름을 딴 골프 대회를 8년 넘게 열고 있다.

증권 영업인 중에서도 동호회를 활용해 가망고객을 발굴하는 사람이 있다. 우리투자증권 이경미 PB가 그 주인공이다. 그녀는 살사 동호회 '무풍(舞風)'의 회원이다. 전체 1,400명의 회원 가운데 150여 명이 골수 당원이다. 이들은 매주 수요일 정기 모임을 갖는다. 오후 8시에 만나 2시간가량 춤을 추고, 1시간 정도 술을 마신 후 헤어진다. 이 PB는 회원들과 함께 등산, 해외여행은 물론 영화도 보러 다닌다. 이들과 그냥 어울리기만 하는 것도 아니다. "돈을 어떻게 굴려야 하느냐?"고 문의하는 회원이 많기 때문이다. 이런 경우에는 점심 때 즉석 모임을 제의해 1시간 동안 재테크 강의를 해준다. 자연스럽게 가망고객 발굴, 신규 고객 발굴로 연결되는 것이다.

둘째, 자선·봉사·환경 보호와 같은 공익 목적의 커뮤니티에 가입하는 방법이다. 잠재고객 중에는 스포츠·레저·문화·예술 활동을 통해 자아를 실현하려는 사람들이 있는 반면, 자신의 즐거움을 찾기보다는 남을 돕고 봉사하는 활동을 통해 삶의 보람을 느끼는 사람도 있다. 따라서 이 방법은 후자 성향의 사람들이 모인 커뮤니티에 참여하거나 커뮤니티를 만들어 잠재고객을 참여시킴으로써 점진적으로 가망고객으로 만들어나가는 방법이다.

셋째, SNS를 활용해 새로운 사람들과 교류하며 인맥을 형성하는 방법이다. 최근 유행하는 트위터나 페이스북 등을 활용해 가망고객을 만드는 것을 말한다.

그런데 커뮤니티를 활용해 가망고객을 발굴할 때 주의할 것이 있다. 절대로 먼저 발톱을 드러내서는 안 된다. 즉 가망고객에게 당신의 상품을 사달라고 요청하지 말라는 것이다. 그러면 가망고객은 모임도 잘 나오지 않고 당신을 슬슬 피하게 된다. 부담감을 느끼기 때문이다. 따라서 상대가 먼저 말을 꺼내기 전에는 절대로 카탈로그를 꺼내거나 상품에 대해 말하지 않는 것이 좋다. 동창회 등의 모임에 다녀와서 얻은 휴대폰 번호로 불쑥 문자나 이메일을 보내는 것도 바람직하지 않다.

그 대신 총무나 회장을 맡아 동호회 멤버들을 위해 헌신적으로 노력하는 것으로 당신의 존재를 알릴 필요가 있다. 백숙현 씨가 그랬던 것처럼 말이다. 그렇게 하면 틀림없이 그들 대부분이 정말 멋진 사람, 우리 모임을 위해 헌신적으로 노력하는 사람이란 평가를 할 것이다. 이런 상태가 되면 그들 스스로가 가망고객이 되어 당신을 찾을 것이다. 그뿐만이 아니다. 시간이 지날수록 더 많은 사람들이 당신을 찾을 것이다. 그들이 자발적으로 주변의 가망고객을 당신에게 소개해줄 것이기 때문이다.

커뮤니티 활동에 적극 참여하다 보면 불가피하게 자신의 일부를 희생하는 문제가 발생할 수도 있다. 가망고객들과 커뮤니티 활동을 열심히 하다 보면 매주 주말을 가족들과 편히 보내기가 쉽지 않을 것이다. 그렇다고 해서 자신의 전부를 희생해 매주 주말을 가망고객, 잠재고객과 함께 보내는 것도 바람직한 것은 아니다. 이런 경우에는 매월 첫째 주와 셋째 주의 주간 계획은 '월화수목금금금', 둘째 주와 넷째 주의 주간 계획은 '월화수목금토일'로 잡는 것도 그 한 방법이다.

이제 커뮤니티 마케팅에 대해 다시 한 번 생각해 보자. 이제 막 영업을 시작했든 10년 이상 영업을 했든, 상관없다. 당신은 다양한 친목 모임에 참여하고 있는가? 여행, 등산, 낚시, 마라톤, 뮤지컬 등을 통해 당신의 잠재고객, 가망고객, 고객들과 스포츠·레저·문화·예술 관련 커뮤니티 활동을 활발히 하고 있는가? 자선·봉사 모임은 어떤가? SNS를 통해 잠재고객들과 활발히 커뮤니케이션하고 있는가?

잘 하고 있다면 문제가 없다. 당신은 언제나 목표를 필달하는 영업인일 가능성이 높다. 그러나 그렇지 않다면 지금까지 소개한 사례의 주인공뿐 아니라 주변의 커뮤니티 마케팅 달인들을 창조적으로 모방해야 한다.

6_ 소개받기

앞서 강조했듯이, 소개받기는 연고 관계인 활용 및 개척 영업과 함께 가망고객을 발굴하는 가장 대표적인 방법 중 하나다. 어떤 이들은 소개받기를 세일즈가 존재하는 한 가망고객 발굴 방법으로 영원히 활용될 것이라고 말하기도 한다.

그렇다면 소개를 잘 받기 위해 필요한 조건은 무엇일까? 무작정 안면 몰수하고 기존 고객이나 지인에게 가망고객을 소개해 달라고 부탁하면 될까? 물론 때로는 그런 적극성도 필요하다. 그러나 잘못하면 오히려 역효과가 날 수도 있다.

이제부터 가망고객을 소개받는 방법에는 어떤 것이 있고, 어떻게 해야 그 효과를 높일 수 있을지 알아보자. 여기에는 다음의 4가지 방법이 있다.

🌐 가망고객을 소개받는 4가지 방법

1. MGM(Members Get Members) 마케팅을 활용하라

2. 고객에 소개를 요청하라

3. 기존 고객의 연대감 · 소속감을 활용하라

4. 스스로 소개하도록 만들어라

첫째, MGM 마케팅을 활용하라. 이는 영업인 개인보다는 영업본부나 지점 단위 차원에서 주로 활용하는 가망고객 발굴 방법으로, 은행, 증권, 보험 등 금융사들이 특히 적극적으로 활용하고 있다.

가령 KB국민은행에서는 기존 PB센터 고객이 가망고객을 추천하면, 그 거래 금액에 따라 포인트를 적립해 주는 MGM 프로그램을 실시하고 있다. 추천받은 가망고객이 상품에 가입하면, 추천고객과 신규 고객 모두에게 포인트를 제공한다. 적립된 포인트로는 골프용품, 가전, 건강용품, 호텔 식사권 등 다양한 선물을 구매할 수 있다. 또한 특정 상품에 가입한 고객이 다른 사람에게 이 상품을 추천하면, 양쪽 모두에

게 최고 연 0.2%포인트까지 우대금리를 주는 MGM 마케팅도 실시하고 있다.

우리은행 역시 기존 고객이 가망 중소기업을 소개하면 인센티브를 제공하는 '알토란 MGM 프로그램'을 운영하고 있다. 이는 소개한 고객에게는 호텔 식사권, 국내 여행 상품권 등을 제공하고, 신규 중소기업에는 공항 VIP 라운지 이용권, 부동산 매각 지원 서비스, 종합 경영 자문과 종업원 연수까지 해주는 프로그램이다.

신한은행도 PB고객이 가망 PB고객을 소개할 경우에 유치 금액에 따라 경품과 서비스를 제공하는 MGM 프로그램을 운영하고 있다. 신한은행은 이를 통해 2006년 100명의 신규 고객으로부터 3,000억 원의 신규 자금을 유치했다. SC은행도 대출을 받으면 소개한 고객에게 할인점 상품권을 주는 MGM 마케팅을 실시하고 있다.

주택경기 침체로 미분양에 골머리를 앓고 있는 건설업계에서도 MGM 마케팅을 활용해 가망고객을 적극적으로 발굴하고 있다. 자신이 분양받은 아파트를 주변의 가망고객에게 소개해 그 고객이 아파트를 분양받으면 한 건당 1백만 원부터 5백만 원까지 리베이트를 주는 식이다.

지금까지 소개한 은행과 건설업체의 MGM 마케팅은 영업본부 차원에서 진행한 사례라고 할 수 있다. 그렇다면 영업인 개인이 MGM 마케팅을 실행한 경우는 없을까? 물론 있다. 자동차 세일즈의 세계 챔피언으로 불리는 조 지라드가 퍼스트 무버(선도자)라 할 수 있다. 그는 가망고객의 소개로 고객이 차를 사면, 소개한 사람에게 일정액의 리베이트를 지급하는 MGM 마케팅을 실시했다. 조 지라드가 자동차 영업 초창기에 실시했다고 하니 MGM 마케팅의 선구자였다고 할 수 있다.

둘째, 고객에 소개를 요청하라. 소개 영업의 정설처럼 여겨지는 "한 사람의 고객으로부터 3명의 가망고객을 소개 받아라!"는 말은 고객이 주변 사람을 추천하기를 기다리지 말고, 보다 적극적으로 고객에게 소개를 요청하라는 메시지를 담고 있다.

그러나 영업인 대부분은 자신의 고객에게 주변 사람을 소개해 달라는 말을 잘 꺼내지 못한다. 그 고객과 아직은 친해지지 않았다는 이유도 있겠지만, 대부분은 용기가 부족해서다. 거절이 두려워서 가망고객 발굴을 위해 쳐들어가지 못하는 것과 같다. 하지만 가망고객 발굴을 위해서는 고객이 소개를 해주지 않더라도 적극적으로 소개를 요청할 필요가 있다.

금융 분야의 영업인 중에는 고객이 아니라 경쟁사 지점장에게까지 고객을 소개해 달라고 요청하는 사람도 있다. 우리은행에서 세일즈 명장으로 불렸던 이상희 차장이 그 주인공이다. 우리은행에서 세일즈 명장이 되려면 전국의 개인 고객 영업인 중 5등 안에 드는 성과를 올려야 한다. 이상희 차장이 세일즈 명장이 된 비결은 거절을 두려워하지 않는 도전정신에 있었다.

이 차장이 서울의 한 지점에 근무할 때의 얘기다. 이 지역에 있던 한 은행이 철수를 결정하자 경쟁 은행들은 그 은행의 고객을 끌어들이기 위해 발 벗고 나섰지만, 별 효과를 보지 못했다. 이 차장은 경쟁자들과 전혀 다른 접근을 시도했다. 철수하는 은행의 고객들을 일일이 찾아다니는 대신, 해당 은행의 지점장을 찾아갔다. 처음 보는 사이였지만 지점장에게 다짜고짜 관리하던 고객을 저에게 넘겨달라고 부탁했다. 물론 은혜는 잊지 않겠다고 하면서 말이다.

결과는 어땠을까? 그 지점장은 처음엔 멈칫하더니 결국 흔쾌히 고객을 넘겨줬다. 이렇게 해서 철수하는 은행 지점의 고객 절반가량을 자신의 고객으로 만들었다. 그렇다면 그 지점장은 왜 일면식도 없는 이 차장에게 고객을 넘겨줬을까? 이 차장의 대담함과 당돌함 때문일까? 그럴지도 모른다. 그러나 경쟁사 지점장을 찾으면서까지 가망고객을 발굴하려는 이 차장의 열정에 마음이 열렸기 때문은 아닐까?

이 사례를 읽고 당신은 무엇을 느꼈는가? 이제부터 당신도 절대로 망설여선 안 된다. 고객에게 과감하되 정중하게 주변 사람을 소개해 달라고 요청해야 한다. 한두 번 거절당했다고 절대로 움츠러들지 마라. 물론 그렇게 한다고 해서 기존 고객에게 소개를 많이 받을 수 있는 것은 아니다. 그 전에 당신은 매사에 열정적이고 신뢰가 가는 영업인이라는 이미지를 고객이 갖도록 만들어야 한다.

셋째, 기존 고객의 연대감·소속감을 활용하라. 삼성생명의 살아 있는 전설 예영숙 명예 전무는 "한 명의 고객을 얻는 것은 100명의 잠재고객을 얻는 것과 같다."라고 말했다. 기존 고객의 연대감과 소속감을 활용하는 방법은 이렇게 고객 주변의 인맥을 집중 공략하는 방법을 말한다. 기존 고객에게 주변 사람의 소개를 요청하는 것과 비슷하지만, 소개 요청과 다른 점은 기존 고객의 연대감과 소속감을 활용하기 때문에 성공 확률이 높다는 것이다.

예를 들어 보자. 성형외과 의사인 고객이 있다고 가정하자. 소개를 요청하는 것은 성형외과 의사로부터 가망고객을 소개해 달라는 것이다. 당신을 신뢰한다면 그는 자신의 아내, 친구, 후배 중에서 가능성이 높은 사람을 소개해 줄 것이다. 이에 비해 연대감, 소속감을 활용하는 방법은 성형외과 의사와 연대감, 소속감이 있는 가망고객, 즉 의사들을 소개해 달라고 요청하는 방식이다. 가령 그의 주변에 있는 의대 동기, 성형외과 개업의 모임, 취미생활을 같이하는 의사 등이 여기에 해당될 것이다. 이들을 전략적으로 공략하면 불특정한 주변인을 소개해 달라고 하는 것보다 훨씬 효과적일 수밖에 없다. 다음의 보험 영업인 김민호(가명) 씨 경우처럼 말이다.

🐟 연대감은 때로는 구매 욕구를 자극한다!

김민호(가명)라는 보험 영업인이 있다. 그의 고객으로 개업을 한 병원장이 있었다. 그는 병원장의 신뢰를 얻기 위해 많은 노력을 기울였다. 6개월 정도가 지나고, 어느 정도 신뢰를 얻었다고 판단한 그는 용기를 내 병원장에게 주변의 의사들을 소개해 달라고 부탁했다.

그러나 병원장은 300여 명의 잠재고객 리스트만 건네주었다. 병원 이름, 전화번호, 원장 이름 등이 적혀 있는 리스트를 말이다. 순간 그는 이 자료만으로는 효과를 보기 어렵다는 판단이 들었다. 그래서 병원장에게 다시 요청했다.

"원장님, 정말 친하게 지내는 20여 분 정도만 표시해 주시면 감사하겠습니다."

그러자 병원장은 무슨 뜻인지 알았다는 듯, 고개를 끄덕이며 20여 명을 표시해 주었다. 리스트를 받은 김민호 씨는 정중하게 고맙다는 인사를 한 후, 20여 명 중 먼저 5명에게 자신에 대한 소개 전화를 꼭 해달라고 부탁했다.

며칠 후, 소개를 받은 첫 번째 의사를 방문한 자리에서 그는 놀라운 사실을 발견하게 되었다. 준비한 자료를 열심히 설명하고 있는데, 그 의사가 "아, 내 친구 OO병원장과 똑같은 수준으로 합시다." 라고 말했던 것이다. 의대 동기이면서 병원을 경영하는 친구와 동일한 수준의 보험을 가입하겠다는 것이었다. 그리고 두 번째, 세 번째 의사들도 이와 비슷한 반응을 보였다.

이처럼 특정 커뮤니티에 속한 고객들은 상품과 서비스를 구매할 때 연대감과 소속감, 묘한 경쟁심에 의한 심리적인 영향까지 받는다. '그 친구가 BMW 7 시리즈를 샀다고? 나라고 못 살 이유가 없지.'라고 생각하는 것이다.

그러니 당신도 이제부터 1등 고객의 각종 커뮤니티에 속해 있는 가망고객 전부를 자신의 고객으로 만들겠다는 목표를 세워라. 그런 다음, 1등 고객에게 소개를 부탁해 가망고객을 차근차근 공략하라. 그렇게 하면 1등 고객의 주변 사람들을 당신의 고객으로 만드는 날이 반드시 올 것이다. 그리고 2등, 3등 … 10등 고객도 동일한 방법으로 접근하라. 이 것이야 말로 줄기를 잡아당겨 통째로 감자를 캐는 방식이라 할 수 있다.

넷째, 스스로 소개하도록 만들어라. 앞의 3가지 방법은 영업인이 고객을 소개해 달라는 방식이다. 그러나 소개를 요청하지 않아도 고객 스스로 가망고객을 소개해 주기도 한다. 이 방법은 가망고객이 당신의 명성을 듣고 스스로 찾아오는 것과는 다르다. 초등학교를 졸업하고 무작정 상경해 1,000억 원대의 매출을 올리는 KGB 박해돈 회장도 그런 사람 중 한 명이다. 다음은 박 회장의 사례다.

부동산 중개업소에서 가망고객을 소개받은 KGB 박 회장

초등학교를 졸업하고, 서울로 상경한 박해돈 회장이 이사와 인연을 맺은 것은 17세 때인 1977년이다. 자취방 근처 이삿짐센터에서 주말 아르바이트를 권유받은 게 그 계기였다. 이듬해엔 이삿짐센터에 취직했다. 목표가 뚜렷했던 만큼 모든 걸 예사롭게 넘기지 않았다. 가구나 소파에 흠집이 나면 원인이 뭔지, 방지책은 뭔지 늘 궁리했다. 사장한테 부탁해 새긴 명함을 들고 시간이 날 때마다 영업도 했다.

그는 5년간의 '학습'을 끝내고 1983년 잠실에서 창업을 했다. 주택청약 적금을 깨서 마련한 100만 원과 친구한테 빌린 100만 원, 총 200만 원이 밑천의 전부였다. 회사 이름은 '잠실이사공사'. 공기업처럼 책임감 있게 일하겠다는 뜻에서 '공사'를 붙였다.

그는 가망고객을 발굴하기 위한 첫 번째 수단으로 신문을 활용했다. 매일 광화문까지 발품을 팔아 스포츠 신문을 싸게 구입한 뒤 상호와 전화번호를 새긴 스탬프를 찍어 부동산 중개업소에 무료로 돌렸다. 쌀쌀맞게 대하던 중개업소 사장들이 하나둘 우군이 됐다. 그의 의도대로 어느 집이 언제 이사하는지 정보를 술술 제공해준 것이다. 이사를 갈 집의 문틈마다 명함을 넣은 편지를 꽂아 놓자 주문이 몰리기 시작했다.

그는 이사에 고객 서비스라는 개념을 처음으로 도입했다. 모든 종업원에게 번호를 새긴 유니폼을 입혔다. 그리고 고객들에겐 "웃돈이나 식사 등을 요구하거나 이삿짐에 손상을 입힌 종업원은 번호를 기억했다가 신고하라."고 했다. 그 대신 종업원에겐 고기반찬의 식사를 제공하면서 서비스 정신을 지속적으로 강조했다.

박 회장은 1986년 포장 이사를 국내에 처음으로 소개하면서 사업 영역을 서울 전역으로 확대했다. 회사 이름도 한국의 대표적인 이사업체를 표방하며 '고려통운'으로 바꿨다. 상표 등록 과정에서 '고려'가 국호라는 이유로 거절당하자 몇 년 뒤에는 '고려골든박스'로 상호를 바꾸며 영어 약자 'KGB'를 브랜드로 도입했다. 현재 KGB는 이사·택배를 비롯해 7개 계열사를 거느린 중견 물류기업으로서, 2010년 1,000억 원대 매출을 올리는 탄탄한 기업으로 성장했다.

출처 : 〈중앙일보〉, 2011. 4. 26

나이트클럽 웨이터들도 스포츠 신문에다 자신의 닉네임과 전화번호를 적어서 돌리는 세상이 된 지 오래다. 이것을 박 회장은 이미 30여 년 전에 활용했던 것이다. 그렇다면 부동산 중개업자들은 왜 박 회장에게 이사갈 가망고객들을 줄줄이 소개했을까? 스포츠 신문을 받아 보면서 빚을 졌다는 심리상태가 됐기 때문이다. 지금은 인터넷과 스마트폰 등을 이용해 실시간으로 스포츠 정보를 얻을 수 있지만, 당시에는 스포츠 신문이 아주 소중한 정보원이었다.

특히 1982년과 1983년은 프로야구와 프로축구가 순차적으로 출범하면서 스포츠에 대한 관심이 폭발적으로 증가하던 시기였다. 이 시기에 스포츠 신문을 공짜로 주니 자신들도 뭔가를 줘야 한다는 생각에 가망고객들을 줄줄이 소개한 것이다. 이처럼 인간은 누군가로부터 무언가를 받으면 갚아야 한다는 심리상태가 된다. 자신이 안고 있는 문제를 해결해 주거나 도움을 받으면 어떤 식으로든 갚아야 한다는 마음이 드는 것이다. 박 회장 말고도 이런 체험을 한 영업인들은 많다. 다음의 사례로 등장하는 삼성생명 강호 WM 에이전시의 김강호 대표도 그중 한 명이다.

🐟 VIP 고객이 줄줄이 가망고객을 소개해 준 이유!

김 대표가 세미나 마케팅을 처음 실시한 때는 2006년이다. 상속과 부동산을 주제로, 12명의 고객을 대상으로 서울 삼성동에 위치한 삼성생명 FP센터에서 첫 세미나를 개최했다. 고객들의 반응은 예상했던 것보다 훨씬 좋았다. 그 후, 한 달에 한 번씩 세미나를 개최했다. 세미나가 고객들에게 열렬한 호응을 얻는 이유는 주제 선정, 강사 섭외, 세미나 후 개별 고객 상담, 현장 조사 솔루션 제시 라는 프로세스에 의해 빈틈없이 진행했기 때문이다.

최근 수도권에 약 10만여 평의 나대지를 소유한 의사 고객이 김 대표의 세미나에 참석했다. 세미나가 끝난 후, 김 대표는 전문가와 함께 현장을 방문해서 나대지를 사업용지로 바꿔 임대할 경우 월 1천만 원 이상의 임대 소득이 발생할 수 있다고 조언했다. 그 후, 이 고객은 김 대표의 알파고객이 되어 자신의 친구와 친인척들을 줄줄이 소개해 주었다. 김 대표는 "앞으로 금융 영업 환경은 마케터가 찾아가는 것이 아니라 고객이 스스로 찾아오도록 만들어야 합니다. 세미나 마케팅은 그런 차원에 걸맞는 새로운 패러다임이라고 자부하고 있습니다." 라고 말한다.

김 대표는 최근에는 가평 베네스트 골프장에서 '와인 세미나'를 개최했고, '이주·유학 관련 세미나'도 개최했다. 김 대표는 이처럼 재테크와 부동산은 물론 와인이나 그림 등의 취미 생활, 이민·유학 등 재무설계를 넘어 인생설계에 도움이 되는 다양한 세미나를 통해 가망고객을 발굴하고 있다. 이와 같은 세미나 마케팅은 김 대표에게 2006년~2008년 삼성생명 연도상 AM 챔피언을 3년 연속 차지하는 쾌거를 가져다 주었다.

출처 : 삼성생명 FC 사보집 〈프로의 꿈〉, 2008. 7월호

고객이 안고 있는 문제를 해결해 주거나 도움을 주면 고객은 이처럼 주변의 가망고객을 스스로 소개해 준다. 따라서 이런 고객을 많이 만드는 것은 매우 중요하다. 그렇다면 이런 방법 말고도 스스로 가망고객을 소개해 주는 경우는 없을까? 물론 있다. 고객을 자신의 후원자로 만드는 것도 그중 한 방법이다. LIG화재보험 김포 하나로 대리점의 조주환 대표가 대표적인 사례다.

🐟 스스로 후원자임을 자처하는 분신과도 같은 고객들!

1990년대부터 2000년대 후반까지 LIG화재에서 판매 관련 각종 상의 단골 수상자인 조주환 대표! 다른 사람들 앞에 나서기도 꺼려했던 소극적인 조 대표가 어떻게 이런 놀라운 성과를 거둘 수 있었을까? 그 비결은 다음의 3가지다.

첫 번째는, 자신을 완벽하게 진화시켰다는 것이다. 그는 소심하고 소극적이던 자신의 성격을 영업에 입문하면서 완전히 개조했다고 한다. 그는 먼저 '이 분야에서 최고가 되겠다.'는 목표를 세우고 그 누구에게도 지지 않겠다는 승

부 근성으로 무장했다. 그런 다음, 적극적이고 사교적인 성격이 되기 위해 부단히 노력했다.

두 번째는, 고객을 돕는 사람들과 인적 네트워크를 만들었다는 것이다. 자동차 보험을 주로 판매하기 때문에 조 대표는 자동차 정비 공장 사장은 물론이고 공장장이나 직원을 비롯해 병원 사무장, 견인차 기사, 자동차 영업 사원, 119 구급차 대원 등과 식사도 자주 하고 술자리도 함께 했다. 그들이 자신의 고객을 소개해 주는 사람들이었기 때문이다.

세 번째는, 고객을 자신의 분신과도 같이 만들었다는 것이다. 조 대표에게는 1년 365일 마르지 않는 샘이 있다고 한다. 150여 명의 고객이 바로 그들이다. 조 대표는 그들과 네 것, 내 것을 따지지 않는다. 그리고 무슨 일이라도 생길라치면 언제, 어디라도 총알같이 달려간다. 때로는 카드 막을 돈, 어음 결제할 돈이 없다는 고객에게 돈을 빌려 줘 떼인 적도 여러 차례라고 한다. '오죽하면 자기에게 돈을 빌려달라고 했을까?' 라는 생각 때문이었다. 그에게 고객은 고객을 넘어 친형제와 같은 관계라고 할 수 있다.

(중략)

그의 고객은 1년 365일을 가리지 않고 조 대표를 위해 영업을 해주고 있다. 한 번은 이런 적도 있었다. 대리점 직원들과 회식을 마친 후 음식점을 나오던 조 대표가 계단에서 그만 발을 헛디뎠다. 다리뼈가 부러지는 중상을 입은 조 대표는 2개월 동안 병원에 입원할 수밖에 없었다.

조 대표의 입원 기간에 회사는 판매 촉진 캠페인을 벌였다. 조 대표가 병원에 입원해 있으니 대리점은 당연히 꼴찌를 달릴 수밖에 없었다. 이때 조 대표의 분신 같은 동반자 고객들의 위력이 나타났다. 이대로 꼴찌를 할 수 없다는 오기로 무장한 조 대표는 자신의 동반자 고객 150여 명 중 100명에게 다음과 같이 전화를 걸었다.

"이번에 나온 상품이 아주 좋은 상품입니다. 제가 병원에 입원해 있어 어쩔 수 없이 전화로 설명을 드립니다. 저를 믿고 보험에 가입해 주십시오."

과연 어떤 결과가 나왔을까? 조 대표의 러브콜 한 통에 100명 중 무려 64명이 가입했다. 캠페인 종료 후 결국 조 대표의 대리점은 본부에서 1위를 차지했다. 또 조 대표의 동반자 고객들은 그가 병원에 입원해 있는 동안 64건의 보험 외에도 20건의 장기 운전자 보험에 추가로 가입했다..

출처 : 『한국을 뒤흔든 세일즈 마케터』, 김기영 저(2002)

누구나 예상치 못한 일로 병원에 입원할 수 있다. 이럴 경우 당신의 고객 가운데 조 대표의 고객처럼 헌신적인 고객이 몇 명이나 되겠는가? 이처럼 목표를 필달하는 영업인은 소개를 요청하지 않아도 자발적으로 가망고객을 소개해 주는 고객들이 많다는 공통점을 가지고 있다. 당신은 어떤가? 그런 고객이 몇 명이나 되는가? 가망고객을 스스로 소개해 주는 것은 물론 당신을 대신해 팔을 걷어 부치고 영업을 해주는 그런 헌신적인 고객들 말이다.

7_ 스스로 찾아오는 고객 만들기

대부분의 영업인들은 가망고객을 찾아가는 영업 활동을 펼친다. 그러나 은행, 증권, 보험, 의료, 세무, 법률 서비스처럼 전문성이 요구되는 직종이나 백화점, 마트, 가전 판매장처럼 점두 영업의 경우에는 그렇지 않다. 이들 직종에서는 가망고객이 스스로 찾아오는 경우가 많다.

가망고객이 스스로 찾아오도록 만드는 방법도 업종과 영업 형태에 따라 조금씩 다르다. 금융과 의료·세무·법률 서비스처럼 전문성이 요구되는 경우에는, 앞서 설명한 것처럼 해당 분야의 최고 전문가라는 명성과 신뢰를 얻으면 자연스레 찾아온다. 반면 점두 영업의 경우에는 입지가 중요한 영향을 미친다. 하지만 점두 영업의 경우에도 상품의 본원적 가치나 고객 서비스가 최고라는 명성을 얻으면 가망고객이 스스로 찾아오게 만들 수 있다.

그러나 이런 방법과는 전혀 다른 방식으로 가망고객이 스스로 자신을 찾아오게 만드는 영업인들도 있다. 앞서 소개했던 백숙현 씨가 대표적이다. 백숙현 씨는 이벤트를 통해 가망고객이 자신을 찾아오도록 만들었다. 현존하는 영업인들 중 백숙현 씨처럼 혁신적인 영업 활동을 펼치는 이는 극소수에 불과하다.

은행에서도 가망고객이 자신을 스스로 찾아오도록 만드는 영업인이 있다. 앞서 '퍼스트 무버'의 대표적인 인물로 소개한 오성섭 IBK 기업은행 강남 PB센터장이 바로 그 주인공이다.

여기서 주목할 점이 있다. 열심히 노력하다 보니 고객의 신뢰를 얻고, 그러다 보니 고객이 주변 지인들을 소개해 주거나 최고라는 명성이 나서 가망고객이 스스로 찾아오는 식이 아니라는 것이다. 그들은 가망고객이 스스로 찾아오도록 전략적인 목표를 가지고 영업 활동을 하고 있다. 당신은 어떤가? 가망고객이 당신을 찾아오도록 만들기 위한 영업 활동을 전략적으로 펼치고 있는가?

지금까지 가망고객 발굴 역량을 강화해 영업 목표를 달성하기 위한 방법들을 소개했다. 영업 목표를 달성하기 위해서는 기본적으로 3가지가 필요하다. 첫 번째는 어떤 악조건에서도 목표를 달성하겠다는 의지를 갖는 것이고, 두 번째는 당신의 영업 활동량을 현재보다 대폭 늘리는 것이고, 세 번째는 지금까지 해왔던 영업 방식을 새롭게 혁신하는 것이다.

4장

가망고객 접근
활동 목표 설정 및 달성 방안

가망고객 접근
활동 목표 설정 방법

이번에는 가망고객 접근 목표를 설정하는 방법이다. 가망고객 접근이라고 하면 대부분의 영업인이 가망고객을 직접 방문하거나 점두 영업처럼 가망고객이 특정 매장을 찾아오는 것을 떠올린다. 그러나 가망고객 접근이란 이와 같은 것만을 의미하는 것이 아니다. 전화, 이메일, 문자나 DM 등을 통해 가망고객에게 어떤 메시지를 전달하거나 설득하는 행위도 여기에 포함된다. 그리고 가망고객에게 제안을 하거나 프레젠테이션을 위해 방문하는 것도 여기에 포함된다. 하지만 이것은 설득의 비중이 훨씬 높기 때문에 설득 역량 강화 목표 설정 방법에서 따로 언급할 것이다.

위의 모든 활동들을 통해서 본다면, 가망고객 접근이란 가망고객을 직접 만나 상담을 하거나 전화 통화 등을 통해 니즈와 정보를 탐색하는 등 구매 동기를 유발하기 위한 모든 세일즈 어프로치라고 할 수 있다. 이와 같이 가망고객 접근에 대한 정의를 명확히 내리고 나면 현상과 목표도 쉽게 파악하고 설정할 수 있다. 가망고객 접근 활동 목표를 설정하는 예를 들면 다음의 표와 같다. 다시 한 번 강조하지만, 모든 영업 활동 목표는 측정 가능해야 한다.

KSF (Key Success Factor)	영업 활동		
	지표	현상(201X년 실적)	목표(201Y년)
가망고객 접근 역량	1. 방문 및 상담 건수	1.( )명(社)/月	1.( )명(社)/月
	2. 전화 콜 반응 건수	2.( )명(社)/月	2.( )명(社)/月
	3. 이메일 반응 건수	3.( )명(社)/月	3.( )명(社)/月
	4. 문자 반응 건수	4.( )명(社)/月	4.( )명(社)/月
	5. DM 반응 건수	5.( )명(社)/月	5.( )명(社)/月
	6. 스스로 찾아 온 고객	6.( )명(社)/月	6.( )명(社)/月

가망고객 접근에서 가장 중요한 지표 중 하나인 방문 및 상담 건수를 예로 들어 보자. 가망고객 발굴과 마찬가지로 먼저 할 일은 전년도의 월평균 가망고객 방문 숫자를 현상란에 기재하는 것이다. 다음과 같이 전년도의 월평균치를 방문 및 상담 건수 현상란에 '(40)명(社)/月' 식으로 기재하면 된다. 방문 및 상담 건수 목표 역시 '(100)명(社)/月' 식으로 설정하면 된다.

점두 영업인도 마찬가지다. 자신의 매장이나 영업점을 찾은 전년도 월평균 방문객 수를 방문 및 상담 건수 현상란에 '(2,500)명(社)/月' 식으로 기재하면 된다. 방문 및 상담 건수 목표 역시 '(5,000)명(社)/月' 식으로 설정하면 된다.

방문 및 상담 건수 외에도 가망고객 접근의 지표에는 전화 콜 반응 건수, 이메일 반응 건수, 문자 메시지 반응 건수, DM 반응 건수, 스스로 찾아온 고객 등이 있다. 각 지표별로 목표를 설정할 때에도 가망고객 발굴 목표 설정 때처럼 최소 2배 이상이 되도록 하는 것이 좋다. 목표 달성을 위해 가장 중요한 요소 3가지 중 하나가 바로 영업 활동량을 대폭 늘리는 것이기 때문이다.

이번에는 문자 메시지 반응 건수를 예로 들어 보자. 매월 1회 1,000명의 목표 고객에게 판매를 위한 문자 메시지를 발송하는 영업인이 있다고 가정하자. 이런 활동을 통해 영업인이 평균 5명으로부터 구매 문의를 받는다면, 문자 반응 건수 현상란에 '(5)명(社)/月'식으로 기재하면 된다. 문자 반응 건수 목표 역시 '(10)명(社)/月'식으로 2배 이상 높게 설정하면 된다.

여기서 주목할 점은 문자 메시지 발송 총 건수는 굳이 현상과 목표란에 기재하지 않아도 된다는 것이다. 여기서는 월평균 2,000명이든 3,000명이든, 문자 메시지를 발송하는 대상이 많고 적은 게 중요한 것이 아니다. 몇 명의 가망고객이 반응하느냐가 중요하다. 전화, 이메일, DM의 반응 건수도 같은 방법으로 작성하면 된다.

그렇다면 스스로 찾아온 고객은 어떤 기준으로 정하고, 목표를 설정해야 할까? 이것은 사실 쉽지 않은 일이다. 왜냐하면 가망고객이 입지의 편리함이라는 속성 때문에 특정 매장이나 영업점을 찾는 경우도 많기 때문이다. 따라서 스스로 찾아온 고객의 정의부터 명확히 할 필요가 있다. 여기서 스스로 찾아온 고객이란, 입지로 인한 이용의 편리함과 같은 하드웨어적 속성 대신, 해당 분야의 최고(전문가)라는 명성이나 닉네임과 같은 소프트웨어적 속성에 이끌려 특정 매장이나 영업인을 찾는 가망고객을 말한다.

예를 들면 "이곳이 너무 친절하다고 해서 한 번 들렀습니다."라든지 "이곳 과일이 아주 맛있다고 해서 들렀습니다.", "김 지점장님이 절세의 달인이라는 명성이 자자해서 찾았습니다.", "지난번에 오 센터장께서 찍어 주신 사진을 찾으러 왔습니다." 등과 같이 말이다. 이와 같은 이유로 당신의 매장이나 영업점 또는 당신을 찾아온 전년도 월평균 가망고객의 수를 기재하고, 금년도 월평균 목표 가망고객의 수를 설정하면 된다.

모든 영업인이 그런 것은 아니겠지만, 목표를 달성하지 못하는 대부분의 경우는 방문 및 상담 건수나 전화 콜 등의 가망고객 접근 활동이 부족하기 때문이다. 다시 한 번 강조하지만, 영업의 세계에는 확률의 법칙이 작용한다. 가망고객에게 지금보다 두세 배 더 많이 접근하고, 상담을 하면 목표는 자연스럽게 달성될 가능성이 높다. 그럼에도 불구하고, 가망고객을 방문하고 상담하며 제안하는 절대 건수 자체가 부족한 영업인들이 의외로 많다. 이들 대부분은 너무 바쁘다, 경기가 좋지 않다, 담당 지역이 좋지 않아서 방문할 곳이 없다 등과 같은 핑계를 댄다.

그런 영업인들은 이제부터라도 방문 및 상담 건수와 같은 가망고객 접근 활동을 대폭 늘려야 한다. 그 길이 목표 달성으로 가는 두 번째 통로이기 때문이다. 가망고객 발굴 및 접근 역량 강화를 위한 영업 활동 지표 7가지 중 가망고객 발굴 건수를 제외한 6가지는 가망고객 접근과 관련된 것들이다. 이는 가망고객 접근 역량이 목표 달성을 위해 그만큼 중요하다는 것을 말해 준다.

그렇다면 지금까지 소개한 6가지 접근 활동 모두를 잘해야 하는 것일까? 또한 현재보다 활동량도 대폭 늘려야 하는 것일까? 물론 다 잘하면 좋겠지만, 반드시 다 잘해야 하는 것은 아니다. 전화를 통한 접근이 중요한 영업인도 있고, 자동차나 보험, 정수기, 화장품처럼 방문 및 상담 영업 활동이 중요한 영업인들도 있기 때문이다. 따라서 업종과 영업 형태, 자신의 성향을 고려해 가망고객 접근 지표를 선정하고, 해당 지표별 영업 활동량을 대폭 늘리는 데 집중하는 것이 좋다. 그렇다고 해서 꼭 강화해야 할 영업 활동 지표를 생략한 채, 한 가지에만 집중하라는 말은 결코 아니다. 당신의 목표 달성을 위해 꼭 필요한 영업 활동은 어떤 경우라도 대폭 강화해야 한다.

여기서 한 가지 기술적인 문제를 언급하고 넘어갈 필요가 있다. 세미나나 이벤트를 개최할 때, 처음 만나게 된 가망고객을 발굴에 포함시킬 것이냐, 접근에 포함시켜야 하느냐 하는 것이 바로 그것이다. 이처럼 가망고객 발굴과 접근이 동시에 이루어지는 경우가 있다. 이런 경우에는 가망고객 발굴 목표와 실적에도 포함시키고, 스스로 찾아온 고객 목표와 실적에도 포함시키면 된다.

가망고객 접근
활동 목표 달성 방안

가망고객 접근 활동 목표를 설정했으면, 이제 다음의 표처럼 진화, 창조적 모방, 시장 선도자의 3가지 방법별로 달성 방안을 찾고 실행 계획을 수립해야 한다. 그 절차와 방법은 가망고객 발굴 활동 목표와 같다.

가망고객 접근 방법	진화	창조적 모방	시장 선도자
방문 건수 늘리기			
상담 건수 늘리기			
전화 콜 반응 건수 높이기			
이메일, 문자, DM 반응 건수 높이기			
기타			

방문 영업을 하지 않는 텔레마케터를 예로 들어 보자. 전화 콜 반응 건수를 높이기 위해 자신의 방법을 어떻게 진화시킬 것인지, 동업종이나 이업종에서 목표를 필달한 영업 달인들을 어떻게 창조적으로 모방할 것인지를 정한 후에 구체적 실행 계획을 세워서 실천하면 된다. 또한 지금까지 어느 누구도 시도하지 않았던 시장 선도자적 접근 방법을 개발해 실행하면 된다.

그렇다면 가망고객 발굴 활동 목표 달성을 위한 진화, 창조적 모방, 시장 선도자의 아이디어는 어디서 얻을 수 있을까? 앞서 언급한 것처럼 당신 주변에서 목표를 필달한 영업 달인이나 세일즈 관련 서적에서 얻을 수 있다. 또한 필자가 본격적으로 소개할 가망고객 접근 역량 강화를 위한 4가지 방법에서도 얻을 수 있다.

이제부터 가망고객 접근 활동 목표 달성을 위해 진화, 창조적 모방, 시장 선도자가 될 수 있는 아이디어의 원천들을 알아보자.

1_ 방문 건수를 대폭 늘려라

이제부터 가망고객 접근 역량 강화 목표 달성 방법에 대해 본격적으로 알아보자. 먼저, 방문 및 상담 건수 목표 달성 방법이다. 방문 건수 목표를 달성하는 것은 의지만 있다면 그리 어렵지 않다. 앞서 '쳐들어가기'에서 소개한 것처럼 거절을 당해도 방문 자체는 가능하기 때문이다. 따라서 명함이나 전단지를 돌리는 정도의 방문이 아니라 단 몇 분이라도 상담을 하는 것이 중요하다.

특히 점두 영업인은 방문 건수, 즉 방문객 수의 목표 달성이 쉽지 않다. 고객이든 잠재고객이든 매장을 방문하는 이유에는 이용하기 편리한 입지, 저렴한 가격, 마일리지·포인트·캐시백 등의 로열티 프로그램, 대규모 세일이나 프로모션, 브랜드 이미지 등 개인의 역량과는 관계없는 속성들이 많기 때문이다.

그렇다면 매장이나 영업점 방문객 수를 증가시키려면 어떻게 해야 할까? 스스로 찾아오는 고객에게 최대한 친절하고 성심 성의껏 응대하는 것이 최선의 방책일까? 가격 할인 이벤트 내용이 담긴 DM이나 문자 메시지, 이메일 메시지를 날리면 될까?

그런 방식으로도 목표를 필달하는 것은 쉽지 않다. 경쟁이 심하거나 경기 침체기, 제품 경쟁력이 떨어질 경우에는 더욱 그렇다. 이런 상황에서 경쟁자들과 차별화되지 않는 방법만으로는 방문객 수 목표를 달성하기 어렵다. 그렇다면 어떤 방법을 활용하는 것이 좋을까?

먼저, 가망고객 발굴 목표 달성 방법에서 소개했던 전단지 배포 방법을 들 수 있다. 그리고 캠페인이나 이벤트와 같은 집객 활동을 강화하는 것도 한 방법이다. 문자 메시지를 통해 가격할인 이벤트 등을 알리는 다양한 집객 활동을 대폭 강화해야 하는 것이다. 물론 차별화는 필수다.

3·3·3 캠페인을 활용하는 것도 하나의 방법이다. 이것은 자신의 매장을 방문한 고객에게 3일 후에 감사의 편지를, 3주 후나 3개월 후에는 재방문과 재구매를 유도하기 위한 편지를 발송하는 것을 말한다. 3·3·3 캠페인을 실시하는 이유는, 업종이나 상품마다 조금씩 다르겠지만, 고객이 한 번 방문한 점포를 재방문하는 비율이 대개 20~40% 내

외이기 때문이다. 아무런 활동도 하지 않으면 대부분의 고객은 3일 정도가 지나면 어렴풋이 기억하고, 3주 정도가 지나면 거의 잊어버리며, 3개월 정도가 지나면 그 점포를 완전히 잊어버린다. 따라서 이 주기에 맞춰 DM을 보내는 것이 효과적이다.

3·3·3 캠페인을 전개할 때에는 다음과 같은 메시지를 전달하는 것이 좋다. 우선 3일 후에 발송하는 감사 편지에는 점포에 찾아와 구매해 준 것에 대한 감사의 마음을 담아야 한다. 다음번에 또 방문해 달라는 메시지만을 강조하는 것은 별로 효과적이지 않다. 당신의 점포나 기업의 역사와 전통, 장인정신, 고객을 위한 열정 등을 담는 것도 효과적이다. 한두 번 방문으로 이런 가치를 아는 고객이 많지 않기 때문이다.

3주 후에는 당신 점포의 우수성을 알리는 편지를 보낸다. 수상 경력이나 고객의 평가 등을 소개하는 편지 말이다. 이때에는 질도 중요하지만, 양이 특히 중요하다. 한 번의 수상이나 한 사람의 고객 평가보다는 되도록 많은 수상과 많은 사람의 평가를 소개하는 것이 훨씬 효과적이다.

3개월 후에는 고객을 직접 유인할 수 있는 판촉성 편지를 보내라. 가령 3일 후, 3주 후에 편지를 보내도 당신의 점포를 찾지 않는 고객을 대상으로 할인 쿠폰과 같이 혜택을 담은 편지를 보내는 것이다. 이업종과의 제휴 마케팅을 활용하는 것도 좋다. 이 방법은 특히 명품 브랜드, 수입차 회사, 은행, 백화점, 가전, 화장품 등 VIP 마케팅이 활발한 분야에서 가망고객을 발굴하고 접근하기 위해 많이 활용되고 있다. 제휴 마케팅 이벤트에 참석하는 고객의 명함을 받는다든지 DM을 발송하는 것을 조건으로 주소를 적게 하는 방법 등을 활용해 DB를 직접 확보하는 식이다. 하지만 이들 업종만 활용이 가능한 게 아니다. 이 방법은 얼마든지 창조적 모방이 가능하기 때문이다.

최근에는 SNS 업체와 제휴해서 매장 방문객 수를 증가시키려는 곳도 있다. 물론 이런 방법은 단기적으로 매장 방문객 수가 증가하는 효과를 불러올 수 있을 것이다. 그러나 제휴 마케팅이 끝난 후 매장 방문객 수가 이전 수준으로 돌아갔다는 매장들이 많다. 따라서 재방문율을 높이는 콘셉트로 진행하는 것이 바람직하다.

매장이나 영업점을 찾아오는 방문객 수를 늘리기 위해서 체험 마케팅을 활성화하는 것도 한 방법이다. 반신욕기나 족욕기, 안마기, 산소 공급기와 같이 직접 사용을 해봐야 그 제품의 진가를 알 수 있는 경험재의 경우에는, 이 방법이 매우 효과적이다. 이런 업체들은 체험관을 직접 운영하기도 하고 백화점이나 마트와 제휴해서 체험 기회를 제공하기도 한다. 그러나 대부분의 기업에서는 흉내만 내고 있는 수준에 머무르는 경우가 많다. 방문객 수를 증가시키려면 가망고객이 상품을 체험할 수 있는 접점을, 2~3배 정도가 아니라 10배 정도로 대폭 늘려야 한다.

2_ 상담 건수를 늘려라

방문 건수나 방문객 수 목표에 비해 상담 건수 목표를 달성하는 것은 훨씬 더 어려운 일이다. 상담 건수 목표를 현재보다 너무 의욕적으로 높게 잡기 때문에 그렇다. 상담 건수 목표를 달성하는 데 중요한 핵심은 거절을 적게 당해야 한다는 것이다.

그렇다면 가망고객의 거절을 극복하려면 어떻게 해야 할까? 끌리는 영업인, 즉 호감 가는 영업인이 돼야 한다. 영업인의 용모와 복장, 말소리, 웃는 모습 등이 가방에서 꺼낸 프레젠테이션 자료나 카탈로그, 입찰 제안서보다 고객의 눈과 가슴과 머릿속에 먼저 침투하기 때문이다.

미국 프린스턴 대학의 실험 결과에 따르면, 시종일관 웃은 팀은 목표의 3~10배를 판매했고, 무표정했던 팀은 목표의 10~30%, 찌푸린 인상을 썼던 팀은 하나도 팔지 못했다고 한다. 심리학자 티드와 록카드도, 레스토랑에서 환한 미소를 띠며 서빙을 하는 종업원들이 그렇지 못한 종업원들보다 3배나 많은 팁을 받는다는 사실을 실험으로 증명했다. 또한 게겐과 피서 로쿠는 실험을 통해, 히치하이커가 미소를 띠며 차를 태워 달라고 했을 때 차를 세워 태워주는 비율이 14%로, 미소를 짓지 않고 세워 달라고 할 때의 8.3%에 비해 두 배 가량 높다는 사실을 발견했다.

이 실험 결과들을 통해서, 거절을 당하지 않고 상담 확률을 높이기 위해서는 상대에게 호감을 주는 것이 매우 중요하다는 것을 알 수 있다. 호감이 가지 않는 영업인에게는 일단 상담의 기회조차 주어지지 않을 확률이 높다. 따라서 용모와 복장을 단정히 하고 예의 바르게 인사하는 것이 절대 필요하다. 물론 이런 사실은 누구나 알고 있을 것이다. 하지만 제대로 실천하는 사람은 의외로 많지 않다.

이렇게 호감을 줘 매년 탁월한 성과를 올리고 있는 자동차 영업인으로는 김명석(가명) 씨가 있다. 그는 가망고객을 만나기 전에 정성껏 자신의 손을 씻는다. 첫 번째 접촉에서 상쾌한 느낌을 받은 고객은 대부분은 거절 대신 미소를 띠며 그의 상담에 응한다. 하나를 보면 열을 알수 있다는 말처럼, 김명석 씨가 얼마나 예의 바르게 자신을 대하는지 알고 있기 때문일 것이다. 이 정도의 정성에 마음을 열지 않을 고객이 과연 몇이나 되겠는가? 그의 세일즈 비결도 알고 보면 손 씻는 것에서부터 시작되었다고 할 수 있다.

용모와 복장, 예의 바른 인사 외에도 첫 방문 시 거절당하지 않고 상담으로 연결되기 위해서는 2가지가 더 필요하다.

첫째, 상대를 칭찬해야 한다. 상대방의 용모나 복장에 대한 것이어도 좋고 상대방이 소지하고 있는 물건, 집이나 사무실에 있는 주요 소장품이어도 좋다. 그 방법은 앞에서 소개했으므로 여기서는 다루지 않겠다.

둘째, 공감대를 형성해야 한다. 첫 만남에서 상대와 공감대를 형성하는 방법에는 다음의 7가지가 있다.

🌏 첫 만남 상대와 공감대를 형성하는 7가지 방법

1. 스킨십

2. 상대의 신체언어 따라하기

3. 웃게 만들기

4. 고객이 먼저 말하게 만들기

5. 대화 중간에 상대 칭찬하기

6. 관심사에 대해 말하기

7. 상대의 언어 사용하기

스킨십은 주로 악수를 통해 상대와 공감대를 형성하는 방법이고, 신체언어 따라하기는 상대의 몸짓을 무의식적인 것처럼 따라하는 것을 말한다. 예를 들어, 의자에 앉아서 얘기를 하다가 고객이 다리를 꼰다든지, 머리를 손으로 쓸어 넘기는 행동을 하면 그대로 따라하는 것을 말한다. 이와 같은 행동은 상대로부터 거절당할 확률을 낮춰준다. 고객으로 하여금 당신이 적이 아니라 같은 편이라는 생각을 갖도록 만들어 주기 때문이다.

이와 더불어 웃게 만들기는 마음의 빗장을 여는 효과가 있다. 그러나 사람을 웃기는 재능을 가진 영업인이 그리 많지 않다는 것이 문제다. 따라서 웃게 만들기 위해서는 사전에 유머 레퍼터리를 준비해 두어야 한다. 적절한 상황이 오면 발사할 수 있도록 말이다. 가령 여름철 휴가 시즌과 관련된 유머 레퍼터리를 보자. 휴가 이야기가 나왔을 때 상대가 "전 이번엔 아무 데도 안 가고 집에서 쉬었습니다."라고 말한다면 "방콕 다녀오셨군요."라고 말해보라. 상대가 가볍게 웃을 것이다. 이 때 다음과 같이 준비했던 레퍼터리를 발사해야 한다.

"부장님, 요즘엔 방콕 대신 이집트 가는 분들이 많다더군요?"

"이집트요? 시위가 심해져서 여행 금지 구역이라고 하던데."

"그 이집트가 아니고요. 이불 뒤집어쓰고 집에 틀어 박혀 지내는 거 말입니다."

이렇게 말하면 대부분은 다시 한 번 가볍게 웃을 것이다. 그럼 제3탄을 발사해야 한다.

"부장님, 저는 얼마 전에 하와이에 다녀왔습니다."

"와, 좋았겠네요."

"네, 시원하고 좋았습니다. 게다가 돈도 안 들고요."

"시원했다고요? 하와이는 덥지 않나요? 거긴 지금이 겨울철인가? 돈도 안 들었다고요? 저한테도 노하우 좀 가르쳐 주세요."

"부장님, 그 하와이가 아니고요. 하루 종일 와이파이가 되는 이마트에서 죽쳤다는 뜻입니다."

이런 식으로 다양한 상황에 적합한 레퍼터리를 미리 준비해 두면 가망고객을 웃게 만들 수 있다. 이때에도 유의해야 할 것이 있다. 하나는 상대가 웃지 않더라도 포기하지 말라는 것이다. 최고의 개그맨들도 관객이 웃지 않아 당황한 적이 한두 번이 아니었다고 한다.

그럼에도 불구하고 최고의 자리에 오를 수 있었던 것은, 그들이 포기하지 않고 다시 웃기기 위해 도전했기 때문이다. 당신 역시 마찬가지다. 한두 번 레퍼터리를 발사했는데 웃지 않는다고 해서 '난 역시 사람 웃기는 재주가 없나 보군.' 이라며 포기해서는 안 된다. 유머 레퍼터리를 발사했는데도 상대가 웃지 않으면 자연스럽게 화제를 바꿔야 한다

또한 대화를 할 때는 고객이 먼저 말하도록 해야 한다. 고객이 먼저 말하게 하는 가장 좋은 방법은 질문을 하는 것이다. "날씨가 참 덥죠?", "이번 명절에 고향엔 다녀오셨나요?"처럼 가벼운 질문으로 시작해 상품과 관련된 질문으로 그 범위를 확산시키는 것이 좋다.

대화 중간에 칭찬하기는 첫 대면 시의 칭찬과는 성격이 약간 다르다. 상대가 하는 말에서 칭찬할 거리를 찾아내야 하기 때문이다. 대화 중 칭찬하기 역시 습관이 되지 않으면 쉽지 않다. 따라서 평소에 대화

를 하는 도중에 상대를 칭찬하는 습관을 기르는 것이 좋다. 가족, 친구, 동료 등과의 대화를 통해서 말이다.

이 정도 단계가 되면 상대와 어느 정도 교감이 이루어졌다고 볼 수 있다. 그렇다면 이제 본격적으로 상품에 대해 운을 떼도 되는 것일까? 아니다. 곧바로 카탈로그를 꺼내거나 상품 설명에 들어가서는 절대 안 된다. 조금 더 공감하는 대화를 나누는 것이 좋다. 상담으로 이어질 확률이 높아지기 때문이다.

유아용 학습지를 예로 들어 보자. 아이의 장래를 위해 영어 교육은 일찍 시킬수록 좋다며 곧바로 학습지를 설명해서는 절대 안 된다. 조기 외국어 교육의 단점으로 반론을 제기하는 상황에 직면할 수도 있기 때문이다. 질문을 통해 아이가 장래에 어떤 직업을 갖고, 어떤 사람이 되었으면 좋겠냐는 식으로 고객이 자신의 관심사를 말하게끔 유도하는 것이 좋다.

이런 질문을 받은 엄마는 아이가 아나운서가 됐으면 좋겠다든지, 의사가 됐으면 좋겠다든지 말을 할 것이다. 이때가 바로 기회다. "아이를 보니 똑똑하게 생겨서 틀림없이 아나운서가 될 수 있을 거예요. 그런데 사모님, 아나운서가 되려면 영어를 잘해야 하지 않을까요?"와 같이 말해 자연스럽게 상담으로 연결해야 한다.

첫 만남에서 상대와 공감대를 형성하는 마지막 방법은, 고객의 언어로 대화를 하라는 것이다. 사람이나 기업마다 사용하는 고유의 언어가 있게 마련이다. 영어 약자가 대표적이다. 이런 고객의 언어를 재빨리 파악해 자주 사용할수록 가망고객의 공감도를 높일 수 있다.

3_ 전화 콜 반응 건수를 높여라

전화 콜 목표는 기본적으로 2가지라고 할 수 있다. 하나는 가망고객과 만날 약속을 잡는 것이고, 다른 하나는 가망고객 발굴과 동시에 무언가를 파는 것, 즉 텔레마케팅이다. 그러나 2가지 모두 쉽지 않은 영업 활동이다. 다음은 전화를 통한 가망고객 발굴이 쉽지 않다는 것을 증명한다.

몇 년 전 국내 M증권사에서 영업부문 임직원들에게 텔레마케팅을 통해 가망고객 발굴을 시도한 적이 있었다. 불특정 고객을 대상으로 의무적으로 한 사람당 하루 100통씩 통화하는 방식이었다. 하지만 결과는 기대에 훨씬 미치지 못했다. 100통의 전화를 하면 겨우 1~2명 정도가 궁금한 걸 묻는 수준이었다. 물론 M증권사의 CEO가 텔레마케팅을 통해 직접적으로 신규 고객 유치를 기대한 것은 아니었을 것이다. 그만큼의 정성으로 신규 고객 유치 활동을 전개하라는 메시지였을 것이다.

그런데 불특정인을 대상으로 한 텔레마케팅이 이렇게 어려운데도 신규 고객을 창출하고 목표를 필달하는 이들도 있다. 그 비결은 무엇일까? 가망고객의 거절을 줄이는 노하우가 있기 때문이다. 지금은 AXA자동차보험으로 사명이 변경된 교보자동차보험의 이동숙 씨가 대표적이다. 그녀는 하루 평균 120통의 전화를 한다. 통화 횟수만 1년에 무려 2만 7,000여 건이다. 말 그대로 전화를 거는 일로 먹고사는 셈이다. 이렇게 해서 그녀가 2004년 한 해 동안 체결한 보험 계약이 5,600여 건이다. 콜 건수 대비 신규 고객 유치 비율이 20.7%나 된다.

이동숙 씨는 자신의 성공 비결에 대해 "텔레마케터는 말을 잘한다고 해서 영업 실적이 오르는 것이 아니다. 노하우나 화법은 기술적인 부분이고, 핵심은 자기가 일하는 회사가 정말 좋은 회사라고 스스로 느끼는 것이다."라고 강조한다. "그것도 진심에서 우러나야 텔레마케터란 일에 신념과 열정을 갖게 되고, 고객을 상대할 때 자신감도 생긴다."라고 말한다.

2008년 현대하이카다이렉트에서 텔레마케터 판매왕을 차지한 황은경 씨도 그중 하나다. 황은경 씨는 그 비결로 '설득 이전에 상대와 공감하는 것'을 꼽았다. 황 씨는 대화 중에 고객을 끊임없이 칭찬하는 것으로 공감대를 형성한다. "목소리가 어쩜 그리 좋으세요."라거나 고객이 상품에 대해 불평불만을 늘어놓으면 "보험에 대해 정말 해박하시군요. 공부를 많이 하셨나 보네요."라고 칭찬한다.

그녀는 관심사에 대한 말하기를 통해 상대와 공감하는 대화법도 자주 활용한다. 고객이 불평불만을 늘어놓으면 묵묵히 듣기만 하는 게 아니라 공감을 한다. "저도 비슷한 경험이 있었는데 정말 속상했어요.", "제 친구는 그럴 때 이렇게 해결했어요."라고 맞장구를 친다. 그러면 상대는 '이 사람은 나를 이해하고 있구나!'라고 공감하면서 자신의 요구를 쉽게 들어준다고 한다.

2008년과 2009년에 동양생명에서 2년 연속 다이렉트 부문 판매왕으로 뽑힌 경진수 씨도 마찬가지다. 경 씨는 2009년에 전화 통화로만 총 439건의 보험 계약을 따냈고, 매월 1,000만 원 이상의 판매 실적을 올린 베테랑이다. 경 씨는 자신이 거절당하지 않는 비결 중 하나로 '가망고객을 웃게 만드는 것'을 꼽았다. 물론 변화하는 고객의 투자 성향을 읽어내고 그에 맞춰 끊임없이 노력한 것이 가장 큰 성공요인이지만, 그에 못지않은 비결로 꼽은 것이 20대로 착각할 만큼 밝고 명랑한 목소리와 고객들을 웃게 만드는 유머 감각이었다.

이번에는 전화를 통해 가망고객과 방문 일정을 잡을 때, 거절을 극복하기 위한 방법에 대해 알아보자. 의외로 많은 영업인들이 이 단계에서 거절을 많이 당한다. 왜 그럴까? 상품에 대해 설명하려 들기 때문이다. 전화로 방문 일정을 정하는 것은 전화로 무언가를 팔아야 하는 텔레마케팅이 아니다. 따라서 방문 일정을 명확하게 정하는 것만을 목표로 해야 한다. 그런 경우에는 다음과 같이 접근하는 것이 좋다.

첫째, 상대방이 자신의 이름을 밝혔다 해도 반드시 되묻는 것이 좋다. 상대방이 "○○○입니다."라고 말했더라도 "아, ○○○ 선생님이세요?"라고 묻는 식이다. 이는 상대방으로 하여금 말문이 트이도록 유도하기 위해서다. 질문을 받으면 대답할 것이기 때문이다.

선생님 대신 사장님이란 호칭을 사용하는 것도 좋다. 법인 고객의 경우에는 실제보다 호칭을 높여 부르는 것도 방법이다. 어떤 사람은 "저, 선생님 아닌데요."라거나 "저, 사장 아닌데요.", "저는 차장이 아니라 과장입니다."라고 말할 수도 있다. 이렇게 해서 첫 1분 동안의 대화에서 되도록이면 상대가 말을 많이 하도록 만드는 게 중요하다. 그 목적은 물론 상대를 대화의 장으로 끌어내기 위해서다.

둘째, 반드시 상대가 어떤 말을 할 수 있도록 대화를 이끌어 가야 한다. 예를 들면 "바쁘신데 죄송합니다."라고 말하고 나서는 반드시 인터

벌을 둬야 한다. 상대가 말할 시간을 주기 위해서다. 그러면 대부분은 "네."라거나 "잠깐은 괜찮습니다."라고 말할 것이다. "저, 지금 바쁘니까 다음에 연락주세요."라고 전화를 끊으려는 사람들도 물론 있을 것이다. 이런 경우에는 "네, 잘 알겠습니다."라며 끊는 것이 아니라 "그럼, 언제쯤 시간이 괜찮으십니까?"라고 되물어야 한다.

정말 만날 의사가 없어서 그렇게 말하는 고객은 어쩔 수 없다. 하지만 정말 바빠서 통화를 더 이상 할 수 없는 이들도 있게 마련이다. 후자의 경우에는 대부분이 통화 가능한 시간을 알려 준다. 그 다음 단계부터는 황은경 씨나 경진수 씨의 경우처럼 상대방과 공감대를 형성하는 대화를 해나가면 된다.

지금까지 첫 방문에서 거절을 당하지 않고 상담 확률을 높이기 위한 접근 방법들을 소개했다. 이 방법들은 개인 고객은 물론 법인 고객에게도 유용하다. 그러나 법인 가망고객에 접근하는 방법은 개인 가망고객과는 약간 달라야 한다. 새로운 영업 담당이라며 불쑥 전화 약속을 하고 찾아가서 인사를 나누는 것도 물론 필요하다. 그러나 첫 인사를 나누고 나서 2번째, 3번째 방문을 해도 마음을 얻기란 쉽지 않다. 윤리경영이 엄격한 회사는 식사나 술 마시는 것, 선물을 주는 것을 엄격히 금하기도 한다.

이럴 경우에는 어떻게 법인 가망고객의 호감을 얻어 비즈니스 기회를 만들어야 할까? 정보를 제공하는 것과 연구회를 통해 만남을 가지는 것도 하나의 방법이다. 주제는 상대(회사)의 원가 절감이나 생산성 향상 등 경쟁력 향상과 수익성 제고를 위한 과제 등 업무적인 문제 해결을 위한 방안이 좋다. 자기계발이나 재테크 관련 정보도 상관없다. 단, 이런 경우에는 1회에 보내는 정보의 양이 너무 많은 것은 좋지 않다.

4_ 이메일, 문자, DM 반응 건수를 높여라

이메일이나 문자, DM 발송을 통해 가망고객에게 접근을 시도하는 영업인들이 많다. 그러나 성공 효율은 낮은 편이다. 표준적인 캠페인 문구를 만들어 확보한 DB에 일괄적으로 발송하는 방식이기 때문이다. 물론 발송 건수가 늘면 반응을 보이는 가망고객의 수도 늘어날 수 있다. 그러나 이와 같은 접근법은 효과적이지 않다. DM 반응률이 1~2% 정도라는 연구 결과가 보여주듯이, 들이는 노력에 비해 효과가 적기 때문이다.

여기서 주목할 점이 있다. 반응률이 아니라 반응 건수가 중요하다는 것이다. 이 말은 1%의 반응률을 2%로 높이는 것보다, 10건의 반응 건수를 20건 이상으로 높이는 것이 더 중요하다는 것을 의미한다. 그렇다면 어떻게 해야 현재보다 높게 설정한 이메일, 문자, DM 등의 반응 건수 목표를 달성할 수 있을까?

가장 쉬운 방법은 발송 건수 자체를 늘리는 것이다. 그리고 꾸준히 시도하는 것이다. 또한 가망고객과 1:1 맞춤식으로 접근하는 것도 효과적이다. 가망고객의 마음을 움직일 수 있기 때문이다. 이런 방식을 실천한 대표적인 영업인이 현대자동차에서 판매왕을 차지했던 최진성 과장이다.

최 과장은 그날 만난 가망고객들에게 인연 카드를 쓴다. 고객과 대화한 내용과 느낌을 토대로 고객을 만난 그날 밤에 작성해 다음날 발송한다. 표준화된 문구를 일괄적으로 발송하는 DM이나 편지와는 그 효과가 다를 수밖에 없다. 가망고객의 감성을 자극하는 훌륭한 접근 방법이기 때문이다.

2008년 교보AXA자동차보험에서 판매왕을 차지했던 이지영 씨도 맞춤 문자 메시지를 보내는 영업인이다. 이 씨는 전화 상담 틈틈이 다른 고객들에게 휴대전화 문자 메시지를 보낸다. 컴퓨터에 130여 개의 휴대전화 문자 메시지 목록을 저장해 놓고 상황과 시기에 따라 활용한다. 보험 만기를 앞둔 고객 A씨에게는 "다음 달 29일이 자동차 보험 만기일입니다. 교보에서 든든하게 지켜드릴게요."라는 안내 메시지를 보내는 식이다. 1:1 맞춤 문자 메시지인 것이다.

당신도 마찬가지다. 앞으로는 가망고객에게 DM이나 이메일, 문자 메시지를 보낼 때는 반드시 1:1 맞춤 메시지를 보내라. 반응 확률을 지금보다 몇 배 이상으로 높일 수 있을 것이다. 지금까지 소개한 것처럼 고객 접근의 성공률을 높이는 것만으로도 당신은 영업 목표를 필달하는 것은 물론이고 현재보다 2~3배 더 높은 판매 실적을 올릴 수도 있다. 직접 방문이나 전화, 이메일, 문자, DM 등의 접근이 성공적으로 이루어지면 가망고객의 반응 건수와 상담 건수 목표를 초과달성 할 수 있고, 그들 중 상당수의 가망고객은 당신의 상품을 구입할 것이다.

5장

설득 역량 강화
활동 목표 설정 및 달성 방안

설득 역량 강화
활동 목표 설정 방법

　설득이란, 다양한 채널을 통해 접근할 때에 가망고객과 고객의 마음을 열기 위한 활동을 말한다. 그것은 주로 고객과의 대화나 제안, 프레젠테이션을 통해 이루어진다. 그럼 먼저, 고객과의 대화를 통한 설득 역량 강화 활동 목표 설정 방법에 대해 알아보자.

　당신은 주변에서 설득력이 뛰어난 사람을 볼 수 있을 것이다. 상대방과 대화할 때 논리적으로 대화를 이끌어 가는 사람들 말이다. 그러나 그런 사람은 그리 많지 않다. 영업인 역시 마찬가지다. 따라서 교육과 훈련을 통해서 설득 스킬을 향상시키는 것이 필요하다. 그런 경우, 설득 시나리오를 활용하는 것이 매우 효과적이다. 텔레마케터가 대화 대본을 중심으로 고객을 설득해 나가듯이, 고객의 반응 유형별 설득 시나리오를 만들어 훈련을 반복하는 식으로 말이다.

물론 최고의 텔레마케터는 대본에 의지하지 않고 가망고객의 유형과 상황에 따라 능수능란하게 대화를 리드해 나간다. 그러나 그들이 단시일 내에 그런 경지에 도달한 것은 아니다. 그들 대부분은 준비한 대화 대본을 읽고 반복 훈련을 거쳐 실전에서 융통성 있게 활용하는 과정을 거쳤기 때문에 그 경지에 도달한 것이다.

영업인 역시 마찬가지다. 우선 고객 유형별로 다양한 설득 시나리오를 만드는 것이 필요하다. 그런 다음, 고객 유형별 설득 시나리오를 지속적으로 업그레이드해야 한다. 구체적인 방법은 뒷부분의 'KSF별 활동 목표 달성 방안'에서 소개하겠다.

그런데 문제는 설득 역량 강화 활동을 측정하는 지표가 명확치 않다는 것이다. 그래서 여기서는 고객 유형별 설득 시나리오의 수를 기준으로 했다. 설득 시나리오를 많이 만들었다고 해서 설득 역량이 향상되는 것은 아니다. 설득 시나리오 그 자체보다 반복 훈련이 훨씬 중요하다. 그러나 여기서는 설득 시나리오를 만들면 그 시나리오대로 반복 훈련이 이루어진다고 가정을 하겠다.

설득 역량 강화 활동 목표를 설정하는 방법은 다음과 같다.

KSF (Key Success Factor)	영업 활동		
	지표	현상(201X년 실적)	목표(201Y년)
설득 역량	1. 설득 시나리오의 수 2. 제안 및 계약 건수 3. 협상 시나리오의 수	1. ( )개/201X년 월일 2. ( )건/月, ( )건/月 3. ()개/201X년 월일	1. ( )개/201Y년 월일 2. ( )건/月, ( )건/月 3. ()개/201Y년 월일

위의 표에서 현상란에는 다음과 같이 현재의 고객 유형별 설득 시나리오가 몇 개인지 기재하면 된다. '(0)건/201X년 12월 31일' 식으로 말이다. 여기서 유의할 것이 있다. 설득 시나리오는 반드시 문서화해야 한다는 것이다. 경험이 풍부한 영업인의 경우에는 고객 유형별 설득 시나리오가 자신의 머릿속에 다 들어 있다고 하더라도 0건으로 기재해야 한다. 왜냐하면 설득 시나리오는 새로운 고객 유형이 나타나면 그에 맞게 진화시켜야 하기 때문이다. 그런데 머릿속에 들어 있으면 천재가 아닌 이상, 지속적으로 진화시키기가 어렵다. 또한 팀이나 지점 내에서 공유할 수도 없다.

목표란은 '(10)개/201Y년 3월 31일 까지'식으로 기재하면 된다. 여기서 (10)개는 고객 유형별 설득 시나리오를 총 10 개가 되도록 만들겠다는 의미이다.

이번에는 제안 및 계약 건수와 관련한 영업 활동 목표를 설정하는 방법이다. 제안 활동은 개인 고객을 대상으로 하는 영업인에게도 필요하지만, 특히 법인 고객을 대상으로 하는 B2B, B2G 영업인에게는 매우 중요한 설득 활동이다. 제안 및 계약 건수도 영업 활동 현상란에 '(5)건/月, (1)건/月' 식으로 전년도의 월평균 제안 건수와 제안 건수 대비 계약 건수를 기재하면 된다. 이는 월평균 5건의 제안을 해서 1건을 계약했다는 뜻이다. 제안 및 계약 건수 목표 역시 '(10)건/月, (2)건/月' 식으로 설정하면 된다.

다음은 협상 역량 강화 활동 목표 설정 방법이다. 협상 교육을 몇 차례 받는다고 해서 협상 능력이 금세 향상되는 것은 아니다. 목표를 필달하는 영업인들은 대부분 세일즈 협상의 달인들이다. 그들의 비결은 어떤 세일즈 협상에서도 주도권을 잡는다는 것이다. 세일즈 협상의 주도권을 잡기 위해서는 수많은 세일즈 협상을 직접 경험해 보는 게 가장 좋다.

하지만 이 방법은 성공과 실패를 숱하게 경험해야 한다는 단점이 있다. 또한 그런 경험을 축적한 협상의 달인이 퇴사를 해버리면 그 노하우가 하루아침에 사라져 버린다. 따라서 최선의 방법은 상황별로 협상 시나리오를 만들어 철저하게 준비하고 연습하는 것밖에 없다.

목표 필달을 위한 협상 역량 강화의 측정 지표 역시 설득 역량 강화처럼 명확하지 않다. 따라서 여기서는 협상 시나리오의 수를 기준으로 한다. 물론 협상 상황별로 시나리오만 많이 만들었다고 해서 협상 역량이 향상되는 것은 아니다. 반복 훈련이 필요하다. 상황별로 협상 시나리오를 만드는 구체적인 방법은 뒷부분 'KSF별 활동 목표 달성 방안'에서 소개하겠다.

협상 역량 강화 목표 설정은 설득 역량 강화 목표 설정과 같은 방법으로 하면 된다. 현상란에는 '(3)건/201X년 12월 31일'라는 식으로 현재의 협상 시나리오가 몇 개인지 기재하면 된다. 여기서 유의할 것이 있다. 협상 시나리오도 반드시 문서화해야 한다는 것이다. 목표란은 '(10)개/201Y년 3월 까지'라는 식으로 설정하면 된다.

설득 역량강화
활동 목표 달성 방안

설득 역량 강화 활동 목표를 설정했으면, 가망고객 발굴과 접근처럼 그에 대한 달성 방안을 찾고 실행 계획을 수립해야 한다. 다음의 표처럼 진화, 창조적 모방, 시장 선도자의 방법별로 그 실행 계획을 수립하는 것이 좋다. 설득 역량 강화 활동 목표 달성 방안을 찾고 실행안을 수립하는 방법도 가망고객 발굴과 접근 활동 목표의 경우와 마찬가지다.

가망고객 설득 방법	진화	창조적 모방	시장 선도자
공감대 형성, 듣기 스킬			
유형별 설득 시나리오			
솔루션 제시형 영업 활동 대폭 늘리기			
협상 스킬			
기타			

가망고객의 유형별로 설득 시나리오를 만들어 활용하지 않는 영업인을 예로 들어 보자. '진화'란은 물론 빈칸일 것이다. 따라서 이 영업인은 고객의 거절을 줄이고, 설득 효과를 높이기 위해 동업종이나 이업종에서 목표를 필달한 영업 달인의 설득 스킬을 어떻게 창조적으로 모방할 것인지를 계획 수립에 포함하면 된다. 상황별로 협상 시나리오를 활용하고 있지 않은 영업인 역시 마찬가지다.

그렇다면 설득 역량 강화 활동 목표 달성을 위한 진화, 창조적 모방, 시장 선도자의 아이디어는 어디서 얻을 수 있을까? 앞에서와 마찬가지로 당신 주변에 있는 설득의 달인, 세일즈 관련 서적에서 얻을 수 있다. 또한 필자가 앞으로 소개할 설득 역량 강화를 위한 3가지 방법에서도 얻을 수 있다.

이제부터 설득 역량 강화 활동 목표 달성을 위해 진화, 창조적 모방, 시장 선도자의 아이디어를 얻을 수 있는 원천들을 알아보자.

1_ 설득의 달인이 되는 3가지 방법

설득은 주로 가망고객에게 접근하는 단계에서 이루어지므로 접근 수단별로 설득 역량을 강화하는 것이 필요하다. 그러나 전화나 이메일, 문자, DM 등을 통한 설득 방법은 가망고객 접근 목표 달성 방안을 다룰 때 소개했으므로, 여기서는 가망고객을 직접 방문한다든지, 가망고객이 스스로 찾아와 상담을 할 때의 대면 설득 스킬을 중심으로 소개할 것이다.

똑같은 상황에서도 어떤 영업인은 가망고객 설득에 성공하고, 어떤 영업인은 실패한다. 그 이유는 두 가지다.

하나는, 가망고객에게 접근하는 단계에서의 역량 차이 때문이다. 설득력이 뛰어난 사람들은 가망고객에게 접근하기 전에 상대에게 무언가를 준다. 호감과 신뢰뿐 아니라 정보나 도움을 제공하거나 가망고객이 안고 있는 문제를 해결해 주기도 한다. 심리적으로 빚진 상태로 만들어 거절하지 못하도록 만들기 위해서다.

다른 하나는, 설득 역량의 차이 때문이다. "말 한마디로 천 냥 빚을 갚는다."라는 말이 있지만, 가망고객을 설득하는 능력은 정작 사람마다 천차만별이다. 주위를 둘러보면 상대를 설득하는 데 천부적인 재능을 가진 영업인들을 볼 수 있다. 대화를 논리정연하게 풀어나가는 데 뛰어난 재능을 보이는 달변가들이 대표적이다.

문제는 대부분의 영업인들이 달변가가 아니라는 것이다. 그렇다면 어떻게 해야 할까? 달변가를 양성하기 위해 노력해야 할까? 그것도 방법일 수 있다. 그러나 교육을 통해 단기간에 달변가를 양성해 낸다는 것은 쉽지 않은 일이다. 더 중요한 문제는 말을 유창하게 잘 한다고 해서 설득을 잘한다는 보장이 없다는 것이다. B2B, B2G 영업의 경우에는 특히 그렇다.

그 해법은 설득의 달인을 양성하는 것에 있다. 달변가가 아닌 영업인들 중에서도 의외로 설득의 달인들이 많다. 그렇다면 그들은 어떤 설득 역량을 갖추고 있는 것일까? 그들 대부분은 다음의 3가지 역량을 갖추고 있다.

🌏 설득의 달인이 되는 3가지 방법

1. 공감대를 형성하라

2. 듣는 사람이 돼라

3. 고객 유형별 설득 시나리오를 만들어 훈련하라

1) 듣는 사람이 돼라

공감대를 형성하는 법은 앞에서 소개했으므로, 잘 듣는 것이 왜 설득의 달인으로 가는 길인지, 왜 고객 유형별 설득 시나리오를 만들고 훈련해야 하는지에 대해 알아보자.

설득력이 떨어지는 영업인들의 공통점 중 하나는 잘 듣지 않는다는 것이다. 선천적으로 그런 사람도 있지만, 대부분의 기업에서 듣기보다는 말하기를 가르치기 때문이다. 이렇게 교육을 받은 영업인들은 가망고객을 만나면 상품의 특성과 이점을 설명하기 위해 호시탐탐 기회를 엿본다. 그러다가 기회가 왔다 싶으면 바로 교육받은 대로 설명을 시작한다.

그러나 "침묵은 금이다."라는 말도 있듯이 말을 많이 하는 것보다는 상대방의 말을 잘 듣는 것이 효과적일 때가 많다. 커뮤니케이션 전문가들이 이구동성으로 '설득의 달인＝ 듣기, 경청의 달인'이라고 강조하는 이유가 바로 여기에 있다.

상대가 여성일 경우. 듣기 능력은 더 큰 효과를 발휘한다. 은행의 여성 지점장이나 여성 PB들은 가끔씩 여성 고객으로부터 저녁 식사를 하자는 제안을 받는다. 식사를 하다 보면 자신의 얘기를 끝도 없이 늘어놓는 경우가 다반사다. 남편의 외도 문제, 시댁과의 갈등, 자녀 문제 등이 대화의 주된 메뉴가 된다.

처음 한두 번은 '오죽 답답했으면 나한테 이런 하소연을 할까?'라는 생각이 들어 잘 들어 주고 조언도 해준다. 하지만 횟수가 많아지면 점점 건성으로 듣는다. '내가 무슨 인생 상담을 해주는 심리학자나 정신과 의사도 아닌데 이런 얘기까지 들어줘야 하나?'라는 생각이 들기 때문이다.

그러나 정작 고객의 말을 잘 들어 줄 때와 그렇지 않을 때는 큰 차이가 난다. 저녁 식사를 하면서 나누었던 대화에 만족한 고객은 다른 금융사에 있던 돈을 빼내서 가져오는 데에 반해, 그렇지 않은 고객은 정반대의 행동을 한다. 듣기를 잘 하는 것이 여성 고객에게만 효과가 있는 것은 아니다. 남성들, 특히 가르치기를 좋아하는 의사들의 경우에도 효과가 있다.

실제로 듣기를 잘해 판매왕이 되고 대표이사까지 된 영업 달인이 있다. 앞서 소개했던 한국산도스의 박수준 사장이 그 주인공이다. 제약회사 영업인들이 쏟아내는 제품 설명에 지친 의사들에게 박 사장은 오히려 반대로 접근했다. "회사에서 제품에 대해 배웠는데 이해가 잘 안됩니다. 좀 가르쳐 주십시오."라는 식으로 말이다. 박 사장은 말을 별로 많이 하지 않는다. 의사들 대부분은 그가 찾아가면 마음이 편하고 잘 통하는 것 같다고 말한다. 잘 듣는 영업인의 대표적인 성공 사례라 할 수 있지 않을까?

가망고객이 스스로 말을 많이 하면 전혀 문제될 게 없다. 그러나 과

묵한 성향의 가망고객이라면 어떻게 해야 할까? 질문을 해서 말을 많이 하도록 만드는 것이 좋다. 박수준 사장처럼 말이다. 질문은 가망고객에게 말을 많이 하도록 만들고, 진정으로 원하는 것이 무엇인지를 알게 해주는 묘약이다. 그렇다고 해서 아무런 준비 없이 질문을 남발해선 안 된다. 질문을 잘못하면 오히려 가망고객이 입을 다물 수도 있다. 따라서 폐쇄형 질문보다는 개방형 질문을 해야 한다.

여기서 폐쇄형 질문은 주로 "적립식 펀드에 가입하셨습니까?"와 같이 "예."나 "아니오."로 간단히 답할 수 있는 질문을 말한다. 반면, 개방형 질문은 "적립식 펀드에 대해 어떻게 생각하십니까?"와 같이 가망고객의 생각을 자유롭게 말하도록 유도하는 질문을 말한다. 듣는 사람, 즉 경청의 달인이 되기 위해서는 개방형 질문을 자유자재로 구사할 수 있도록 훈련이 필요하다.

정수기를 판매하는 영업인의 예를 보자. 가망고객에게 "혹시 댁에서 정수기를 사용하고 계십니까?"라는 폐쇄형 질문보다는 "수돗물이 많이 좋아졌다지만, 수도관은 대부분 녹슬었다더군요. 고객님이 사는 동네는 어떤가요?"와 같이 개방형 질문을 해야 한다. 이와 같이 개방형 질문을 받은 가망고객은 수도관뿐 아니라 수돗물에 대해서도 이런저런 얘기를 할 것이다. 어떤 가망고객은 "장수에는 물이 가장 중요하다."라는 식으로 자신의 생각을 덧붙일 수도 있다.

이런 가망고객에게는 개방형 질문을 계속 던지는 것이 좋다. "고객님은 역시 해박하시군요. 건강에 신경 쓰시는 주부님들은 왜 대부분 정수기를 들여 놓을까요?"와 같은 식으로 말이다. 당신은 이처럼 "예.",

"아니오."로 답할 수 있는 폐쇄형 질문보다는, 가망고객이 자신의 생각이나 관심사, 선호 등에 대해 말하도록 유도하는 개방형 질문을 하는 것이 좋다.

그렇다면 언제까지 질문을 하는 것이 좋을까? 가망고객이 스스로 계약을 하겠다고 의사 표현을 하거나 가입할 의사가 100%라는 확신이들 때까지 하는 것이 좋다. 여기서 한 가지 유의할 사항이 있다. 어떤상황에서든 반드시 개방형 질문을 할 필요는 없다는 것이다. 가망고객의 말이 너무 장황하거나 주제와 동떨어진다면 상황을 통제하기 위해폐쇄형 질문을 사용하는 것이 효과적이다.

2) 고객 유형별 설득 시나리오를 만들어 훈련하라

가망고객을 만나 설득해야 할 상황은 크게 3가지가 있다. 첫 번째는구매를 꺼리거나 구매할 가능성이 매우 낮더라도 설득해야 하는 상황,두 번째는 구매할 의사를 갖고 있는 가망고객을 설득해야 하는 상황,세 번째는 구매 가능성이 전혀 없을 뿐만 아니라 영업인이 속한 회사나 상품에 강한 불만을 갖고 있는 상황 등을 말한다.

세 번째 상황은 가망고객을 설득하는 활동이라기보다는 불만고객관리와 관련이 있고, 두 번째 상황은 세일즈 협상과 관련이 높다고 할수 있다. 따라서 여기서는 첫 번째 상황에서 만나게 되는 가망고객을어떻게 설득할 것인지에 대해 다루고자 한다.

대부분의 회사에는 설득 역량이 뛰어난 영업인들이 있다. 그러나 안타깝게도 이들의 비율은 매우 낮은 편이다. 설득력이 떨어지는 것은 물론이거니와 말하는 것 자체가 어눌한 영업인은 어떻게 해야 할까? 가망고객의 초기 반응, 특히 거부 반응을 받아넘길 수 있도록 반복해서 훈련해야 한다.

가망고객의 거부 반응에 물러서지 않고 설득에 성공하기 위해서는 우선 대화 스타일부터 바꿔야 한다. 거부를 잘 당하는 영업인의 대화 스타일을 분석해보면 가망고객이 거절할 타이밍을 준다는 공통점이 있다. 그러므로 가망고객과 이야기를 나눌 때에는 쉬는 타이밍을 주지 말아야 한다. 쉴 때에는 반드시 개방형 질문을 던지고 난 뒤라야 한다.

그런데 문제는 만나자마자 거부 반응을 보이는 가망고객들도 있다는 것이다. 그들은 왜 영업인의 말을 듣기도 전에 거부 반응부터 보이는 걸까? 정말 구매할 의사나 돈이 없는 경우도 있지만, 대부분은 관심이 없고 귀찮으며 설득당할까 봐 경계심을 갖기 때문이다. 한마디로 말하면, 영업인을 되돌려 보내기 위한 핑계인 경우가 많은 것이다. 따라서 가망고객들의 이런 반응을 액면 그대로 받아들여서는 안 된다. 가망고객들의 거절이 핑계라고 생각하고 대응해야 한다.

그러나 이것만으로는 부족하다. 설득을 하려면 가망고객 유형별로 대응 역량을 갖추는 것이 필요하다. 따라서 빠른 시간 내에 영업인을 설득의 달인으로 만들려면, 신규 개척 상황에서 만날 수 있는 가망고객의 유형별로 설득 시나리오를 만들어 반복적으로 훈련해야 한다. 교육과 훈련은 비슷한 것 같지만, 근본적으로는 다른 개념이다. 교육은 특정 주제에 대해 가르쳐 주는 것을 말하는 반면, 훈련은 가르치는 것에 머무르지 않고 반복적으로 연습해 습관이 되도록 만드는 것을 말한다.

어느 분야에서든 달인이 되는 데는 1만 시간의 훈련이 필요하다는 말이 있다. 신이 내린 천재는 없다는 뜻이다. 누구나 자신의 분야에서 그 정도 훈련을 하면 달인이나 대가가 될 수 있다. 이탈리아의 천재적인 조각가이자 건축가이며 화가이고, 시인이었던 미켈란젤로도 이런 말을 했다.

"사람들은 나를 천재라고 부르는데 평소에 내가 얼마나 열심히 연습하고 훈련하는지를 곁에서 지켜본다면 결코 천재라고 부르지 못할 것이다."

가야금의 명인 황병기 선생도 60여 년 동안 하루도 거르지 않고 가야금을 연습했다고 한다. 하루 2시간씩만 계산해도 60년이면 무려 4만 시간이 넘는다. 이처럼 끝없는 연습과 훈련만이 대가와 천재를 만든다. 그러니 재능이 부족하다고 탓하지 마라. 반복 훈련을 계속하면 누구든 재능을 이길 수 있다.

설득의 달인, 설득의 대가가 되는 길도 마찬가지다. 설득 시나리오를 만들어 반복적으로 훈련해야 한다. 재능을 타고 나지 않았더라도 설득의 달인이 되는 지름길이기 때문이다. 또한 가망고객 유형별 설득 시나리오대로 훈련한 후 실전에서 활용하는 한편, 지속적으로 업그레이드해야 한다. 설득해야 할 가망고객들도 계속해서 변하기 때문이다.

그렇다면 영업인이 신규 개척 상황에서 만나게 되는 가망고객의 유형에는 어떤 것이 있을까? 업종마다 조금씩 다르겠지만, 공통적으로는 다음과 같은 6가지 유형이 있다.

🐟 가망고객의 6가지 유형

1. 만남 자체를 부담스러워하는 고객

2. 핑계를 대는 고객

3. 무관심한 고객

4. 좋지 않은 경험을 했던 고객

5. 생각지도 않은 방문에 불쾌해 하는 고객

6. 관심을 갖는 고객

영업인의 방문이나 제안을 받으면 잠재고객은 대부분 위의 6가지 중 최소한 한 가지 반응을 보인다. 당신이 여섯 번째 유형의 가망고객만 만난다면 아무런 문제도 되지 않을 것이다. 그러나 대부분의 영업인들은 첫 번째부터 다섯 번째 유형의 가망고객을 주로 만난다. 그중에서 가장 많이 만나는 유형은 두 번째 유형의 가망고객이다. "돈이 없다.", "예산이 없다.", "바쁘다.", "비싸다.", "타사와 거래하고 있다."와 같은 핑계를 대는 가망고객들 말이다. 설득의 달인이 되기 위해서는 이런 핑계에 뒤로 물러나서는 안 된다. 상품이 얼마나 좋고, 얼마나 잘 만들어졌는지 설명할 수 있는 기회를 만들어야 한다. 그렇다고 해서 무작정 당신이 팔려는 상품의 특성과 장점, 편익을 소개하는 데 열을 올려서도 안 된다.

그렇다면 어떻게 해야 할까? 가망고객의 감성을 자극하는 BADV 설득 프로세스를 활용해 설득하는 것이 효과적이다. BADV 설득 프로세스란 가망고객과 공감대를 형성(Build a rapport)하고, 가망고객이 하는 말을 일단 인정(Acknowledge)하며, 가망고객이 제기한 문제점을 약화 (Defuse)시킨 다음, 가망고객을 설득할 가치 제안(Value Proposition) 을 하는 순서로 고객을 설득해 나가는 방법을 말한다. 고객 유형별 설득 시나리오란 BADV 설득 프로세스에 맞춘 대화 대본을 말한다.

고객 유형별 설득 시나리오를 만들어 보기 전에 우선 시나리오 작성 방법에 대해 알아보자.

① **공감대 형성(Build a rapport) 단계 설득 시나리오 작성 방법** : 가망고객의 지갑을 열기 위해서는 우선 마음을 열어야 한다. 그러기 위해서는 가망고객의 유형별로 조금씩 다른 접근 방법이 필요하다. 기본적으로는 앞서 '상담 건수 목표를 달성하는 법'에서 소개한 공감대를 형성하는 7가지 방법을 활용하여 친밀감을 형성하는 것이 좋다. 공감대 형성 단계 설득 시나리오 작성의 구체적인 방법은 가망고객 유형별 설득 시나리오 작성시 함께 알아보자.

② **인정(Acknowledge) 단계 설득 시나리오 작성 방법** : 가망고객의 말을 일단 긍정하는 것은 매우 중요하다. 그렇다고 해서 터무니없는 요구를 무조건 인정하라는 것은 아니다. 예를 들어 원가가 100만 원인 제품을 70만 원에 달라고 했을 때, 무조건 "네."라고 해서는 안 된다. 따라서 가망고객 유형별로 어떤 말을 할지 미리 예상한 다음, 어떻게 인정할 것인지 대본을 만들어야 한다. 예를 들면, 다음과 같은 식이다.

- 고객님 말씀이 일리가 있군요. 그렇게 말씀하시는 고객님의 입장을 충분히 이해합니다.
- 저도 대출 금리가 고객님께서 원하시는 3%가 되도록 최대한 방법을 찾아보겠습니다.
- 고객님께서 원하시는 가격대에 드릴 수 있도록 최대한 노력해 보겠습니다.
- 형님이 그 회사에 다니시는군요. 공부를 잘하셨나 봐요?
- 그 회사에 아는 분이 계시군요. 정말 인맥이 넓으시군요. 인맥을 만드는 방법에 대해 한 수 가르쳐 주십시오.
- 그 은행과 30년이나 거래하셨다니 정말 존경스럽군요.
- 네, 맞습니다. 인터넷이나 스마트폰으로 뉴스를 보는 분들이 많으시죠.
- 많은 분들이 사모님처럼 돈이 없다고 말씀하십니다.

이처럼 당신은 가망고객의 말에 최대한 성의를 다해 긍정해야 한다. 다소 터무니없는 요구를 하더라도 일단 꾹 참고서 말이다. 그러나 대부분의 영업인은 인정을 하는 대신 반론부터 제기한다. "현재 저희 은행의 최저 대출 금리가 3.5%입니다.", "사모님, 이 제품은 원가가 100만 원입니다.", "약간 오해하고 계신 것 같군요.", "고객님께서 조금 잘못 알고 계시는군요."와 같이 말이다.

당신은 고객이 비싸다고 말해도 "이 브랜드가 주는 실제 가치에 비하면 결코 비싼 것이 아닙니다."와 같이 말해서는 안 된다. 또한 고객이 깎아 달라고 말해도 "고객님께서 말씀하신 가격은 원가 이하라서 정말 곤란합니다."와 같이 곧바로 가망고객의 말에 반론을 제기해서는 안 된다. 가망고객이 마음을 닫아버릴 것이기 때문이다.

대부분의 영업인은 이처럼 가망고객이 하는 말을 인정하는 대신 즉각 부정하거나 잘못 알고 있다는 식으로 반론을 제기해 바로 문제점 약화의 단계로 진입해 버린다. 상대방의 말이 틀렸다고 말하지는 않지만, 상대방이 결코 기분 좋을 리가 없는 상황을 만드는 것이다. 신규 개척을 위해 가망고객을 만나다 보면 물론 터무니없는 요구도 접할 수 있다.

그렇다고 해도 당신은 우선, 그들의 말을 인정해야 한다. 가격이 터무니없이 비싸다고 트집을 잡든 상품에 하자가 있다며 생떼를 쓰든, 가망고객의 마음을 진정시켜야 설득이 가능하기 때문이다. 물론 가망고객의 말을 한번 인정했다고 해서 즉시 효과가 나타나는 것은 아니다. 그러므로 가망고객이 던질 또 다른 말을 미리 예상해 어떻게 인정할 것인지에 대한 대본도 작성해야 한다. 이렇게 몇 차례 가망고객의 말을 인정해 주면 대부분은 마음이 누그러진다.

또한 인정 단계에서 활용이 가능한 효과적인 멘트 훈련도 필요하다. 첫 번째 멘트는 칭찬을 하는 것이고, 두 번째 멘트는 3F 화법을 구사하는 것이다. 칭찬에 대해서는 앞에서 설명했으므로 여기서는 3F 화법에 대해 알아보자. 3F 화법이란 가망고객의 말을 인정할 때 Feel(느끼다), Felt(느꼈다), Found(깨달았다)의 의미를 담는 것을 말한다. 가령 다음과 같이 말이다.

- Feel(느끼다) : "그렇게 느끼신다니 죄송합니다.", "어떤 느낌일지 이해합니다."
- Felt(느꼈다) : "저라도 그렇게 느꼈을 겁니다."
- Found(깨달았다) : "저도 최신 모델의 가격이 지금보다 더 내려갈 수 있다는 사실을 깨달았습니다."

③ **문제점 약화(Defuse) 단계 설득 시나리오 작성 방법** : 가망고객의 말을 인정했다면, 그 다음에는 즉시 본론으로 들어가면 되는 것일까? 아니다. 한 단계를 더 거치는 것이 좋다. 가망고객의 말이나 걱정거리에 대해 문제점을 약화시키는 과정이 필요하다. 다음과 같이 말이다.

- 고객님이 어떤 느낌일지 이해가 갑니다. 이 상품에 관심을 보인 분들 중 열에 너댓 분 정도가 가격이 다소 비싸다고 말씀하셨기 때문입니다. 하지만 가격 때문에 구입을 망설이던 분들이 이 상품을 구입하신 후에는 모두들 매우 만족하셨고, 좋은 제품을 사게 해줘서 고맙다고 말씀하셨습니다.
- 고객님, 잠깐만 기다려 주시겠습니까? 본부와 고객님의 대출 조건에 대해 다시 한 번 협의해 보겠습니다. (전화 통화 후) 으~음, 어렵다는군요. 그럼 이번에는 제 친구가 근무하고 있는 은행에 한 번 문의해 보겠습니다. 만약 거기서 가능하다면, 그쪽으로 소개해 드리겠습니다. 괜찮으시겠습니까?
- 장사꾼이 밑지고 판다는 말은 거짓이라지만, 고객님 혹시 주변에서

이 제품을 70만 원에 구입하셨다는 분이 계신가요? 계시다구요? 아마 어딘가에 하자가 있는 제품이거나 사양이 아주 비슷한 제품이 아닐까요?

- 앞으로 30년 동안 고객님을 모실 수 있는 영광을 저희 은행에게도 주셨으면 합니다.

- 만기 적금을 타시는 분들은 모두들 돈 쓸 곳이 있다고 말씀하십니다. 그러나 목돈을 다 써버리고 나선 대부분 후회하시더라고요.

- 돈이 없다고 말씀하시는 분들과 사모님은 격이 다르시잖아요.

- 뉴스를 인터넷이나 스마트폰으로 많이 보시지만, 놓치는 정보들이 있습니다. 마트에서 사드시면 조금 쌀 텐데도, 왜 군이 우유를 배달해서 드실까요? 바쁘거나 깜박 잊었을 경우에는 마시지 못할 때가 있겠지만, 배달을 시키면 그럴 염려가 없기 때문이죠. 정보 역시 마찬가지 아닐까요? 인터넷이나 스마트폰으로 주요 뉴스는 볼 수 있지만, 꼭 필요한 정보를 놓칠 수도 있거든요. 성공한 사람들이 2~3개의 신문을 매일 정독한다는 인터뷰 기사들이 종종 실리는 것 보셨죠? 그분들이라고 해서 인터넷이나 스마트폰으로 뉴스나 기사를 보지 않겠습니까?

- 납품가를 전년 대비 10% 이상 낮춰야 한다는 말엔 공감합니다. 하지만 세계 최고 수준의 품질과 성능, 기능을 갖춘 제품이라면 문제가 조금 다르지 않을까요?

- 제가 권하는 자동차 보험 상품이 온라인에 비하면 평균 15% 정도 비쌉니다만, 고객님의 품격엔 이 상품이 어울릴 거라 생각됩니다. 가

격 때문에 망설이다가 가입한 후에 정말 만족하시는 고객님들을 많이 봤거든요.

가망고객이 제기한 문제를 약화시키기 위한 방안으로, 국가나 공신력 있는 기관의 자료를 설명하는 것도 효과적이다. 한국소비자원 등 공신력 있는 소비자 단체의 소비자 보호 규정이나 품질 비교 평가 자료 등이 그것이다. 문제점 약화 단계의 화법을 한 단어로 요약하면 'But 화법'이라고 할 수 있다. But 화법이란 인정 단계에서 가망고객이 하는 말을 100% 인정한 다음, "하지만 이러이러한 문제가 있기 때문에 재고해 봐야 합니다. 그러므로 제 설명에 잠시 귀를 기울여 주시기 바랍니다."와 같은 설득 화법을 말한다.

그러나 인정 단계나 문제점 약화 단계에서 사용해서는 안 되는 금기 사항이 있다. "죄송합니다. 회사 방침입니다.", "회사 규정이라서 저도 더 이상 어쩔 도리가 없습니다."와 같은 말이 그것이다. 대부분의 사람들은 "회사 규정이나 방침 때문에 그럴 수밖에 없습니다."라고 하면 화를 낸다. "당신네 규정하고 나하고 무슨 상관이 있느냐?"라며 말이다. 규정이란 자신이 아니라 판매하는 사람들의 편의를 위해 만들어 놓은 것이라고 생각하기 때문이다.

이럴 때는 어떻게 대응해야 할까? "어떤 느낌일지 충분히 이해가 갑니다. 제가 고객님 입장이라도 비싸다고 느꼈을 겁니다. 할인 판매를 하지 않는 것이 회사 규정이긴 합니다만, 제가 고객님 입장을 최대한 반영해 다시 제안을 드리면 어떻겠습니까?"와 같이 대응해야 한다. 최대한 고객의 입장을 반영한 제안이라고 해서 할인을 해주라는 뜻이 아니다. 할인해 주는 대신 판촉물이나 샘플을 준다든지, 부가 서비스 혜택을 더 주는 식으로 설득하는 것이 좋다.

여기서 반드시 기억해야 할 사항이 하나 더 있다. 인정 단계든 문제점 약화 단계든, 단 한 번의 대화로 상황이 종료되지는 않는다는 것이다. 따라서 당신의 말에 가망고객이 반론을 제기하면, 다시 한 번 인정화법과 문제점 약화 화법을 구사해야 한다. 가망고객에 따라 다르겠지만, 어떤 경우는 한두 번이 아니라 대여섯 번 가량 구사해야 할 경우도 있다. 이런 과정을 거친 다음, 가망고객이 더 이상 반론을 제기하지 않을 때에 마지막 단계인 가치 제안을 해야 한다.

④ 가치 제안(Value Proposition) 단계 시나리오 작성 방법 : 고객의 말을 인정해 공감을 얻고 고객이 제기한 문제점을 약화시킨 다음에는, 상품의 가치를 가망고객에 제안해야 한다. 상품의 가치를 명확하게 설명하지 못하면 가망고객을 설득할 수 없고, 설득했다 하더라도 가격이나 거래 조건을 양보할 수밖에 없는 상황에 몰리게 된다. 따라서 가치 제안을 잘해야 한다.

가치 제안이란 상품이 가지고 있는 특성과 장점, 혜택, 이점, 가치 등을 알기 쉽게 설명하는 것을 말한다. 즉, 가망고객의 "내가 왜 당신 상품을 사야 하느냐?"라는 질문에 대해 간단명료하게 그 이유를 설명하는 것을 말한다. 이때에는 카탈로그나 실물을 직접 보여주거나 당신이 설명하려는 내용을 정리한 제안 자료나 사례를 활용하는 것이 좋다.

이제, 가치 제안의 예를 들어 보자.

- 왜 사람들이 명품을 선호한다고 생각하세요? 허영심이나 체면 때문이라고 생각하세요? 그런 사람들도 일부 있겠지만, 대부분은 비싸지만 확실히 좋기 때문이란 분들이 많습니다. 어머니가 쓰던 가방이나 입던 코트를 딸에게 물려줬단 얘기도 있잖아요. 살 때는 비싼 것 같지만, 사용 기간을 보면 오히려 훨씬 경제적일 수 있습니다. 누이 좋고 매부 좋다란 말처럼, 품격도 좋고 경제적이기도 하다는 거죠. 저희 제품이 조금 싼 다른 제품들에 비해 확연히 차별화되는 3가지 가치를 말씀 드리겠습니다.
- 제가 원장님께 추천해 드리는 보험은 15% 정도 싼 온라인 자동차 보험에 비해 5가지가 확실하게 다릅니다.
- 목돈을 타신 기쁨을 그대로 유지하는 방법은 아무리 돈 쓰실 곳이 있더라도 1/3정도는 눈을 딱 감고 재예치하시는 겁니다. 기존에 비해 금리가 0.5%나 높은 예금 상품이 이틀 전에 출시됐네요. 마치 고객님을 위해서 준비한 것처럼 말입니다.
- 예산이 없더라도 이번에 구매하는 것이 훨씬 유리합니다. 내년에 구입하시려면 지금보다 최소 10% 더 많은 비용을 투입해야 할 겁니다. 제가 알기로는 A사, B사는 다음 달부터 가격을 인상하기로 했다는군요. 저희 회사 역시 비슷한 시기에 가격 인상 계획이 있습니다.
- 최근 그 많은 정수기 중에 왜 얼음 정수기가 인기를 끈다고 생각하십니까? 대부분 '에이, 얼음을 얼마나 먹겠어. 그냥 물만 먹으면 되지.'

라고 생각하십니다. 그러나 냉수는 기본이고 시원하게 타먹는 냉커피, 아이들에게 만들어 주는 팥빙수까지 그 용도가 다양해서 산다는 분들도 계시시더라고요. 얼음도 나오고, 냉수도 나오고, 온수도 나오면 잔 고장이 많을까 걱정되시죠? 그러나 걱정 뚝 매달아 두십시오.

- 저희 신문은 구독율과 열독률 면에서 10년째 1위를 차지하고 있습니다. 그만큼 많은 사람들이 신뢰한다는 증거가 아니겠습니까?

- 신생업체에다 규모도 작지만, 저희 회사와 거래한 기업들의 만족도는 100%입니다. 여기 저희와 거래한 기업들의 품질과 납기에 대한 만족도입니다. 원하신다면 한번 확인해 보셔도 좋습니다.

이처럼 당신은 가망고객에게 당신이 팔려는 상품이 갖는 본원적 가치를 알기 쉽게 설명해야 한다. 많은 영업인들은 상품의 본원적 가치를 대개 이렇게 표현한다.

"이 제품의 메모리는 5Gb입니다."

그러나 대부분의 고객은 5Gb의 용량이 어느 정도인지 잘 모른다. 그래서 설득의 달인인 스티브 잡스는 이렇게 알기 쉽게 말했다.

"당신 주머니 속에 노래 1,000곡을 넣고 다닐 수 있습니다."

이번에는 총각네 야채가게를 예로 들어 보자. 총각네 야채가게는 과일과 채소의 품질이 좋은 대신 가격이 비싼 편이다. 대형 마트와 비교했을 때 약 30% 정도 차이가 난다. 그럼에도 불구하고 총각네 야채가게는 성공했다. '총각네 야채가게는 가격이 비싸지만, 맛과 품질이 좋다.'라는 이미지를 고객들에게 심어주었기 때문이다. 그렇다면 총각네 야채가게의 가치 제안 콘셉트는 무엇일까? '사모님! 가격은 품질입니다.'이다. 당신 주머니 속에 노래 1,000곡을 넣을 수 있다는 스티브 잡스의 가치 제안처럼, 짧지만 머릿속에 쏙 들어오는 가치 제안이라고 생각되지 않는가? 가격이 비싸다고 말하는 가망고객을 설득할 명쾌한 가치 제안 시나리오를 만들어 설득하는 것이 매우 중요하다는 사실을 증명해 주는 사례인 것이다.

그러나 이렇게 알기 쉽게 설명해도 가망고객이 바로 고개를 끄덕이지 않을 수도 있다. 오히려 당신의 제안을 반박하거나 부정하는 질문을 던질 수도 있다. 따라서 반론을 미리 예상해서 또 다른 가치 제안의 대본을 만드는 것이 필요하다. 다시 한 번 강조하지만, 대부분의 영업인이 설득에 실패하는 이유는, 상품의 품질이나 성능, 기능, 납기, 가격 등 상품의 경쟁력이나 거래조건이 나빠서가 아니다. 공감대 형성, 인정 단계를 생략한 채 가망고객의 말에 그렇지 않다고 반박하거나 자신이 팔려는 상품이 얼마나 좋으며, 얼마나 잘 만들어졌는지만 설명하기 때문이다.

이 점을 생각하면서, 앞서 소개했던 신규 개척 상황에서 만나게 되는 가망고객의 가장 대표적인 유형 중 하나인 '핑계를 대는 고객'을 선택해서 BADV 설득 시나리오를 만들어 보자. 시나리오를 만들기 위한 첫 번째 단계는 가망고객이 핑계대는 말들을 분류해 정리하는 것이다. 가망고객이 대는 핑계는 상품과 개인 성향에 따라 조금씩 다를 수 있다. 그리고 가망고객이 법인 고객인 경우에는 키맨의 성향, 조직 문화 등에 따라 다르게 나타날 수도 있다. 하지만 대부분의 가망고객들이 대는 핑계는 다음의 8가지다.

🐟 가망고객이 주로 대는 핑계 8가지

1. 바쁘다

2. 다른 회사와 거래 중이다(다른 영업 담당이 있다)

3. 가격이 비싸다(깎아 달라)

4. 돈이 없다(돈이 부족하다)

5. 예산이 없다(예산이 떨어졌다)

6. 결정권이 없다

7. 생각해(집사람과 상의해) 보고 연락을 주겠다

8. 관심 없다(살 생각이 없다)

설득 역량을 강화하려면 가망고객의 8가지 핑계 유형별로 설득 시나리오를 만들어야 한다. 당신이 자주 만나는 가망고객들이 10가지 유형의 핑계를 댄다면, 10개의 설득 시나리오를 만들어야 한다. 이제부터 "가격이 비싸다.", "다른 회사와 거래 중이다."라고 핑계를 대는 고객을 설득하기 위한 시나리오를 만들어 보자.

먼저 "가격이 비싸다."라는 고객을 어떻게 설득할 것인지 생각해 보자. 어떤 전문가들은 "가격이 비싸다거나 깎아달라고 하면 슬그머니 화제를 다른 주제로 돌리는 것이 좋다."라고 말한다. 일리 있는 말이다. 칼자루를 쥐고 있는 게 고객이라 하더라도 화제가 바뀌면 이전의 주제였던 가격 문제를 다시 거론하는 게 쉽지 않기 때문이다.

그러나 이런 고객은 대부분 상품을 구입한 후, 후회를 한다. '그때 엉겁결에 그 친구의 화술에 말려들어 당했어.'라고 생각하는 것이다. 이런 고객에게는 재구매나 교차 구매를 유도하기가 어렵다. 심한 경우에는 반품을 하기도 한다. 따라서 가격이 비싸다고 말하는 가망고객에게는 대화의 주제를 가격에서 가치로 옮겨야 한다. 가격이 비싸지만 받게 될 가치가 더 크다는 것을 강조해야 한다. 비싼 게 아니라 정당한 가격임을 타당성 있게 설명해야 하는 것이다.

A사의 영유아용 영어 학습 프로그램의 예를 들어 보자. A사는 3~7세 정도를 대상으로 하는 영유아 영어 학습 프로그램 '키즈 리그(가칭)'을 개발해 2011년부터 대대적인 신규 고객 개척 활동에 돌입했다. '키즈 리그'는 단순한 영어 학습지가 아니라 그림책, CD와 DVD 등의 활동 자료가 포함된 영유아 대상 영어 학습 프로그램이다. 당시에는 B, C, D 등 경쟁사도 비슷한 프로그램을 출시해 시장 개척 활동을 펼치고 있었다. 문제는 경쟁사 제품에 비해 가격이 30%정도 높게 책정되다 보니 비싸다는 저항에 부딪힌다는 것이었다. 한 세트의 가격은 89만 원이었다.

그뿐만이 아니었다. 다른 학습지에 비해 비싸다는 반응을 보이는 주부들도 있었고, 이른 나이에 제2외국어를 가르치면 아이에게 오히려 좋지 않다는 반론을 펴는 주부들도 많았다. 그 무렵 A사의 박영숙(가명) 팀장도 비슷한 상황에 직면해 있었다. 가망고객인 주부들을 만나 '키즈 리그'의 장점과 기대 효과를 목이 쉬도록 설명해도 주부들의 반응은 시큰둥했다. '영어는 왜 조기 교육이 중요한가? 이 학습 프로그램은 어떤 것인가? 경쟁사의 제품에 비해 무엇이 다른가?' 등에 대해 열정적으로 설명해도 마찬가지였다. 영어 학습지 때와는 주부들의 반응이 사뭇 달랐다.

'이렇게 하다간 목표 달성은 물 건너가겠군.'이라고 독백을 내뱉던 박 팀장은 이번 기회에 자신의 설득 프로세스를 2단계로 나눠 혁신하기로 했다. 1단계는 가망고객을 만나고 나서 충분하게 공감대를 형성한 후에 '키즈 리그'를 소개한다는 것이었다. 2단계는 곧바로 설명하는 대신, 가망고객의 말을 인정하고 여러 가지 문제점을 완전히 제거한 후, '키즈 리그'의 가치를 설명해 보자는 것이었다. 이를 위해 그녀는 다음과 같은 BADV 설득 시나리오를 만들었다.

BADV 설득 시나리오1 (핑계를 대는 고객 : 1. 비싸다)

- 고객 유형 : 핑계를 대는 고객
- 고객이 대는 핑계 : 너무 비싸다
- 설득 시나리오

● 공감대 형성
1. 끌리는 첫인상 만들기
　1) 가망고객을 만나는 순간, 밝게 웃으며 허리를 45도 정도 숙이며 공손하게 인사한다.

　2) 상대의 첫 인상에 대한 가벼운 칭찬
　- 여성일 경우 : 굉장한 미인이시군요. 피부가 너무나 고우세요. 피부 관리를 어떻게 하시는데 이렇게 고우세요? 비법이 있으면 좀 가르쳐 주세요.
　- 남성일 경우 : 연예계로 나가셨다면 장동건이 울고 가겠습니다. 자켓과 넥타이가 너무 잘 어울리세요. 넥타이는 누가 고르시나요? 사모님께서 안목이 뛰어나시군요.
　3) 현관이나 거실의 장식물에 관심 표현하기

2. 상대의 신체언어 따라하기
　1) 상대의 행동을 자연스럽게 따라한다
　2) 너무 많은 제스쳐를 따라하려 하지는 말 것

3. 웃게 만들기
　1) 유머 레퍼터리를 2~3개 준비, 상황에 따라 발사
　2) 상대방 첫 인상에 대한 가벼운 칭찬(생각보다 10년도 더 젊어 보이십니다. 비결 좀 전수해주시

겠습니까? 자켓과 넥타이가 너무 잘 어울리세요. 넥타이는 누가 고르시나요? 사모님께서 안목이 뛰어나시군요.)

4. 상대가 먼저 말하게 만들기 : 질문을 2~3개 준비
 1) 휴가철인 경우 : 휴가는 다녀 오셨나요? 어디로 다녀 오셨나요? 언제 가실 예정이세요? 요즘 날씨가 화창한데 이번 주말에 좋은 계획이 있으신가요?
 2) 명절이 지난 경우 : 추석 연휴는 어떻게 보내셨나요? 해외로 가족 여행을 다녀오셨군요. 좋으셨겠군요. 인상 깊었던 곳에 대해 잠깐 말씀해 주실 수 있으세요?

5. 대화 중간에 상대 칭찬하기
대화 도중 칭찬할 내용이 나오면, 즉시 끼어들어 칭찬 멘트를 날린다.

6. 관심사에 대해 말하기
 1) 아이의 특징에 대해 운을 뗀다 : 똑똑하게 생겼어요. 예쁘고 똑똑하게 생겨서 아나운서 해도 잘할 것 같네요. 팔뚝이 튼실한 거 보니 야구 선수해도 잘할 것 같아요.
 2) 아이가 장래 어떤 일을 했으면 좋겠는지 묻는다.
 3) 아이에게서 발견된 특별한 재능이 있는지 묻는다.
 4) 아이의 장래를 위해 지금 무엇을 해주고 있는지 묻는다.
 5) 과거에 영어 때문에 스트레스 받은 적은 없었는지 묻는다.

7. 상대의 언어 사용하기
대화 도중 상대가 자주 사용하는 언어를 메모한 다음, 사용한다.

특히 박 팀장은 가망고객이 아이의 관심사에 대해서 많은 이야기를 할 수 있도록 개방형 질문을 준비했다. 이와 같은 방식으로 공감대를 형성하고 나면 가망고객의 반응은 대략 2가지로 나타났다. 하나는 아이의 미래를 위해 영어 조기 교육의 필요성을 인지했다며 '키즈 리그'에 대해 설명해 달라는 유형, 다른 하나는 '키즈 리그'를 활용해 영어 공부를 시키면 좋겠지만 가격 때문에 망설여진다는 유형이었다.

많지는 않았지만 첫 번째 유형의 고객들 대부분은 '키즈 리그' 계약서에 사인을 했다. 문제는 두 번째 유형의 가망고객들이었다. 대부분의 가망고객들이 비싸다며 망설였다. 그래서 박 팀장은 보다 전략적인 설득 시나리오를 만든 다음, 설득에 임하기로 했다. 다음의 표와 같이 가망고객이 어떤 말을 해도 인정하고 문제점을 약화시키고 난 다음, '키즈 리그'의 가치를 설득하는 식으로 말이다.

BADV 설득 시나리오2 (핑계를 대는 고객 : 1. 비싸다)

- 고객 유형 : 핑계를 대는 고객
- 고객이 대는 핑계 : 너무 비싸다
- 설득 시나리오

〈 인정 〉

고객 : 너무 비싼 것 같네요. 얼마 전 B사에서 비슷한 프로그램을 갖고 왔을 때도 비싸서 안했거든요.
나 : 당연히 그런 말씀 하실 거라고 생각했습니다. 저도 처음엔 다소 비싼 것 같다고 느꼈거든요.
고객 : 팀장님도 그렇게 생각하시는데 고객은 어떻겠어요?
나 : 충분히 공감이 갑니다. 제가 고객 입장이었을 때, 저도 비슷한 경험을 여러 차례 했거든요.
고객 : 프로그램도 비슷한 것 같고, 만약에 하게 된다면 B사 프로그램을 선택해야 할 것 같아요. 내용은 비슷한데 가격은 더 싸서.

〈문제점 약화〉

나 : 현관에 놓여 있는 신발을 보니 명품 브랜드던데. 사모님, 사람들은 왜 비싼 돈을 지불하면서 명품을 사는 걸까요?
고객 : 그거야 뭐, 명품이 좋으니까 사는 거겠죠.
나 : 공감입니다. 명품은 품질이 좋고 유행도 잘 안타서 오래 쓰잖아요. 가격 대비 효용을 생각하면 오히려 명품이 경제적이라는 분들도 있습니다. 영어학습 프로그램도 그래야 합니다.
고객 : 그럼 '키즈 리그'가 명품 영어학습 교재라도 된단 말인가요?
나 : 그럼요. 유모차나 아이들 옷에도 명품이 있듯, 영어학습 교재도 명품이 있습니다. 사모님도 아이 유모차나 옷은 아무 제품이나 사지 않으시죠? 그런데 유모차나 옷은 길어 봐야 2~3년이잖아요. 반면 영어는 평생을 따라다닐지 모르잖아요. 그러니 길게 보면 몇 십만 원 더 투자하는 건 아무것도 아닙니다. 역시 가격보다는 가치가 중요하죠.

〈 가치 제안 〉

고객 : 하긴 그렇긴 하군요. 그렇다면 '키즈 리그'가 비싼 만큼 가치가 있나요?
나 : 그럼요. 5가지가 확실히 다릅니다. 첫째,⋯ 다섯 째,⋯. 사모님, 그래서 '키즈 리그'가 아이들을 위한 명품 영어 학습 프로그램인 것입니다.
고객 : 듣고 보니 어느 정도 일리가 있군요.

이번에는 "다른 회사와 거래중이다."란 핑계를 대는 가망고객을 어떻게 설득할 것인지 생각해 보자. 다음의 표는 한 은행의 기업금융 지점장이 신규 고객을 유치하기 위해 우량 중소기업 사장을 만나 설득하는 사례다.

BADV 설득 시나리오 (핑계를 대는 고객 : 2. 다른 회사와 거래 중이다)

- 고객 유형 : 핑계를 대는 고객
- 고객이 대는 핑계 : 다른 은행과 거래 중이다
- 설득 시나리오

● 공감대 형성
1. 끌리는 첫인상 만들기
 1) 가망고객을 만나는 순간, 밝게 웃으며 허리를 45도 정도 숙이며 공손하게 인사한다.
 2) 상대가 악수를 청해 올 경우, 반갑게 웃으며 악수를 한다. 상대가 자리를 권하면 '감사합니다'라고 말하며 앉는다.

2. 상대의 신체언어 따라하기
 1) 상대의 행동을 자연스럽게 따라한다
 2) 상대가 다리를 꼬더라도 따라하지 말 것

3. 웃게 만들기
 1) 유머 레퍼터리를 2~3개 준비, 상황에 따라 발사
 2) 상대방 첫 인상에 대한 가벼운 칭찬(생각보다 10년도 더 젊어 보이십니다. 비결 좀 전수해주시겠습니까? 자켓과 넥타이가 너무 잘 어울리세요. 넥타이는 누가 고르시나요? 사모님께서 안목이 뛰어나시군요.)

4. 상대가 먼저 말하게 만들기 : 질문을 2~3개 준비
 1) 휴가철인 경우 : 휴가는 다녀 오셨나요? 어디로 다녀 오셨나요? 언제 가실 예정이세요? 휴가를 못가실 정도로 일이 바쁘시군요..
 2) 회사의 최근 좋은 일에 대해 질문 : 요즘 수출도 잘되고 주가도 많이 올랐더군요?

5. 대화 중간에 상대 칭찬하기
대화 도중 칭찬할 내용이 나오면, 즉시 끼어들어 칭찬 멘트를 날린다.

6. 관심사에 대해 말하기
 1) 좋은 성과를 낸 이후, 회사의 전략 과제나 고민에 대해 질문
 2) 본인의 성공과 관련된 이야기 시도

7. 상대의 언어 사용하기
대화 도중 상대가 자주 상용하는 언어를 메모한 다음, 사용한다.

중견기업이나 중소기업의 오너를 만날 경우, 가능한 한 말을 많이 하도록 만드는 게 중요하다. 처음엔 바빠서 시간이 없다고 말하겠지만, 한번 말문이 트이면 닫힐 줄 모르는 이들이 대부분이기 때문이다. 그들 대부분은 중견, 중소기업을 경영하면서 겪은 어려움을 하소연하거나 성공에 대해 누군가에게 자랑하고 싶어 하는 욕구를 가지고 있다. 또한 회사 내에서 자신의 마음을 터놓고 얘기할 상대가 없기 때문에 대부분은 외로움을 느낀다.

그래서 은행이나 증권, 보험, 자동차 지점장이 찾아오면, 대화 상대로 반갑게 맞는 경우가 많다. 그렇다고 해서 누구나 환영받는 것은 아니다. 특히 첫 방문에서는 더욱 그렇다. 따라서 첫 방문에서 대화가 잘 이루어지기 위해서는 상대가 말을 많이 하도록 만들어 공감대를 형성하는 것이 무엇보다 중요하다.

BADV 설득 시나리오 (핑계를 대는 고객 : 2. 다른 회사와 거래 중이다)

- 고객 유형 : 핑계를 대는 고객
- 고객이 대는 핑계 : 다른 은행과 거래 중이다
- 설득 시나리오

〈 인정 〉

고객 : 이렇게 바쁜 걸음 해주셨는데 미안합니다. 잘 아시겠지만 저희는 B은행과 30년 넘게 거래를 해오고 있습니다.

나 : 정말 대단하십니다. 무슨 특별한 계기라도 있으신 건가요?

고객 : 물론 입니다. 30년 전, 저희가 어려울 때 B은행만이 대출금을 회수해 가지 않았죠.

나 : 그랬군요. 역시 은행은 비 올때 우산을 뺏어가지 않아야 한다는 걸 다시 한번 절실히 깨달았습니다.

〈 문제점 약화 〉

나 : 사장님, 저희 은행에도 사장님과 같은 기업들이 여러 곳 있습니다.

고객 : 그런가요? 난 B은행에만 있는 줄 알았더니 A은행에도 있군요. 하긴 다른 은행들도 몇 군데 정도는 그런 기업들이 있겠죠.

나 : 네, 맞습니다. 그런데 사장님, 이런 사실도 알고 계세요?

고객 : 어떤?

나 : 그런 기업들 대부분이 한 은행과 모든 금융 거래를 하지는 않는다는 사실 말입니다.

고객 : 뭐, 그런 기업들도 있겠죠.

나 : 사장님, 그 기업들이 왜 일부 금융 거래를 다른 은행들과 한다고 생각하세요?

고객 : 나름대로 저마다의 이유가 있겠죠.

나 : 맞습니다. 이유가 궁금치 않으세요? 기업마다 조금씩 다르겠지만, 가장 중요한 건 리스크 매니지먼트 차원이더군요. 삼성전자나 현대자동차 등도 한 은행하고만 거래하지는 않잖아요.

고객 : 그렇긴 하지만….

〈 가치 제안 〉

나 : 금융 거래를 지금 당장 많이 하는 게 아닙니다. 저희가 강점이 있는 외환 분야만 조금 거래를 트자는 겁니다.

고객 : A은행한테 미안하잖아요. 30년 넘게 거래를 해 왔는데….

나 : 아니, 오히려 A은행 한테도 좋을 겁니다. 잘하는 분야에 대해서만 집중적으로 도움을 드리면 사장님도 좋고 A은행도 좋을 것이기 때문입니다.

고객 : 듣고 보니 어느 정도 일리가 있군요. 특히 지난 번 키코 사태 때 손해를 좀 봤거든요.

고객의 마음을 여는 가장 중요한 방법은 신뢰를 얻는 것이다. 그러나 신뢰는 일단 고객이 된 후에 담당 영업인과의 여러 가지 경험을 통해서 쌓여간다고 할 수 있다. 그 첫 번째가 바로 공감대를 형성하는 것이고, 그 다음이 고객의 말을 인정하는 것이다. 영어 학습 프로그램이나 기업금융 상품처럼 차별화가 어려운 상품의 경우에는 특히 더 중요하다. 물론 실전에서는 목표 고객이 위의 두 사례들보다 훨씬 강하게 거절 의사를 표시할 수도 있다. 따라서 고객이 하는 말을 다양하게 예상해 설득 시나리오를 만드는 것이 필요하다.

그리고 이 방법으로 고객이 대는 핑계의 유형별로 공감대 형성, 인정, 문제점 약화, 가치 제안의 BADV 설득 시나리오를 만들어 반복적으로 훈련할 필요가 있다. 그렇게 하면 기업이나 영업인마다 수십, 수백 개의 고객 유형별 설득 시나리오를 만들 수 있을 것이다. 이것을 모으면 설득 매뉴얼이 된다. 이와 같이 설득 시나리오를 만들어 훈련을 반복하면 기업 차원의 고객 설득 역량을 업그레이드할 수 있다. 설득 스킬이 부족한 영업인들에게는 고객과의 대화 시 자신감을 갖게 할 수 있고, 수많은 세일즈 상황에 따라 적절한 화법을 구사할 수 있는 역량도 구축할 수 있기 때문이다.

그러나 주의할 점도 있다. 앵무새 영업인이나 상담원처럼 단조로운 목소리로 설득 대본을 외워서 말하는 것은 피해야 한다. 따라서 문어체가 아닌 대화체로 시나리오를 만들어 반복적으로 훈련하는 것이 필요하다. 또한 창조성이 떨어질 수 있다는 문제도 생길 수 있다. 모든 세일즈 상황에 맞는 설득 시나리오를 만든다 하더라도 시나리오에 맞지 않는 상황이 항상 새롭게 나타나기 때문이다. 이런 경우를 대비해서 BADV 설득 시나리오를 지속적으로 업데이트하는 노력이 필요하다.

2_ 솔루션 제시형 영업 활동을 대폭 늘려라

B2B나 B2G 영업은 B2C 영업과는 달리 제안서라는 공식 문서를 통해 고객 설득이 이루어진다. 따라서 B2B나 B2G 영업인이 설득 역량을 강화하고, 목표를 달성하기 위해서는 B2C 영업인과는 조금은 다른 접근이 필요하다. 하나는 제안 건수를 늘리는 것이고, 다른 하나는 제안 건수 대비 계약률을 높이는 것이다.

그렇다면 제안 건수를 늘리기 위해서는 어떻게 해야 할까? 여기에는

2가지 어프로치가 필요하다.

첫째, 방문 건수 및 상담 건수를 늘려야 한다. B2C 영업인의 경우, 방문 건수와 상담 건수를 증가시키면 일반적으로 신규 고객의 수도 증가하는 패턴을 보인다. 그러나 B2B나 B2G 영업은 다르다. B2C 영업에 비해 상관관계가 낮은 편이다. 그렇다고 해서 B2B나 B2G 영업인은 방문 건수나 상담 건수를 더 이상 증가시키지 않아도 된다는 말이 아니다. 방문 및 상담 건수가 증가하지 않으면 제안 건수 역시 늘어날 가능성이 낮다.

둘째, 관계 중심형 영업 활동 대신 솔루션 제시형 영업 활동을 강화해야 한다. B2C 영업의 경우에는 실제 제품의 사용자와 구매자, 최종 의사 결정권자, 대금 지불자가 대부분 같다. 그러나 B2B나 B2G 영업은 이와 다르다. 그렇기 때문에 가망고객이나 고객과 보다 친밀한 관계를 맺는 식의 관계 중심형 영업 활동은 상대적으로 효과가 떨어진다. 따라서 B2B나 B2G 영업인은 제안 건수를 높이기 위한 새로운 영업 활동을 해야 한다.

그렇다면 새로운 영업 활동이란 무엇을 말하는 걸까? 구매자와 사용자, 최종 의사 결정권자의 니즈를 파악해 그들이 지향하는 근본적인 문제 해결에 도움을 주는, 즉 솔루션 제시형 영업 활동을 말한다. 그렇다면 어떤 솔루션을 제시하는 영업 활동을 해야 할까? 가망고객이 원하는 솔루션을 명쾌하게 제공해야 한다. 예를 들면 원가 절감, 생산성 향상, 품질 혁신, 기술 혁신, 혁신적 신제품 출시, 매출 증대 및 수익성 제고에 도움을 줄 수 있는 솔루션 등이 그것이다. 이를 통해 당신의 상품을 구입하면 위에서 제시한 과제를 해결할 수 있다는 확신을 갖게 해야 한다.

이렇게 말하면 어떤 영업인들은 '지금도 제안서에 그런 내용은 전부 포함시킨다.'라고 말한다. 이런 마인드를 가진 영업인은 제안 건수를 지금보다 더 증가시키기 어려운 유형이다. 여기서 말하는 솔루션 제공은 제안서를 제출하기 전에 진행하는 것이기 때문이다. 즉, 가망고객이 RFP(제안 요청서 : Request For Proposal)를 발송하기 전에 과제 해결을 위해 도움이 될 다양한 솔루션을 제공해야 하는 것이다.

솔루션 제시형 영업 활동을 강화하면 RFP를 발송하기 이전에 가망고객 측으로부터 RFP에 포함시켜야 할 내용에 대해 문의를 받기도 한다. 국내 IT 솔루션 전문 기업 C사에서 공공부문 영업을 책임졌던 김주연(가칭) 상무가 그 대표적인 사례다. 김 상무의 가망고객은 정부 부처, 자치단체, 공기업 등이다. 김 상무는 이들 가망고객에게 '업무 프로세스의 디지털화 로드맵', 'e-Government 구축 로드맵' 등과 같은 솔루션을 제공했다. 정부 부처나 자치단체, 공기업 등의 IT 관련 담당자들이 아직은 그에 대해 잘 모를 시점에 김 상무는 세미나나 포럼을 개최하기도 하고, 그들을 직접 방문해 설명을 하는 식으로 솔루션을 제공했던 것이다.

이와 같은 솔루션 제시 영업 활동의 결과는 어떻게 나타났을까? 가망고객으로부터 "김 상무님, 이번에 저희가 구축하고자 하는 프로젝트 관련 RFP 초안을 잡아 봤습니다. 혹시 빠진 건 없나 검토 좀 부탁드립니다."와 같은 요청을 많이 받았다고 한다. 제안서를 제출하기 전 단계인

RFP 작성 단계에 이미 도움을 요청받은 것이다. 결과는 어땠을까? 김 상무는 이와 같은 솔루션 제시형 영업 활동을 통해 IT 솔루션 기업 C사로 자리를 옮긴 1년 후인 2006년에 자신이 맡은 공공부문의 수주 실적을 전년도에 비해 60%나 더 성장시킬 수 있었다.

그렇다면 솔루션 제시형 영업 활동은 어떻게, 어떤 방법으로 강화할 수 있을까?

첫 단계에서는 가망고객군, 즉 구매자·사용자·의사 결정권자의 니즈를 정확하게 파악하는 것이 필요하다. 같은 법인이라도 가망고객마다 니즈는 차이가 날 수 있다. 사용자는 높은 품질 수준을, 구매부서는 원가 절감을, 의사 결정권자는 매출 증대와 수익성을 제고할 수 있는 솔루션을 원할 수 있다.

다음 단계에서는 가망고객군을 대상으로 당신이 제시하려는 솔루션을 알게 하는 활동이 필요하다. 세미나나 포럼을 개최하거나 주기적으로 정보를 제공하는 등의 방법을 통해서 말이다. 이렇게 말하면 다음과 같이 말하는 영업인이 있다. "나도 병원 의사들에게 최신 임상실험 결과와 관련된 논문을 보내주고 있거나 학술 세미나도 개최하고 있다. 그런데도 매년 목표 달성에 어려움을 겪고 있다."라고 말이다. 물론 B2B, B2G 영업인들 중에는 위의 사례처럼 관계 중심형 영업보다는 솔루션 제시형 영업 활동을 하는 영업인들도 많다. 그런데도 성과가 별로인 영업인들이 대부분이다. 왜 그럴까? 양적·질적 측면에서 솔루션 제시형 영업 활동이 절대적으로 부족하기 때문이다.

그러므로 흉내만 내는 영업인이 돼서는 안 된다. 제안 건수를 늘리고 성과를 높이기 위해서는 현재의 솔루션 제시형 영업 활동을 대폭 늘려야 한다. 오스템 임플란트를 예로 들어 보자. 이 회사는 인공 치근인 임프란트를 제조해 치과 병원에 판매하는 기업이다. 후발 주자지만, 국내 임플란트 업체 중 시장 점유율 1위 업체다. 그 비결은 무엇일까? 좋은 품질과 강력한 마케팅 활동 등 몇 가지 요인이 있다. 그중 하나가 세미나 마케팅을 통한 가망고객 발굴이다.

1997년 임플란트를 국산화해 창업한 이 회사는 2000년부터 '임플란트 시술 연수 프로그램'을 만들어 치과 의사를 대상으로 세미나를 개최해 왔다. 연평균 1,000여 명 이상의 치과 의사를 연수시켰고, 2010년에는 누적으로 1만 명을 돌파했다. 생각해 보라. 오스템 임플란트의 영업인들은 신규 고객 개척 활동이 비교적 쉬울 수밖에 없었을 것이다. 임플란트 시술 연수 프로그램 덕분에 제안 건수를 비교적 쉽게 늘릴 수 있었기 때문이다.

반면 경쟁사 영업인들은 어땠을까? 오스템 임플란트의 경쟁사들은 치과 의사들을 대상으로 임플란트 시술 연수 세미나를 개최하지 않았을까? 물론 개최했다. 그러나 양적·질적으로 오스템 임플란트를 따라가지 못했다. 우선 개최 횟수가 1년에 2~3번 정도에 그쳤다. 봄, 가을에 풍광이 좋은 리조트에서 치과 의사들을 모아 놓고 유명 치대 교수를 강사로 해서 임플란트 시술법에 대해 특강을 하는 식이었다. 반면 오스템 임플란트는 2001년부터 서울 삼성동에 '임플란트 시술 연수 센터'를 만들어 치과 병원과 똑같은 환경에서 임플란트 시술 연수를 실시했다. 양적·질적인 면에서 경쟁사를 압도하는 솔루션 제시 영업 활동을 전개한 것이다.

그러니 당신도 이제부터 푸념 대신 솔루션 제시형 영업 활동을 대폭 늘려야 한다. 제안 건수와 계약 건수를 늘려 목표를 필달하려면 그 방법이 가장 효과적일 수 있기 때문이다. 이렇게 제안 건수를 대폭 늘렸다면 이젠 계약률을 높일 차례다. 계약률을 높이기 위해서는 2가지 역량을 강화해야 한다. 하나는 프레젠테이션 스킬 역량 강화고, 다른 하나는 협상 역량 강화다. 이제부터 협상 역량을 강화하는 방법에 대해 알아보자.

3_ 세일즈 협상 역량 강화를 위한 10가지 방법

많은 영업인들이 설득과 협상의 의미가 같다고 생각한다. 그러나 앞서 언급했던 것처럼, 설득은 구매를 꺼리거나 구매할 가능성이 매우 낮은 잠재고객에게 어느 정도 구매할 의사를 갖도록 하는 과정을 말한다. 반면 협상은 어느 정도 구매 의사를 갖고 있는 가망고객과 구매 조건 등에 대한 합의를 도출해 가는 과정을 말한다. 결국 세일즈 협상이 마무리돼야 설득의 모든 프로세스가 완료된다고 할 수 있다. 물론 만날 약속을 잡는 것 등과 같이 고객과 밀고 당기는 모든 행위를 협상이라고 정의하기도 한다. 하지만 여기서는 세일즈 협상으로 범위를 좁혀 생각해 보자.

설득과 협상의 또 다른 차이점은 설득은 내 것을 주지 않고도 자신이 원하는 결과를 얻는 반면, 협상은 자신이 가진 것을 주고 다른 것을 얻는 Give&Take라 할 수 있다. 즉, 협상은 구매할 마음이 어느 정도 있는 가망고객과의 사이에서 양측 모두가 만족을 얻기 위한 줄다리기라고 할 수 있다. 경험이 많은 영업인들은 협상할 때 상황에 따라 적절히 대응하면 된다고 생각한다. 그들은 물론 그동안의 경험이나 상황 대처 능력으로 협상에 성공하기도 한다.

또한 우리 주변에선 배짱과 기지로 협상을 멋지게 성공시킨 사례도 얼마든지 찾아볼 수 있다. 그 대표적인 사례가, 조선소 사업 계획서와 조선소를 지을 예정인 울산 미포만 사진 1장과 거북선이 그려진 500원짜리 지폐 한 장으로 선박 수주에 성공한 고 정주영 회장이다. 조선업계에는 또 다른 협상의 달인이 있다. 바로 대우조선해양의 고재호 대표가 그 주인공이다.

2009년에 미국발 경제 위기의 여파로 유럽 경제가 흔들리면서 대우조선해양은 선박 건조를 맡긴 유럽 선주들의 계약 취소 문의가 잇따랐다. 자칫 잘못하면 100억 달러 이상의 계약 취소가 일어나 대우조선해양의 존립 자체가 흔들릴 수 있는 위기였다. 고 대표가 평소 친하게 지내던 선주의 계약을 취소해 주면 다른 선주들까지도 계약을 무효로 해 달라고 떼를 쓸 판이었다.

그러나 고 대표는 한 건의 계약 취소도 받아 주지 않았다. 오히려 협상력을 발휘해 더 좋은 선박대금 조건을 내세우거나 선박 건조일을 늦춰 주는 등의 성과를 올렸다. 물론 세일즈 협상의 달인이 되려면 이와 같은 배짱과 재치만으로는 한계가 있다. 실제 세일즈 협상에서는 터무니없는 조건을 내세우고 나서 벼랑 끝 전술로 일관하는 상대가 의외로 많기 때문이다.

세일즈 협상의 달인이 되는 것도 마찬가지다. 경험이나 배짱, 그때 그때의 재치에 의존하는 방식만으로는 한계가 있다. 영업 경력이 많고 적음을 떠나 철저하게 준비하는 것만이 최상의 방책이다. 그럼에도 불구하고 경력이 많은 영업인일수록 세일즈 협상에 대한 준비가 소홀한 경우가 많다. 다음과 같은 3가지 이유 때문이다. 첫째, 세일즈 협상의 모든 상황에 대해 잘 알고 있다고 자신한다. 둘째, 협상 상대에 대해 많이 알고 있다고 자신한다. 셋째, 실제로는 세일즈 협상을 위해 무엇을, 어떻게 준비해야 하는지 잘 모른다.

그럼 이제부터 어떤 상황, 어떤 상대를 만나더라도 협상을 성공적으로 마무리 지을 수 있는 세일즈 협상 역량 강화를 위한 10가지 방법에 대해 알아보자.

🌏 세일즈 협상 역량 강화 10가지 방법

1. 주도권을 잡아라

2. 상대의 협상 스타일과 데드 라인을 파악하라

3. 듣는 사람이 돼라

4. 공감대를 형성하라

5. 먼저 제안하지 마라

6. 상대의 첫 제안은 일단 '노' 라고 말해라

7. 최초 제안은 크게 하라

8. 구체적인 말이나 근거로 자신의 주장을 뒷받침하라

9. 조금씩 양보하여 큰 양보를 얻어 내라

10. 세일즈 협상 시나리오를 만든 후, 협상에 임하라

교과서적인 의미의 협상이란 상대와 동등한 상태에서 Give&Take하는 것이다. 그러나 세일즈 협상에서는 그렇지 않은 경우가 많다. 고객이 '갑'의 지위를 활용해 무조건 수용하라고 요구하는 식의 일방적인 협상이 여전히 존재한다. "이 단가에서 1원도 양보 못한다.", "다른 조건은 더 이상 없다. 할 건지 말 건지 결정해라."는 식 말이다. 따라서 영업인은 가격 협상뿐 아니라 어떤 세일즈 협상, 어떤 상황에서든 초기부터 주도권을 잡기 위해 노력해야 한다.

그렇다면 협상의 주도권을 잡기 위해 중요한 것은 무엇일까? 위의 10가지 중에서 상대의 협상 스타일과 데드라인을 아는 것, 상대의 첫 제안은 일단 '노'라고 말하는 것, 최초 제안을 크게 하는 것, 세일즈 협상 시나리오를 만든 후에 협상에 임하는 것 등을 들 수 있다. 듣는 사람이 되고 공감대를 형성하는 것은 설득의 달인이 되는 방법에서 설명했으므로 여기서는 생략한다.

그리고 먼저 제안하는 것도 바람직하지 않다. 주도권을 잡기 전에 먼저 제안할 경우, 가격이나 계약 조건을 너무 낮게 제시해 손해를 볼 가능성이 높다. 일단 제안을 하고 나면 아무리 가격을 조정하고 싶어도 첫 번째 제안보다 많이 올리거나 내리지 못하기 때문이다. 하지만 언제나 먼저 제안하지 않는 것이 유리한 것은 아니다. 대기업에 매년 납품단가를 정하는 경우처럼 당신이 먼저 통큰 제안을 해 상대의 기선을 제압해야 할 경우는 먼저 제안하는 것이 유리하다. 당신의 입장을 최대한 알릴 수 있기 때문이다.

또한 세일즈 협상에서 중요한 것 중 하나가 상대의 정보는 최대한 많이 알고 내 정보는 최대한 감추는 것이다. 상대의 첫 번째 제안에는 당신이 미처 파악하지 못한 엄청난 정보가 포함되어 있을 가능성이 높다.

이제부터 세일즈 협상 역량 강화 10가지 방법 중 목표를 달성하기 위한 방법, 즉 협상의 주도권을 잡는 법에 대해 알아보자.

① **협상 스타일과 데드라인을 파악하라** : 주도권을 잡기 위해 가장 중요한 것이 상대의 협상 스타일과 데드라인을 아는 것이다. 가망고객마다 자신만의 협상 스타일이 있다. 제안한 가격에서 무조건 20~30%를 깎으려는 '후려치기 형'이 있는가 하면, 자신이 제시한 가격에서 1원도 더 줄 수 없다는 '배수진 형'도 있다. 무조건 "이 단가에 맞출 수 있느냐?"고 제안하는 '윽박지르기 형'도 있고, 실무진이 의사 결정의 전권을 위임받지 못한 '리모콘 형'도 있다. 또는 이미 합의한 내용에 대해 최종 의사 결정권자 핑계를 대면서 추가 조건을 요구하는 '하나 더 형'도 있다.

이 5가지 협상 스타일 외에도 다양한 협상 스타일이 있다. 그러므로 세일즈 협상 파트너나 기업별 협상 스타일을 파악하여 철저하게 준비하는 사람만이 원하는 결과를 얻을 수 있다. 가망고객의 데드라인을 파악하는 것도 협상을 성공으로 이끌기 위해 매우 중요하다. 마감 시간이 촉박하면 자신들에게 유리하지 못한 제안이라도 받아들일 확률이 높기 때문이다.

② **상대의 첫 제안은 일단 '노'라고 말해라** : 설득의 상황에서는 상대가

어떤 말을 해도 일단 '예스'라고 인정해야 한다고 말했다. 그러나 협상의 상황에서는 일단 '노'라고 말하는 것이 좋다. 어느 정도는 구매 의사가 있기 때문에 첫 번째 제안에 일단 '노'라고 말해야 상대로부터 더 많은 것을 얻어낼 수 있기 때문이다.

그렇다면 상대가 첫 번째로 제안한 조건이 의외로 만족스러울 경우에는 어떻게 해야 할까? 그렇다 하더라도 일단 '노'라고 하는 것이 좋다. 너무 손쉽게 상대의 제안을 받아들이면, 손해를 봤다고 생각해 후회할 가능성이 크기 때문이다. 이런 상황이 되면 '내가 너무 좋은 조건을 제시했구나!'라는 생각을 가지게 되어 어떤 핑계를 대서라도 자신이 제안한 조건을 철회하거나 다음번 협상에 좋지 않은 영향을 미치게 된다.

③ **최초 제안은 크게 하라** : 협상의 주도권을 잡기 위해서는 최초의 요구는 크게 하는 것이 좋다. 가격을 높게 부르면 고객은 터무니없이 비싼 가격이라고 생각하지만, 심리적으로는 그 가격을 의식하게 된다. 그렇기 때문에 영업인이 최초 제안한 가격을 터무니없다고 생각하면서도 많이 깎지 못하는 상황이 연출된다. 그 대신 왜 그런 가격이나 조건을 제안했는지를 협상 파트너가 충분히 납득할 수 있도록 설명해야한다. 협상 카드로 제시한 조건이 아니라 그럴 만한 충분한 가치가 있다는 사실을 제시해야 하는 것이다.

그렇다면 모든 협상에서 최초의 제안은 무조건 크게 해야 하는 것일까? 그렇지는 않다. 특히 법인에 소속된 협상 파트너들은 대부분 집행

할 예산 범위 내에서 협상이 마무리되길 원한다. 따라서 예산 범위를 너무 많이 초과하는 제안은 오히려 역효과가 날 수 있다. 테이블에 앉기도 전에 '예산과 너무 격차가 크기 때문에'라는 생각에 협상을 포기할 수도 있는 것이다. 이런 경우에는 협상 상대 및 주변 사람을 활용해 예산 범위가 얼마인지를 사전에 파악해 적정하게 제안하는 것이 좋다.

④ **구체적인 말이나 근거로 주장을 뒷받침하라** : 상품에 대해 너무 간단하게 설명해서는 안 된다. 상품의 특성과 장점, 고객이 얻게 될 편익에 대해 증거를 들어 설득하는 것이 좋다. 구체적인 데이터와 사례, 경험 등을 예로 들면서 설명해야 함은 물론이다. 통계를 인용할 때에는 미국의 컨슈머 리포트나 통계청 등과 같이 공신력 있는 기관의 자료를 인용하는 것이 좋다. 사례도 베스트 프렉티스라고 할 만한 예를 드는 것이 좋다.

그리고 때로는 이해하기 쉽게 설명하는 것도 필요하다. 스티브 잡스가 "당신 주머니 속에 노래 1,000곡을 넣고 다닐 수 있습니다."라고 설명한 것이나 "지금까지 누적 판매량이 자그마치 3억 5천만 대입니다. 이것을 일렬로 세워 놓으면 지구 둘레를 열 바퀴 반이나 돈 것과 같습니다."라는 식으로 말이다.

⑤ **세일즈 협상 시나리오를 만든 후, 협상에 임하라** : 협상의 달인이 되기 위해서는 다년간의 세일즈 경험이나 단기간의 교육, 협상 관련 책을 읽는 것만으로는 한계가 있다. 가망고객을 설득하기 위해 유형별

BADV 설득 시나리오를 만들어 반복 훈련했듯이, 협상도 상황별로 시나리오를 준비한 다음, 협상 테이블에 앉는 것이 효과적이다.

그렇다면 세일즈 협상에는 어떤 것들이 있을까? 상담이나 제안, 프레젠테이션 일정과 장소 결정 등과 같은 일반적인 세일즈 관련 업무들에서도 협상이 이루어진다. 그러나 가격, 품질, 납기, 지급 결제, 배송, AS 등 거래 조건과 관련된 것이 협상의 주를 이룬다.

이제부터 많은 영업인들이 가장 많이 만나는 가격 협상의 시나리오를 만들어 보자. 가격 협상 시나리오를 만들기 위해서는 상대의 협상스타일, 예상되는 최초의 제안, 데드라인, 공감대를 형성하기 위한 정보 등을 파악해야 한다. 그 다음 단계에서는 협상 전략을 수립해야 한다. 다음의 표처럼 말이다.

상황별 세일즈 협상 시나리오

- **협상의 상황** : 가격 협상
- **협상 상대(인적사항)** :
- **협상 스타일** : QQQ형 (앞서 언급한 5가지 협상 스타일, 또는 다른 유형이 있으면 그 유형을 기재)
- **예상되는 상대의 최초 제안 가격 및 부대 조건** : 예를 들면 작년 납품단가보다 5%낮춰라. 이 단가에 맞출 수 있나, 이 가격에서 단 돈 1원도 안 된다, 출고가를 15%나 올리면 어떻게 하란 말이냐, (가격을 깎으면서) 이 가격에 달라
- **예상 데드 라인** :
- **협상의 주도권을 잡기 위해 준비할 것들**

1. 유리한 요인들(제품, 브랜드, 가격, 서비스, 관계) :
2. 불리한 요인들 :
3. 고객이 원하는 정보 :
4. 질문할 것들(정보를 얻기 위해) :
5. 예상되는 질문 :
6. 예상 질문에 대응 시나리오

● 협상 전략

1. 제안할 가격

  1) 최초 제안 가격 :

  2) 최초 제안 가격 설득 시나리오 :

  3) 2차, 3차 제안 가격 : 2차(   ), 3차(   )

  4) 2차, 3차 제안 가격 설득 시나리오 :

2. 더 이상 양보할 수 없는 최종 가격 :

3. 더 이상 양보할 수 없는 최종 가격 이하를 상대가 계속 고집할 경우의 대응 :

  1) 납기 · 결제 · 배송 등 다른 옵션을 제안하면서 협상 타결을 유도할 것인가

  2) 좀 더 검토해보겠다며 시간을 달라고 요청할 것인가

  3) 도저히 수용하기 힘든 가격이라며 협상 결렬을 선언할 것인가(협상이 결렬됐을 시의 마무리 방법)

  4) 상대가 제안한 가격 조건을 수용할 것인가

4. 상대의 예상 제안 가격

  1) 예상 제안 가격 :

  2) 최초 제안할 가격보다 높은 가격으로 상대가 제안해 올 경우 : 그래도 일단 '노' 라고 말한다

  3) 수용하겠다는 의사 표현의 가격 범위 :

  4) 상대가 받아들이면 협상 마무리

5. 기타

6장

충성고객 만들기
활동 목표 설정 및 달성 방안

충성고객 만들기
활동 목표 설정 방법

가망고객 발굴과 접근 활동을 위한 7가지는 주로 신규 고객 개척과 관련된 영업 활동 지표라고 할 수 있다. 그리고 설득과 협상 역량 강화를 위한 3가지는 신규 고객 개척 및 기존 고객 유지, 모두에 해당되는 영업 활동 지표라고 할 수 있다. 그러나 지금부터 소개할 고객 유지/재구매율 제고, 지갑 점유율 제고, 고객 추천율 제고는 기존 고객을 유지하면서 한 단계 더 성장시키는 것과 관련한 영업 활동 지표라고 할 수 있다.

그렇다면 이 장에서 살펴보게 될 충성고객 만들기 활동 목표 설정은 어떻게 해야 하는 것일까? 자세히 알아보기 전에 먼저 다음의 표를 참고하기 바란다.

KSF (Key Success Factor)	영업 활동		
	지표	현상(201X년 실적)	목표(201Y년)
충성고객 만들기 역량	1. 유지/재구매율(의향) 2. 지갑 점유율(의향) 3. 고객 추천율(의향)	( )%/201X년 ( )%/201X년 ( )%/201X년	( )%/201Y년 ( )%/201Y년 ( )%/201Y년

1_ 고객 유지/재구매율 제고 활동 목표 설정 방법

고객 유지/재구매율 제고 목표는 영업인별 또는 영업 조직 단위별로 쉽게 파악이 가능하다. 영업인이 파는 상품이 주기적으로 재구매가 이루어지는 상품일 경우에는 재구매율을, 한번 고객이 되면 다른 상품으로 이탈하지 않고 지속적으로 이용하는 상품일 경우에는 고객 유지율을 기준으로 제고 목표를 설정하면 된다.

자동차 보험 영업인을 예로 들어 보자. 자동차 보험 상품은 1년 단위로 계약을 갱신한다. 따라서 현재 자신의 고객 유지율을 산출한 후에 목표를 설정하면 된다. A라는 자동차 보험 영업인의 201X년의 고객 유지율이 70%라면 현상란에 '(70)%/201X년'라는 식으로 기재하고, 목표란에는 '(85)%/201Y년'라는 식으로 고객 유지율 목표를 설정하면 된다.

이번에는 자동차 영업인을 예로 들어 보자. B라는 자동차 영업인으로부터 자동차를 구입한 고객이 300명이라고 할 때, 전년도에 이 영업인에게 자동차를 다시 재구매한 고객이 120명이라면 재구매율은 40%이다. 따라서 B라는 자동차 영업인은 재구매율 지표 현상란에 '(40)%/201X년'라는 식으로 기재하고, 목표란에는 '(60)%/201Y년'라는 식으로 재구매율 목표를 설정하면 된다.

그런데 여기서 기술적인 문제가 발생한다. 신차 구입은 재구매 사이클이 길 뿐 아니라 고객마다 다르다는 것이다. 어떤 고객은 3년, 어떤 고객은 10년 만에 신차를 구입한다. 재구매율을 파악하기가 쉽지 않은 것이다. 자동차 보험처럼 계약 갱신이나 재구매하는 주기가 1년 이내로 짧은 상품을 파는 경우에는 별 문제가 없다. 유선 전화나 초고속 인터넷처럼 계약 만료 기한이 명시돼 있지 않아 한번 계약(또는 가입)하고 나서 1년이든 10년이든 재계약을 하지 않아도 지속적으로 이용할 수 있는 상품을 파는 영업인도 그다지 문제가 되지 않는다.

문제는 냉장고나 TV, 침대처럼 재구매 주기가 긴 내구재 상품을 파는 영업인들의 경우다. 이들에게는 재구매율 제고 목표란 게 별로 도움이 되지 않을 수도 있다. 목표 관리가 대부분 기업의 회계 연도인 1년을 기준으로 이루어지기 때문이다.

예를 들어 C라는 가전제품 방문 판매 사원이 영업 첫 해에 100명의 고객에게 TV, 세탁기, 냉장고 등을 판매했다고 가정하자. 이 영업인의 다음 연도의 재구매율은 제로가 될 가능성이 높다. 물론 추가 구매를 통해 에어컨을 한 대 더 사는 경우도 있겠지만, 아주 특별한 경우가 아니고선 에어컨을 산 고객이 1년 후에 다시 에어컨을 살 확률은 매우 낮다. 오히려 냉장고나 세탁기를 살 확률보다 더 떨어질 가능성도 있다.

그러므로 내구연한이 긴, 즉 재구매 주기가 1년 이상으로 긴 상품을 판매하는 영업인의 경우에는 고객 유지율/재구매율보다는 유지 의향/재구매 의향을 영업 활동의 성과 지표로 활용하는 것이 좋다. 다음과 같이 고객에게 설문 조사 방식으로 직접 의향을 묻는 방법으로 말이다.

가령 "다음번에 침대를 구입하실 경우에 저희 회사의 침대를 저(또는 저희 매장)에게서 재구매하시겠습니까?"와 같이 물어 5점이나 10점 척도로 응답할 수 있도록 설문을 설계하면 된다. 5점 척도의 경우에는 '매우 그렇다(   )', '그렇다(   )', '보통이다(   )', '그렇지 않다(   )', '전혀 그렇지 않다(   )'의 보기를 주고 해당되는 부분에 표시를 하거나 선택하게 한다.

재구매 의향은 '매우 그렇다'에 응답한 고객을 전체 응답자 수로 나눈 수치를 반영하면 된다. '그렇다' 이하에 응답한 고객은 재구매 가능성이 상대적으로 낮으므로 반영하지 않는다. 총 100명의 고객이 응답을 했고, '매우 그렇다'에 응답한 고객이 20명이라면 재구매 의향은 20%가 된다. 이와 같은 방식으로 재구매 의향 지표 현상란에는 '(20)%/201X년', 목표란에는 '(40)%/201Y년'라는 식으로 재구매 의향 목표를 설정하면 된다.

유지/재구매 의향을 측정할 때에도 기술적으로 유의할 사항이 2가지가 있다. 하나는, 유지/재구매 의향은 영업인에 비해 품질이나 성능 등 상품의 본원적 가치나 브랜드 파워 등에 영향을 받는 경우가 많다는 것이다. 이런 경우에는 "상품이나 가격 등의 거래 조건이 동일하거나 약간 불리하더라도 귀하는 현재 거래하고 있는 영업인으로부터 재구매할 의향이 있으십니까?"와 같은 설문 문항을 구성하는 것이 좋다.

다른 하나는, 영업인 단독으로 자신의 고객에게 유지/재구매 의향을 측정할 경우, 고객이 자신의 속마음을 있는 그대로 응답하지 않을 가능성이 높다는 것이다. 특히 영업인이 바로 앞에서 체크를 해달라고 할 경우에는 대부분이 '매우 그렇다'를 선택할 가능성이 크다. 따라서 팀이나 지점, 본부 단위에서 영업인별 유지/재구매 의향을 측정하는 것이 좋다. 고객의 속내를 비교적 객관적으로 파악할 수 있기 때문이다.

측정 주기도 고려해야 할 핵심 포인트다. 매월 측정하는 방식으로 진행하면 고객에게 불편을 줄 수 있다. 그렇다고 해서 1년에 한 번 하는 것은 너무 길다. 상품의 특성이나 고객의 수를 고려해서 분기 또는 반기에 1회 정도가 적당하다.

2_ 지갑 점유율/고객 추천율 제고 활동 목표 설정 방법

지갑 점유율의 의미는 두 가지다. 그 첫 번째 의미는 해당 상품 카테고리 내에서의 구매 비중을 뜻한다. 은행원을 예로 들어 보자. '가'라는 은행의 영업점을 이용하는 고객이 A라는 PB를 통해 10억 원을 예치했다고 가정하자. 이것은 은행 상품 분류 기준으로 치면 '수신'에 해당된다. 10억 원을 예치하면 은행 영업점에서 VIP 대우를 받을 수 있다. 그렇다면 이 고객을 '가'라는 은행의 충성고객이라고 할 수 있을까? 그럴 수도 있고 아닐 수도 있다.

이 고객이 자신의 보유 현금 자산 10억 원 전부를 '가'라는 은행에 예치했을 경우에는 충성고객이라고 할 수 있다. 수신 상품의 지갑 점유율이 100%이기 때문이다. 하지만 자신의 현금 자산 100억 원 중 90억 원은 '나'라는 은행에 예치하고, 10억 원만 '가'라는 은행에 예치했을 경우에는 다르다. '나'라는 은행의 지갑 점유율이 90%이므로 이 고객은

'나'라는 은행의 충성고객인 것이다.

이번에는 자동차 영업인을 예로 들어 보자. D라는 영업인으로부터 신차를 5번 구입한 고객이 있다고 가정하자. 이 고객이 신차를 구입할 때마다 D라는 영업인을 통해서만 구입했다면 지갑 점유율은 100%다. 만약 그중 한 번을 다른 영업인에게 구입했다면 지갑 점유율은 80%, 두 번을 구입했다면 60%가 된다.

지갑 점유율의 두 번째 의미는 특정 영업인이 팔 수 있는 상품 중 몇 개의 상품을 구입(또는 렌탈)했는지의 비중을 뜻한다. 이번에는 정수기 회사의 영업인을 예로 들어 보자. '다'라는 정수기 회사는 정수기 외에도 비데기, 공기 청정기, 연수기 등 4가지 상품을 판매(또는 렌탈)하고 있다. 만약 어떤 고객이 '다'라는 정수기 회사의 E라는 영업인으로부터 정수기만 구입(또는 렌탈)했다면, 이 고객의 지갑 점유율은 25%가 된다. 그러나 정수기를 포함해 비데기와 공기 청정기까지 구입(또는 렌탈)했다면 지갑 점유율은 75%가 된다. 이처럼 지갑 점유율의 두 번째 의미는 한 회사에서 파는 상품 중에 몇 개를 구입했느냐는 비율을 뜻한다.

이상의 두 가지 개념이 바로 지갑 점유율을 의미하는 것이다. 당신이 목표를 달성하기 위해서는 재구매율을 높이고 고객을 이탈하지 않도록 하는 것이 무엇보다 중요하다. 그리고 지갑 점유율을 높이는 것도 매우 중요하다. 첫 번째 의미에서 지갑 점유율을 높인다는 것은 추가 판매를, 두 번째 의미에서 지갑 점유율을 높인다는 것은 교차 판매를 활성화하는 것을 의미한다.

이제 지갑 점유율 제고 목표를 설정하는 방법에 대해 알아보자. '가'

라는 은행에서 A라는 PB의 수신 상품을 예로 들어 보자. 지갑 점유율 현상란에 '(30)%/201X년'라는 식으로 기재하고, 목표란에 '(60)%/201X년'라는 식으로 지갑 점유율 목표를 설정하면 된다.

고객 추천율 제고 목표 설정 역시 지갑 점유율 제고 목표를 설정하는 것과 같은 방법으로 하면 된다. 고객 추천율 현상란에 '(10%)/201X년'으로 당신 또는 당신 팀이나 지점의 고객 추천율을 기재하고, 목표란에는 '(20%)/201Y년'이라는 식으로 고객 추천율 목표를 설정하면 된다.

문제는 영업인별 또는 영업 조직 단위별 지갑 점유율과 고객 추천율을 파악하는 것이 쉽지 않다는 것이다. 이런 경우에는 유지/재구매 의향 측정과 같은 방법으로, 추가 구매나 교차 구매 의향을 측정해 지갑 점유율 제고 의향을 산출한 후에 목표를 설정하면 된다. 고객 추천 의향도 마찬가지 방법으로 현상을 산출하고, 목표를 설정하면 된다.

충성고객 만들기
활동 목표 달성 방안

1_ 왜 충성고객을 만들어야 하는가?

목표 달성을 위한 첫 번째~세 번째 KSF인 가망고객 발굴과 접근, 설득 및 협상 역량 강화 활동은 주로 신규 고객 개척에 관한 KSF이다. 반면 네 번째 KSF인 충성고객 만들기 활동은 기존 고객 유지에 관한 KSF이다. 많은 영업인들이 목표 달성을 위한 방안으로 충성고객을 만들어야 한다는 데는 일단 동의를 한다. 신규 고객을 유치하는 것보다 기존 고객을 유지하는 것이 훨씬 더 효과적이라는 연구 결과들을 인용하면서 말이다.

실제로 제록스와 캐논의 경우, 충성도가 높고 매우 만족한 고객들은 충성도가 높지 않고 만족한 고객들보다 재구매율이 6배 이상이었다. 그리고 미국의 통신회사인 AT&T의 경우에도 충성도가 높고 매우 만족한 고객들의 고객 유지율이 50% 이상 높았으며, 지갑 점유율과 고객 추천율도 비슷한 패턴을 보였다. 이것이 바로 당신이 목표를 필달하기 위해 충성고객을 더 많이 만들어야 하는 핵심적인 이유라 할 수 있다.

그러나 목표를 필달하기 위한 영업 활동은 실제로는 다른 양상으로 나타나는 경우가 많다. 영업인들이 목표 필달에 필요한 재구매율(유지율), 지갑 점유율, 고객 추천율을 높이기 위한 노력은 하지 않은 채 고객과 친밀한 관계를 구축하는 것만으로도 모든 문제가 해결되리라고 생각하기 때문이다. 영업인들 대부분이 이런 생각을 갖고 있기 때문에 신규 개척 활동에 역량을 집중하는 것이다. 그러나 이와 같은 접근 방법은 비효율적인 결과를 낳을 수 있다.

한 마케팅 연구 결과에 따르면, 신규 고객 1명을 유치하기 위해 투입하는 비용과 노력을 100이라 했을 때, 기존 고객 1명을 이탈시키지 않기 위해서는 20이라는 비용과 노력을 투입하면 된다고 한다. 물론 이 결과가 모든 상품, 모든 시장 상황에 적용되는 것은 아니다.

매년 20~30% 이상씩 고성장하는 시장에서는 신규 고객 유치가 오히려 더 유리하고, 특정 시기에 기존 고객을 위한 대대적인 프로모션을 걸 경우에는 기존 고객 유지 비용이 오히려 신규 고객 유치 비용보다 높아질 수 있다. 그러나 평균적인 시장 상황에서는 충성고객을 많이 확보하는 것이 신규 고객을 많이 유치하는 것보다 유리하다.

자동차 보험 영업인을 예로 들어 보자. 자동차 보험은 1년 단위로 계약을 갱신해야 하는 상품이다. 국내 자동차 보험사의 평균 재계약률은 70%다. A라는 영업인에게 2013년 한 해 동안 자동차 보험을 가입한 고객이 300명이라고 가정하자. A라는 영업인의 2013년 재계약률을 70%로 가정하면 그의 충성고객은 210명이고, 신규 고객은 90명이라 할 수 있다. 210명의 고객이 이탈하지 않고 A영업인에게 자동차 보험을 재계약했기 때문이다.

그리고 A라는 영업인의 2014년 자동차 보험 가입자 목표는 전년대비 10% 증가한 330명이라고 가정해 보자. A영업인의 2014년 기존 고객 재계약률 역시 70%라 가정할 때, 그가 2014년 목표를 필달하려면 신규 고객을 120명 이상 유치해야 한다. 그러면 A라는 영업인은 전략적 선택을 해야 한다. '목표를 필달하려면 충성고객을 더 많이 만들 것인가 아니면 신규 고객을 더 많이 유치할 것인가?'라고 말이다. 당신이라면 어떤 선택을 하겠는가?

판매하는 상품과 시장 상황, 경쟁 상황 등에 따라 그 선택은 달라지겠지만, A영업인의 경우에는 충성고객을 더 많이 만드는 것에 우선순위를 두는 것이 좋다. 예를 들면 2014년의 재계약률 목표를 80%로 정하고, 300명의 고객 중 240명 이상으로부터 재계약을 받아내기 위해 노력하는 것이 좋다. 신규 고객 개척이 기존 고객을 유지하는 것에 비해 5배 이상의 노력이 더 필요하기 때문이다.

2_ 재구매율, 지갑 점유율, 고객 추천율을 높이는 2가지 접근 방법

목표를 필달하는 영업인이 되기 위해서는 재구매(유지)율, 지갑 점유율, 고객 추천율을 높여야 한다. 어떻게 해야 이 지표들을 높일 수 있을까? 고객을 충성고객으로 만들면 된다. 충성고객을 만들기 위해서는 어떻게 해야 할까? 지금까지 상식선에서 해왔던 고객과의 관계 강화 활동만이 전부는 아니다. 다음의 2가지 방법이 있다.

🦃 재구매(유지)율, 지갑 점유율, 고객 추천율을 높이는 2가지 접근 방법

1. 어떤 조건에라도 충성하게 만들어라

2. 열렬한 팬, 알파고객을 만들어라

첫 번째, 어떤 조건에라도 충성하게 만들어라. 이것은 고객에게 편익이나 혜택과 같이 어떤 조건을 제공해서 충성하도록 만드는 것을 말한다. 가장 싼 가격이나 유리한 거래 조건, 이용의 편리성, 포인트나 마일리지 프로그램과 같은 혜택을 부여하는 방법이 대표적이다.

두 번째, 열렬한 팬, 알파고객을 만들어라. 이는 이른바 애플빠나 할리데이비슨의 고객들처럼 열렬한 지지를 보내는 팬과 같은 고객, 즉 헌신적으로 충성하는 알파고객을 만드는 것을 말한다. 알파고객 중에는 재구매율이나 지갑 점유율이 100%가 되는 경우도 많다. 물론 가격이나 입지처럼 어떤 조건에라도 충성하게 만드는 방법은 영업인에게는 역량 밖의 문제로 마케팅, 영업본부, 지점 단위에서 활용 가능한 방법이다.

그럼에도 불구하고 어떤 조건에라도 충성하는 고객을 만들어야 하는 이유는 무엇일까? 모든 고객이 헌신적으로 충성하는 알파고객은 아니기 때문이다. 앞서 언급했던 할리데이비슨이나 애플과 같은 기업을 제외하면 평균적으로 5~10% 정도의 고객만이 헌신적으로 충성하는 알파고객이다.

기업들만 그런 게 아니다. 영업인의 경우도 비슷하다. 당신을 이탈하지 않고 반복적으로 상품을 재구매하고, 교차 구매와 추가 구매에 적극적으로 반응하는 충성고객일지라도 약 90% 정도는 상품력이나 가격과 같이 자신에게 유리한 조건 때문에 충성하는 고객일 확률이 높다.

여기서 중요한 이슈가 있다. 알파고객은 왜, 어떤 경로를 통해 특정 브랜드나 영업인·서비스 담당과 같은 특정인에게 헌신적으로 충성하느냐는 것이다. 알파고객으로의 진화 경로는 크게 2가지를 들 수 있다.

하나는, 가격이나 포인트 마일리지, 수수료 할인과 같은 우대 프로그램 등의 조건에 충성하다가 점점 알파고객으로 진화하는 경로다. 장기 고객이라서 가격 할인을 제공받는다든지, 수수료 면제나 할인 등과 같은 우대 서비스를 제공받는 고객은 자신이 그 회사로부터 우대받고 있다는 생각을 한다. 마일리지나 포인트를 적립해 보상을 받는 고객들도 비슷한 생각을 갖는다. 대우받고 있다는 생각에 자긍심을 느낀 고객은 점차 자신이 사용하는 브랜드나 그 브랜드를 제조하거나 판매하는 기업에 헌신적으로 충성하는 알파고객으로 진화해 가는 것이다. 어떤 조건에라도 일단 충성하도록 만드는 것이 필요한 이유가 바로 여기에 있다.

다른 하나는 결정적 순간에 감동을 받거나 신뢰가 형성되면 열렬한 팬, 즉 헌신적인 알파고객으로 진화하는 경로다. 2가지 진화 경로 모두 알파고객을 만드는 데에 유용한 방법이다. 특히 후자의 경로는 영업인이 반드시 실천해야 할 영업 활동 과제다.

그렇다면 조건에 충성하는 고객 만들기를 통해 영업인이 실천해야 할 활동 과제는 없는 것일까? 아니다. 맞춤 마케팅을 실천하면 된다. 고객별로 맞춤 상품과 맞춤 서비스를 제공하면 재구매(유지)율, 지갑 점유율, 고객 추천율을 높일 수 있다. 그리고 가격이나 거래 조건은 물론 할인 쿠폰, 리베이트, 인센티브 제도 역시 철저하게 맞춤 콘셉트로 제공하면 충성도를 높일 수 있다. 고객이 특별하게 대우받고 있다는 생각을 갖기 때문이다.

그러나 더 중요한 것은, 재구매(유지)율, 교차 구매율, 지갑 점유율을 높이겠다는 강력한 의지와 제도적 뒷받침이다. 다음에 소개할 A은행과 B은행의 신용카드 해지 요청 고객에 대한 대응 사례를 읽고 나면 이해가 갈 것이다.

필자의 사무실에 있는 분이 별로 쓰지 않는 신용카드를 해지하기 위해 A은행에 들렀다.

"고객님, 무엇을 도와드릴까요?"

"신용카드를 해지하러 왔습니다."

"네, 이리 주십시오."

이렇게 대답하고 나서 A은행의 신용카드 업무 담당자는 두말없이 신용카드 해지 업무를 처리했다. 왜 신용카드를 해지하려는지, 좀 더 사용하라든지와 같은 단 한마디의 말도 없었다.

필자의 지인은 사무실에 돌아와서 이렇게 말했다.

"아무리 그래도 그렇지. 고객이 해지하겠다면 무슨 불편한 점이라도 있었느냐며 일단 만류는 해봐야지, 무슨 은행이 그래? 그런 모습을 보니 파업하면서 외국 자본이 어쩌구저쩌구 하는 소리가 전혀 공감이 되지 않더라고."

반면 B은행은 달랐다. B은행에 신용카드를 해지하러 가니 다음과 같이 응대했다.

"고객님, 무엇을 도와드릴까요?"

"신용카드를 해지하러 왔습니다.."

"네, 어떤 카드인지 보여주시겠어요? 혹시 무슨 불편한 점이라도 있으셨나요?"

"불편한 것보단 잘 안 쓰는 카드라서 연회비만 내고 있어서요."

"네, 그러시군요. 그럼 이렇게 하면 어떨까요? 연회비는 앞으로 2년간 면제해 드리겠습니다. 그리고 해지하지 않으시면 좋은 금리로 마이너스 통장을 만들어 드리겠습니다."

"마이너스 통장은 필요 없는데요."

"필요 없으면 안 쓰시면 되죠. 하지만 살다 보면 언제 긴급 자금이 필요할지 모르잖아요. 개설해 놓으시면 대출이나 현금 서비스 받는 것보다 훨씬 유리할 겁니다."

"듣고 보니 일리가 있네요."

B은행의 신용카드 담당자는 해지를 원하는 고객과 이런 식으로 대화를 나누었다. 그렇다면 결과는 어땠을까? B은행은 해지를 희망한 고객 10명 중 많게는 6~8명, 적게는 3~4명까지 해지하지 않았다. 반면 A은행은 십중팔구가 해지했다. 물론 A은행의 신용카드 담당자들 모두가 사례에 나오는 것처럼 행동하지는 않았을 것이다. 하지만 B은행의 신용카드 업무 담당자들의 해지 방어율은 실제로 A은행 담당자들보다

훨씬 높다.

그 이유는 2가지다. 첫 번째는 해지를 원하는 신용카드 고객을 유지시키겠다는 신용카드 담당자들의 의지 때문이다. 신용카드 해지율을 낮추겠다는 강력한 의지가 A은행 담당자들은 B은행 담당자들보다 낮다. 두 번째는 B은행의 신용카드 해지 방어를 위한 제도적 장치가 우수하다는 것이다.

사례에서 볼 수 있듯이 B은행은 신용카드 해지를 원하는 고객에게 단계별 응대 프로세스가 마련되어 있다. 1단계는 성심성의껏 해지를 만류하고, 2단계는 연회비 면제와 마이너스 통장·대출 시 우대 금리 제공과 같은 혜택을 제시한다. 해지율 목표를 설정해 관리하는 목표 관리 시스템을 갖추고 있는 것이다. A은행에 비해 B은행의 신용카드 해지 방어율이 당연히 높을 수밖에 없다.

이처럼 가격이든 거래 조건이든 할인 쿠폰이든 인센티브든, 고객에게 어떤 조건을 제시하면 재구매(유지)율, 지갑 점유율을 높일 수 있다. 앞서 가망고객 발굴 방법에서 언급했던 '가망고객을 소개받는 4가지 방법'도 조건을 제시해 고객을 추천해 주도록 유도하는 방법이라고 할 수 있다. 목표를 달성하기 위해서는 어떤 조건에라도 충성하는 고객을 많이 만들어야 한다. 그래야 재구매(유지)율, 지갑 점유율, 고객 추천율도 높일 수 있기 때문이다.

3_ 당신에게 헌신적으로 충성하는 알파고객은 몇 명인가?

이런 질문을 받으면 대부분의 영업인들은 머뭇거린다. 자신에게 헌신적으로 충성하는 고객이 있긴 하지만, 그렇게 많지는 않기 때문이다. 그러면서 상품과 브랜드와 고객 서비스를 떠올린다. '우리 회사는 상품 경쟁력이 떨어지고 브랜드 파워도 낮고 고객 서비스 수준도 별로여서 알파고객이 많지 않아.'라는 생각을 한다. 하지만 이는 잘못된 생각이다.

업종이나 기업마다 차이가 있겠지만, 상품과 브랜드와 서비스가 고객 충성도에 영향을 미치는 비중은 38%에 불과하다. 반면 영업인과의 관계를 통한 신뢰는 53%, 가격은 9% 정도 영향을 미친다. 그런데 대부분의 영업인들은 상품과 브랜드와 서비스가 고객 충성도에 미치는 영향이 약 70~80%는 될 것이라고 생각한다. 헌신적으로 충성하는 알파고객이 많고 적음은 사실 영업인의 역량에 달려 있다 해도 결코 과언이 아니다. 특히 금융이나 서비스 상품처럼 차별화가 어려운 경우에는 그 영향이 절대적이다.

위의 5가지 속성 외에 입지와 관련된 이용의 편의성, 포인트·마일리지·캐시백과 같은 로열티 프로그램도 고객 충성도에 영향을 미친다. 정리를 해보면, 고객이 충성하는 이유에는 '목표를 필달하는 영업인의 7가지 필살기 : 열렬한 팬, 알파고객이 많다'에서 소개했듯이, 상품의 본원적 속성, 가격이 싸기 때문 등과 같은 8가지가 있다. 고객 대부분은 더 좋은 품질·성능·디자인의 상품이 출시되거나 더 낮은 가격, 더 유리한 로열티 프로그램, 이용하기 더 편리한 매장이 출점하면 언제든 미련 없이 떠난다.

그러나 모든 고객이 그런 것은 아니다. 8번째인 '특정 브랜드나 기업,

또는 특정인이 너무 마음에 들기 때문'이란 속성에 충성하는 고객들은 쉽게 이탈하지 않는다. 그들은 영업인이나 서비스 담당과 같은 특정인과의 관계를 통해 신뢰로 연결되어 있기 때문이다. 한번 형성된 신뢰 관계가 대를 잇기도 한다. 실제로 은행, 증권, 보험 등 금융업계에서는 아버지부터 자식에 이르기까지 대를 이어 충성하는 헌신적인 고객들이 제법 많은 편이다.

현존하는 기업들 중에서 가장 충성스런 고객들을 확보하고 있다고 평가받는 기업으로 많은 이들이 애플을 꼽는다. 하지만 필자는 애플보다 더 충성스런 고객을 가진 기업으로 할리데이비슨을 꼽는다. 스티브 잡스 사후에 이른바 애빠빠들의 충성도는 흔들리고 있지만, 할리데이비슨의 고객들은 1987년 이후부터 30여 년의 세월이 흘렀어도 충성심이 변치 않고 있기 때문이다. 그들은 자기 몸에 할리데이비슨의 회사 로고를 문신으로 새기고 다니며, 인센티브가 주어지지 않아도 주변 사람들에게 할리데이비슨의 오토바이를 적극 추천해 주는 열정적인 지지자, 즉 알파고객들인 것이다.

'대를 이어 가문 대대로 거래를 하는 고객, 자신의 몸에 자신이 사용하는 제품을 만든 회사의 로고를 문신으로 새기고 다니는 고객!' 이런 고객들이야말로 진정한 의미의 충성고객, 즉 알파고객이라 할 수 있다. 이와 같은 알파고객이 많으면 목표를 비교적 쉽게 달성할 수 있다. 그들 대부분이 당신이나 당신의 매장을 이탈하지 않고 교차 구매 및 추가 구매를 통해 지갑 점유율을 높여주기 때문이다. 또한 주변의 가망고객을 당신에게 적극적으로 추천해 줘, 신규 고객 확보에도 많은 도움을 주기 때문이다.

실제로 할리데이비슨의 미국 본사에는 영업 사원이 없다. 영업 사원이 없어도 충성스런 고객들이 자신의 주변 사람들에게 할리 오토바이를 추천해 신규 판매가 이루어진다. 당신은 어떤가? 경쟁사의 어떤 유혹에도 흔들리지 않고 당신에게 충성하며 자발적으로 새로운 고객을 추천해 주는 알파고객이 있는가? 있다면 몇 명이나 되는가?

아마 5~10명 정도에 불과할 것이다. 영업인들 대부분은 그와 같이 헌신적인 알파고객의 비율이 평균 5~10%를 넘지 않기 때문이다. 자신의 고객들 중 50% 이상 혹은 90% 이상이 헌신적인 알파고객이라는 영업인들도 물론 있기는 하다. 지금까지 소개했던 영업 달인이나 판매왕들이 바로 그들이다. 그들은 신규 고객을 따로 개척하지 않아도 기존 고객들이 가망고객을 적극적으로 소개해 준다. 할리데이비슨의 고객들처럼 말이다.

그러니 당신도 이제 목표를 새롭게 설정해야 한다. 당신의 고객 전부를 헌신적으로 충성하는 알파고객으로 만들겠다는 것으로 말이다. 그렇게 되면 재구매율(유지율), 지갑 점유율, 고객 추천율도 획기적으로 높아질 것이다. 그렇다면 어떻게 해야 알파고객을 만들고 재구매(유지)율, 지갑 점유율, 고객 추천율도 높일 수 있을까? 이제부터 그 방법에 대해 알아보자.

4_ 헌신적으로 충성하는 알파고객 만들기 4가지 방법

가격이나 이용의 편리함, 포인트 · 마일리지 프로그램과 같이 조건에 충성하게 만드는 방법으로는 재구매(유지)율, 지갑 점유율, 고객 추천율을 높이는 데 한계가 있다. 고객이 추천을 잘 하지 않을 뿐 아니라, 경쟁자가 더 좋은 조건을 제시하면 이탈할 확률도 높다. 따라서 당신은 재구매(유지)율, 지갑 점유율, 고객 추천율을 높일 수 있는 방법을 찾아야만 한다. 최고의 방법은 역시 헌신적으로 충성하는 알파고객을 만드는 것이라고 할 수 있다.

이를 위해 당신은 알파고객 만들기 활동 목표를 세우고, 실행 계획을 수립해야 한다. 당신은 먼저 다음의 표처럼 알파고객 만들기의 방법별로 진화와 창조적 모방과 시장 선도자가 되기 위한 방안을 찾아야한다. 그 실행안을 수립하는 방법도 가망고객 발굴과 접근, 설득 역량 강화 활동 목표의 경우처럼 접근하면 된다.

알파고객 만들기 방법	진화	창조적 모방	시장 선도자
고객의 절대 신뢰 얻기			
고객 문제를 해결해 주고 도움 주기			
고객과 마음을 나누는 친구, 인생의 동반자 관계 구축			
고객의 기대를 뛰어넘는 특별한 경험 제공			
기타			

그렇다면 충성고객 만들기 활동 목표 달성을 위한 진화, 창조적 모방, 시장 선도자의 아이디어는 어디서 얻을 수 있을까? 당신 주변의 충

성고객 만들기, 아니 알파고객 만들기의 달인들과 세일즈 관련 서적에서도 얻을 수 있고, 필자가 소개할 알파고객 만들기 역량 강화를 위한 4가지 방법에서도 얻을 수 있다.

이제부터 알파고객 만들기 활동 목표 달성을 위해 진화, 창조적 모방, 시장 선도자가 될 수 있는 아이디어의 원천들에 대해 알아보자.

알파고객을 만드는 방법에는 2가지 접근법이 있다. 하나는 브랜드 이미지와 가치를 만들기 위한 본사 차원에서의 접근법이고, 다른 하나는 영업인 또는 영업팀이나 지점 등 독립 영업 조직 단위에서의 접근법이다. 영업인 개인이나 영업팀과 같은 독립적인 영업 조직 단위에서 알파고객을 만들기 위한 방법에 대해 알아보자.

대부분의 영업인이 알파고객을 만들기 위해 활용하는 방법은 고객과 보다 친밀한 관계를 구축하는 것이다. 그들은 고객과의 관계를 강화하기 위해 식사나 술을 마시며 친목을 다진다. 심지어 술상무가 되어 접대 영업을 시도하는 영업인들도 있다. 물론 이 과정에서 사교성이 있는 영업인들은 고객과 호형호제 사이로 발전하기도 한다.

그런데 문제는 그와 같은 고객의 수가 많지 않다는 것이다. 더구나 술을 마시지 못하거나 사교적이지 못한 영업인들도 있다. 어쩔 수 없이 술을 마셔야 하기 때문에 정신적·육체적으로 스트레스를 받는 영업인들이 있고, 더 큰 문제는 이런 방식이 점점 잘 먹히지 않는다는 것이다. 또 다른 문제는 앞서 언급했던 것처럼 B2B나 B2G 영업인들은 친밀한 관계를 맺는 것만으로는 재구매(유지)율, 지갑 점유율, 고객 추천율을 높이는 데 한계가 있다는 것이다.

이런 사실을 잘 알고 있는 영업 달인들은 발 빠르게 변신해 자신을 진화시키거나 창조적 모방을 통해 알파고객 만들기를 시도한다. 그들이 시도하는 방법에는 다음의 4가지가 있다.

헌신적으로 충성하는 알파고객 만들기 방법 4가지

1. 고객의 절대 신뢰를 얻어라
2. 고객 문제를 해결해 주고 도움을 줘라
3. 고객과 마음을 나누는 친구, 인생의 동반자 관계를 구축하라
4. 고객의 기대를 뛰어넘는 특별한 경험을 제공하라

1) 고객의 절대 신뢰를 얻어라

영업인들이라면 이런 말을 가장 듣고 싶어 할 것이다.

"아버님께서 저희들에게 앞으로는 ○○○님과만 거래하라는 유언을 남기셨습니다."

"하늘이 두 쪽이 나더라도 전임자가 ○○○님과만 거래를 하라고 신 신당부를 했습니다."

이 말들은 고객의 절대 신뢰를 얻어야만 영업인으로 성공할 수 있고, 알파고객도 만들 수 있다는 메시지를 담고 있다. 고객으로부터 신뢰를 받아야 한다는 사실을 모르는 영업인은 물론 단 한 사람도 없다. 그러나 고객으로부터 절대적인 신뢰를 받는 영업인은 그리 많지 않다.

그렇다면 고객으로부터 무한한 신뢰를 받는 영업인은 얼마나 될까? 한국경영인협회가 2011년과 2012년에 실시한 '고객 충성도 1위 브랜

드' 조사 결과에 따르면, 10% 정도에 불과하다. 물론 신뢰하는 편이라는 고객까지 포함하면 그 비율이 30% 정도까지 올라간다. 그러나 신뢰받는 편에 머물러서는 안 된다. 팥으로 메주를 쑨다고 해도 믿을 정도로 고객에게 전폭적인 신뢰를 받아야 한다. 그래야 상품과 브랜드 파워가 열세에 놓여 있거나 가격과 거래 조건이 다소 불리하더라도 고객의 마음을 붙잡아 둘 수 있다.

그렇다면 고객으로부터 신뢰를 받는 영업인은 왜 적은 것일까? 다음의 3가지 이유 때문이다.

🌐 영업인이 고객의 신뢰를 받지 못하는 3가지 이유

  1. 개별적 요인

  2. 구조적 요인

  3. 상황적 요인

개별적 요인은 영업인 개인의 성향 변수를 말한다. 고객과의 약속을 잘 지키지 않는 영업인이나 한순간의 성과를 위해 의도적으로 고객을 속이는 영업인이 대표적이다. 영업인들 중에는 탐욕에 눈이 멀어 고객을 속이는 이들도 제법 많다. 원산지를 속이거나 내용물을 바꿔치기하거나 자신이 파는 상품의 단점을 의도적으로 숨기거나 상품을 실제 가치 이상으로 과대 포장하는 경우 등이 그것이다.

구조적 요인은 영업인의 힘으로는 통제 불가능한 변수를 말한다. 영업인이 파는 상품의 품질과 성능, 기능, 안전성, 내구성 등의 본원적 속성이 고객의 기대 수준을 충족시키지 못하는 경우가 대표적이다. 생산이나 물류 시스템 문제로 납기일을 지키지 못하거나 배송 시간을 지키지 못하는 것 등으로 영업인이 고객의 신뢰를 얻지 못하는 것이 그것이다.

상황적 요인은 영업인이 어쩔 수 없이 고객 신뢰를 잃게 되는 경우를 말한다. 회사의 영업 정책이 조삼모사로 자주 바뀌는 경우나 평가 시스템의 문제가 대표적이다. 영업인이 고객과 약속한 거래 조건을 팀장이나 영업본부장 선에서 뒤엎는 경우도 여기에 해당한다. 이런 경우 어쩔 수 없이 고객에게 공수표를 남발한 것이 돼 영업인의 신뢰가 추락하게 된다.

회사의 평가 시스템이 고객의 신뢰를 잃게 만드는 경우도 많다. 예를 들면 신규 고객 유치 성과가 주요 평가 항목인 회사의 경우에는 평가 기간 내에 신규 고객을 유치하기 위해 수단과 방법을 가리지 않는 영업인들이 있게 마련이다. 이런 경우에는 대부분 지키지 못할 약속을 남발하게 돼 고객의 신뢰가 바닥으로 추락하게 된다.

그렇다면 고객으로부터 전폭적으로 신뢰를 받기 위해서는 어떻게 하면 될까? 다음의 3가지 과제를 잘 실천해야 한다.

🌏 고객의 절대 신뢰를 얻기 위한 3가지 과제

1. 고객과의 약속은 철저하게 지켜라

2. 최고 전문가로 인정받아라

3. 고객과 고객의 수익을 최우선으로 하라

첫 번째 과제는, 고객과의 약속을 철저하게 지키는 것이다. 앞서 소개했던 삼성화재의 판매왕인 우미라 RC가 대표적이다. 그녀의 비결은 정도영업(正道營業)을 통해 고객들로부터 신뢰를 얻었던 데 있다. 그녀는 이렇게 강조한다.

"보험은 짧게는 10~20년이지만, 길게는 평생을 고객과 함께 해야 하는 업종이다. 그 때문에 정직하고 성실하게 고객과의 약속을 지키지 않으면 고객에게 곧바로 외면당한다."

이와 같은 신념으로 영업에 임하면서 그녀는 고객의 신뢰를 얻고 있다. 대부분의 영업인들도 물론 그녀처럼 고객과의 약속을 잘 지킨다고 자부할 것이다. 그러나 정작 고객과의 약속을 지키지 못하는 경우가 자주 발생한다. 탐욕에 눈이 멀어서 그런 경우도 있지만, 자신의 힘으로는 통제 불가능한 변수들의 지배를 받기도 한다. 앞서 언급했던 품질 · 성능 · 기능 · 안전성 · 내구성 등 상품의 본원적 속성의 문제나 납기일 변경, 회사 정책의 변경 때문에 고객과의 약속을 지키지 못하는 경우가 이에 해당한다.

또한 경험이 부족해 본의 아니게 고객과의 약속을 지키지 못하는 경우도 있다. 가령 상품에 하자가 발생해 AS나 리콜을 해야 할 경우를 예로 들어 보자. 이런 경우, 대부분의 영업인들은 생산 · 품질 · R&D 등 회사 내의 관련 부서와 협의한 다음, 언제까지 해주겠노라고 처리 기한을 약속한다. 그러나 문제는 그 시한을 너무 촉박하게 약속하는 경우가 많다는 것이다. 이런 경우, 또 다시 고객과의 약속을 지키지 못하게 돼 신뢰가 바닥에 떨어지게 된다.

영업인은 그저 고객에게 상품을 팔고 수금을 하는 사람이기보다는 프로젝트 매니저라고 할 수 있다. 따라서 부품 공급이 제대로 지켜지지 못할 경우 등을 감안해서 AS나 리콜 완료 시한을 여유 있게 잡아 고객에게 약속하는 융통성이 필요하다.

당신은 어떤가? 고객과의 약속을 철저하게 지키는가? 어떤 경우라도 고객과의 약속을 지키는가?

이와 같은 질문에 자신 있게 대답할 수 있다면 다행이다. 그렇다면 당신은 이미 목표를 필달하는 영업인이거나 빠른 시간 내에 목표를 필달하는 영업인, 더 나아가 판매왕이 될 수도 있을 것이다. 그러나 자신 있게 대답할 수 없다면, "이제부터 고객과의 약속은 하늘이 두 쪽 나더라도 지킨다!"라는 말을 가슴에 새기기 바란다.

두 번째 과제는, 자신의 분야에서 최고의 전문가로 인정받아야 한다는 것이다. 이 부분은 '목표를 필달하는 영업인의 7가지 필살기'의 '스스로 찾아오도록 만든다'에서 이미 소개했으므로 설명을 생략한다.

세 번째 과제는, 고객과 고객의 수익을 최우선으로 해야 한다는 것이다. 대부분의 기업은 이구동성으로 고객 만족과 고객 감동을 부르짖는다. 그리고 고객 수익을 최우선으로 하는 기업이라는 사실도 힘주어 강조한다. 그러나 진정으로 고객 만족과 고객 감동, 고객의 수익을 최우선으로 하는 기업은 그리 많지 않다. 겨우 손에 꼽을 정도다. 고객 만족과 고객 감동을 부르짖는 기업 CEO들의 최우선적인 관심 사항은 자신의 재임 기간 동안의 재무적 성과와 주가인 경우가 많다. 당연히 고객과 고객의 수익을 최우선으로 하는 것은 뒷전일 수밖에 없다.

영업인 역시 마찬가지다. 재무적 성과의 덫에 빠지거나 탐욕에 눈먼 영업인들이 의외로 많다. 자기 회사나 그룹 관계사 상품을 우선적으로 팔고, 자신에게 더 많은 수수료가 보장되는 상품을 팔려는 이들도 많다. 그런 영업인들을 위해 걸어 다니는 PB센터로 불리는 삼성증권 조현숙 PB의 사례를 소개한다.

신뢰가 곧 최고의 자산!

삼성증권 Fn아너스 테헤란로 지점의 조현숙 과장은 '걸어 다니는 PB센터' 로 불린다. 그녀가 관리하는 개인 고객의 자산은 무려 4,000억 원. 대략 15명 이 맡아 관리하는 자금이 2,000억 원대인 것을 감안하면 혼자서 점포 2개를 운영하는 셈이다. 대학에서 금융이나 마케팅과는 아무 상관없던 영어교육을 전공했던 조 과장이 PB업무와 관련을 맺게 된 것은 지난 1991년. 졸업 후 첫 직장이었던 모 종합금융사에서 거액의 자산을 가진 개인 고객을 관리하기 시작하면서부터다. 이후, 조 PB는 투신사를 거쳐 2002년 삼성증권에 합류하면서 꼬박 15년간을 PB업무에 종사해 왔다.

15년 외길을 걸으면서 그녀가 익힌 PB업무의 노하우는 '고객과의 신뢰' 와 '남보다 한발 앞서는 정보 조사' 두 가지다. 그녀는 "고객에게 세무 정보나 부동산 또는 골프회원권 시세 등 상황에 맞는 발 빠른 재테크 정보를 제공한다." 며 "돈 되는 모든 정보는 조 과장에게 나온다는 인식이 박히면 고객이 먼저 찾아오게 된다." 고 설명했다.

또 다른 비법은 고객과의 신뢰 관계 형성이다. 조 과장은 "고객의 자산 포트폴리오를 짤 때 항상 자사의 금융 상품만을 권하지는 않는다." 며 "오히려 고객에게 가장 필요한 상품을 제안하면서 고객의 신뢰를 얻는 것이 더 중요하기 때문이다.” 고 말했다. 조 과장은 “거액 자산가는 한번 신뢰 관계가 형성되면 끝까지 믿는 특성이 있다.” 며 “서로 신뢰가 쌓이다 보면 자산관리를 떠나 집안의 대소사를 비롯해 말하기 힘든 부분까지도 함께 고민하고 상담하는 관계가 되기도 한다.” 고 설명했다.

이런 관계를 쌓기 위해 고객의 가족사항 등 중요 정보를 꼼꼼히 챙기는 것은 기본에 속한다고 말했다. 조 과장은 금융회사는 상품이 아닌 신뢰를 파는 곳이라며 앞으로 자산관리액 1조 원을 달성하는 게 목표라고 당찬 포부를 밝혔다.

출처 : 〈해럴드 경제〉, 2006. 5.3

조 PB처럼 실전에서 고객의 신뢰를 얻기란 쉽지 않다. 평가 시스템이나 업무 프로세스, 더 나아가서는 기업 문화 자체가 아직은 말로만 고객 중심이지 실제로는 재무적 성과를 더 우선시하는 곳이 많기 때문이다. 그렇다면 이런 환경에서 당신은 어떻게 행동해야 할까? 결론은 하나다. 조현숙 PB처럼 고객의 수익을 최우선으로 해야 한다. 단기적으로는 평가에서 불이익을 받더라도 고객과 고객의 수익을 최우선으로 해야 하는 것이다. 삼성화재에서 판매왕을 차지했던 우미라 RC의 말처럼, 고객과 평생을 함께 하기 위해서는 신뢰를 얻는 길밖에 없기 때문이다.

2) 고객의 문제를 해결해 주고 도움을 줘라

알파고객을 만들기 위한 두 번째 방법은, 고객이 안고 있는 문제를 해결해 주고 도움을 주는 것이다. 이것은 앞서 소개했던 '목표를 필달하는 영업인의 7가지 필살기' 중 다섯 번째인 '빚진 상태로 만든다'의 실천 항목과 동일하다.

영업인과 비즈니스 관계로 만났지만, 그 이상의 관계로 발전하는 고객들이 있다. 문제를 해결해 주고 때로는 집사와 같은 도움을 받은 끝에 휴대폰 단축 번호 1번으로 저장해 놓는 고객, 자신의 건강이 좋지 않으면 자녀들보다 영업인을 먼저 찾는 고객도 있다. 헌신적으로 충성하는 알파고객으로 진화한 고객들이라고 할 수 있다.

그러나 이것은 B2C 영업에서는 가능하겠지만, B2B나 B2G 영업에서는 쉽지 않다고 말하는 이들도 있다. 일리 있는 말이다. 앞서 언급했듯이, B2C 영업인들에 비해 효과가 약한 게 사실이다. 앞서 '목표를 필달하는 영업인의 7가지 필살기' 중 다섯 번째인 '빚진 상태로 만든다'에서는 주로 B2C 영업인이 문제를 해결해 주고 도움을 주는 방법을 소개했다. 그래서 여기서는 B2B와 B2G 영업인이 실천 가능한 내용을 중심으로 소개한다.

B2B나 B2G 영업인 역시 자신이 안고 있는 개인적인 문제를 해결해 주거나 도움을 주면 고맙다는 생각을 갖는다. 그러나 지갑을 여는 것은 다른 차원의 문제다. 개인 고객의 경우에는 자신의 의지대로 지갑을 열면 그만이다. 하지만 B2B, B2G 영업은 그렇지 않다. 앞서 언급했던 것처럼 사용자, 구매자, 의사 결정권자가 다르기 때문이다.

그렇다면 B2B, B2G 영업인이 품질과 생산성 향상, 원가 절감 등의 업무적 문제를 해결해 주거나 도움을 주면 어떨까? 도움을 받은 고객이 심리적으로 빚진 상태가 되고 더 나아가 헌신적으로 충성하는 알파 고객이 될 수 있을까?

이것도 쉽지 않은 일이다. 영업인의 역량보다는 제품의 본원적 가치를 통해서 생산성 향상, 원가 절감과 같은 문제가 해결되는 경우가 대부분이기 때문이다. 기계 부품이든 IT솔루션이든 대부분의 B2B, B2G 제품이 그렇다. 따라서 앞서 언급했던 것처럼 B2B, B2G 영업인이 고객사 구매 담당이나 의사 결정권자를 빚진 상태로 만들기 위해서는 현재의 영업 방식을 혁신해야 한다.

그렇다면 B2B, B2G 영업인은 어떻게 하면 고객이 안고 있는 문제를 해결하고 그들을 빚진 상태로 만들어 알파고객으로 진화시킬 수 있을까? 고객의 가치와 수요를 창조하는 세일즈를 해야 한다.

가령 해당 부품이나 IT솔루션을 구매하게 되면 이를 활용해서 얼마만큼의 매출을 증대시킬 수 있다는 청사진을 제시할 수 있어야 한다. 고객이 전혀 모르고 있던 사실을 알게 하거나 알고는 있었지만 확신하지 못했던 것에 대해 확신을 갖게 해줘야 하는 것이다. '그런 접근 방법도 있을 수 있구나.'라는 생각을 갖게 만들거나 '그렇게 하면 매출을 지금보다 1,000억 원이나 증가시킬 수 있단 말이지.', '마른 수건을 짜듯이 다 짜냈기 때문에 더 이상 원가를 줄이는 건 불가능하다고 생각했는데 30%를 더 절감할 수 있다니.'처럼 고객이 깜짝 놀랄 정도로 말이다. 그러면 고객이나 가망고객이 당신을 만나고 싶어 하지 않을까?

기업금융 영업의 경우도 현재의 영업 형태를 가치 창조, 수요 창조형 세일즈로 더욱 진화시켜야 한다. 그래야 고객은 물론이고 가망고객까지 알파고객으로 만들 수 있고 언제나 목표를 필달할 수 있다. 현재 대부분의 기업금융 영업의 모토는, 고객사의 자금뿐 아니라 환율과 같은 금융 전반은 물론, 경영 전반에 걸쳐 자문을 해주는 것이다. 금융에 관한 문제뿐 아니라 고객사의 경쟁력 향상에 대한 본원적 문제에 대한 솔루션을 주는 것을 목표로 하고 있는 것이다.

대부분의 금융사에서 이런 가치를 제공하겠다고 나서고 있지만 여전히 부족한 편이다. 아직은 자금이나 금융 관련 문제 해결을 위주로 하고 있기 때문이다. 부산은행의 경우, 기업 고객인 중견 건설사 반도건설이 두바이에 진출했다가 유동성 위기를 겪자 자금을 지원해 공사를 성공리에 마칠 수 있게 해주기도 했다. 그러나 이제는 그 정도 수준에 머물러서는 안 된다. 경쟁 은행에도 이와 같은 사례가 제법 있고, 더 잘하는 곳도 있기 때문이다.

경쟁자를 압도하고 헌신적으로 충성하는 알파고객을 많이 만들기 위해서는 한 단계 더 진화하는 수밖에 없다. 가치를 창조하거나 새로운 수요를 창조하는 방식으로 말이다. 예를 들면 미분양 아파트가 있는 건설 고객사가 있다고 하자. 유동성 위기를 극복하라고 자금을 지원하는 것만으로는 빚진 상태로 만들기가 쉽지 않다. 고맙다는 생각은 하겠지만, 다른 은행을 주 거래처로 했더라도 비슷한 지원을 받았을 것이기 때문이다.

따라서 이런 경우에는 수요 창조형 세일즈 지원 방식, 즉 미분양 아파트를 팔기 위한 새로운 수요 창출형 마케팅과 세일즈를 지원하는 방향으로 나아가야 한다. 해당 기업고객 지점장과 담당 영업인뿐 아니라 은행장 이하 전 은행원이 팔을 걷어 부치고 미분양 아파트를 팔기 위해 노력하는 것이다. 틀림없이 성과가 나올 것이다. 미분양 아파트를 팔기 위한 기상천외한 아이디어들이 나올 것이기 때문이다. 단, 이 경우에도 주의할 것이 있다. 은행의 기업고객 담당자나 은행 임직원에게 강매를 하는 식이어서는 절대로 안 된다.

이렇게 본다면 은행의 기업고객 영업은 개인 VIP 고객 영업에 비하면 많이 부족한 편이다. 따라서 더 진화시켜야 한다. 그렇다면 어떻게 진화시켜야 할까? 여러 은행들의 PB센터를 벤치마킹하는 것도 한 방법이다. PB센터에서는 PB고객에게 부동산, 세무, 법률 전문가 등이 부동산 투자와 절세, 법률적인 문제에 관해 도움을 준다. 이를 창조적으로 모방해 기업고객 본부 내에도 전략, 변화관리, R&D, 원가 절감, 생산성 향상, 신제품 개발, 브랜드 전략, 판로 개척, 고객 관리 등의 전문 컨설턴트를 계약직 자문위원으로 위촉해 운영할 수 있을 것이다.

이전에 이런 시도를 했던 은행들도 물론 있었다. 그러나 대부분은 흐지부지되고 말았다. 또한 내부 인력을 중심으로 기업고객 대상 경영 컨설팅 서비스를 제공하는 은행도 있다. 이런 방식으로 하면 효과가 약할 수밖에 없다. 각 분야 최고의 전문가가 나서도 실패하는 기업이 나오는데, 은행 내부의 인력만으로 접근을 해서는 성과를 내기가 쉽지 않다. 고객사가 지속적으로 성장하면 금융 수요도 더 많아질 수밖에 없다.

그러므로 기업금융 영업은 가치 창조, 수요 창조형 세일즈로 진화해야 한다. 이를 위해 은행의 기업고객 본부나 기업고객 지점장이라면 다음과 같은 비전과 목표를 가져야 한다. '매출액 100억 대 기업 100개사를 10년내 매출액 5천억 원 이상의 회사로 만들겠다!', '매출액 30억 원대 중소기업 100개 사를 10년 내 매출액 1,000억 원대 회사로 키우겠다!'와 같이 말이다. 이런 비전과 목표를 갖고 도전하면 일석이조의 효과를 얻을 수 있다. 고객사를 건실하게 만들어 부실 여신을 줄일 수 있고, 기업을 성장시켜 금융의 파이도 키울 수 있다. 이것이야말로 최고의 동반 성장전략이 아니고 무엇이겠는가?

가치 창조, 수요 창조형 세일즈가 B2B나 B2G 영업인에게만 유용한 것은 아니다. 일반 소비자를 대상으로 하는 B2C 영업인들에게도 고객을 빚진 상태로 만드는 데 유용하다. 학습지 회사의 영업인도 가치 창조, 수요 창조형 세일즈를 통해 얼마든지 고객을 빚진 상태로 만들 수 있다. 학습 목표 대비 도달 수준을 설정해서 책임지고 도움을 주는 식으로 한다면 말이다.

영어 학습지를 예로 들어 보자. 영어 학습지나 러닝센터에 등록한 학생을 대상으로 '학습자의 30%는 1년 후에 영어 듣기 100% 완성, 2년 후는 말하기 100% 완성'과 같은 목표를 설정해서 책임지고 달성한다면 어떨까?

대리점 담당 영업인의 경우에도 가치 창조, 수요 창조형 세일즈가 반드시 필요하다. 2013년 6월에 사회적 이슈가 됐던 식품 기업 A사의 밀어내기 영업에 대해 생각해 보자. 근본적인 원인은 대리점의 판매 능력을 넘어선 무리한 목표 책정에 있다. 본사의 영업 본부장이나 지점장은 어쨌든 목표를 달성해야 하므로 마지막 수단으로 밀어내기를 용인했거나 묵인했을 것이다.

그렇다면 모든 책임이 본사에만 있는 것일까? 담당 영업인에게도 상당 부분 책임이 있다. 수요 창조형 영업을 게을리했다고 볼 수 있기 때문이다. 대리점이 지속적으로 시장 개척 활동 등을 통해 본사에서 책정한 목표를 달성해 나간다면 문제될 게 없다. 문제는 일부 대리점의 경우, 달성 불가능한 목표가 부여된다는 것이다. 이런 상황에서 담당 영업인은 어떻게 해야 할까? 밀어내기식 영업을 해서도, 본사와 대리점의 중간에서 샌드위치 신세가 돼서도 안 된다. 수요 창조형 영업인으로 진화해야 한다.

가령 특정 대리점이 목표를 미달할 것 같으면 연초부터 대리점 대표와 머리를 맞대야 한다. 신규 고객 개척, 신수요 창출 마케팅 계획을 세운 다음, 대리점 대표와 함께 팔을 걷어 부치고 시장으로 뛰어나가 신규 개척 활동을 해야 한다. 목표를 달성할 때까지 말이다. 물론 대리점들도 시장 개척 계획이나 목표 달성 계획을 세운다. 그러나 대리점만 계획을 세워서는 안 된다. 담당 영업인이 함께 목표 달성 계획을 세워야 한다. 자신의 대리점이란 생각으로 말이다.

3) 고객과 마음을 나누는 친구, 인생의 동반자 관계를 구축하라

앞서 잠깐 언급했듯이, 영업인 중에는 고객과 비즈니스 관계로 만나 마음을 나누거나 가족의 대소사를 가장 먼저 상의하는 관계로까지 발전하는 이들이 있다. 이들은 양가 집안의 경조사를 챙기는 것은 물론 가족끼리 휴가를 함께 가는 관계로까지 나아가기도 한다. 벤츠 딜러인 한성자동차에서 세일즈를 하는 정만기 이사가 그 대표적인 사례다.

🔺 한번 관계를 맺으면 친구, 그 이상이 돼라!

그는 티코에서부터 벤츠까지 팔아본 자동차 영업 달인 중 한 명이다. 정 이사의 영업 노하우는 여러 가지다. 그중 대표적인 게 절대로 포기하지 않는 가망고객 발굴 정신이다. 자동차 영업인들은 대부분 재벌 기업 회장이나 사장들을 타깃으로 자동차를 팔려고 시도하지 않는다. 접근하기 어려울 뿐만 아니라 기사나 회사의 법인 차량 담당자가 구매 결정이나 대행을 한다고 생각하기 때문이다.

그러나 정 이사는 모든 영업인들이 도전하지 않는 회장, 사장들도 과감히 공략한다. 물론 목표로 한 그들을 만나보지도 못하고 경비실이나 비서실에서 제지를 당할 때도 많았지만, 이런 용기 있는 도전 덕분에 그들에게 고급 승용차를 많이 팔 수 있었다.

정 이사의 노하우 중 또 다른 하나는 고객과 한번 관계를 맺으면 친구 이상으로 지내려고 노력한다는 것이다. 자동차를 파는 사람과 산 사람의 관계가 아닌 친구나 인생의 동반자적인 관계를 만들려고 노력하는 것이다. 정 이사의 이런 노력으로 고객 이상의 인간관계를 맺고 있는 사람들이 상당수다. 그중 두 사람을 꼽으면, 1970~80년대에 KBS를 대표했던 김동건 아나운서와 우리나라를 대표하는 여가수인 이미자 씨가 있다.

김동건 아나운서와 정 이사는 자동차를 사고파는 관계로 만났지만, 친해져서 양가 집안의 경조사를 알리고 참석하는 것은 기본이고 여름 휴가철에는 부부 동반으로 휴가를 가기도 한다. 이미자 씨도 김동건 아나운서와 마찬가지다. 김동건 아나운서와 이미자 씨는 자신이 신차를 구입할 때는 물론이고 주변에 자동차를 구입할 고객을 아주 많이 소개해 주었다.

당신은 부부 동반이나 가족 동반으로 함께 휴가를 다녀올 고객이 있는가? 있다면 몇 명이나 되는가? 이제부터는 휴가 기간 중에 가족과 함께 여행을 다녀오자는 고객이 많아서 고민하는 영업인이 되기 바란다. 그렇다면 고객과 마음을 나누는 친구, 인생의 동반자 관계는 어떻게 하면 만들 수 있을까? 영업인의 성향에 따라 각기 다른 방식의 접근법이 있을 수 있다.

첫 번째 방법은, 자아실현을 위해 고객과 열정적으로 어울리는 것이다. 앞에서 소개했던 것처럼 스포츠 · 레저 · 문화 · 예술 관련 커뮤니티나 자원 봉사 · 환경보호와 같은 커뮤니티를 통해 고객과 자아실현의 가치를 공유하면 더할 나위 없는 관계를 구축할 수 있다. 사교적이고 외향적이며 활동적인 영업인들이 활용하기 좋은 방법이라 할 수 있다.

두 번째 방법은, 고객이 안고 있는 문제를 해결해 주는 해결사가 되거나 집사처럼 집안의 대소사까지 챙겨주는 관계를 맺는 것이다. 이것은 내향적이고 조용한 성향의 영업인들이 활용하기 좋은 방법이라 할 수 있다.

세 번째 방법은, 매사에 열성적이고 정말 신뢰할 만한 사람이란 평가를 얻는 것이다. 앞서 소개했던 르노삼성자동차 김중곤 파트장이 그런 영업인 중 한 사람이다. 김 파트장은 판매왕에 오르는 과정에서 마음을 나누는 친구와 같은 60여 명의 핵심 고객들로부터 큰 도움을 받았다고 한다. 이들이 김 파트장을 대신해서 주변에 차를 권유해 줘서 판매왕을 차지할 수 있었다는 것이다.

그렇다면 김 파트장은 서로 마음을 나눌 수 있을 친구와 같은 핵심

고객을 어떻게 만들었을까? 만날 때마다 열정을 다해 고객에게 최선을 다하고 항상 정직하게 대하는 게 그만의 비법이었다. 시간이 허락할 때마다 자주 연락하고 만나서 식사와 술자리를 갖고 기념일과 명절을 챙겼던 것은 기본이었다.

4) 고객의 기대를 뛰어넘는 특별한 경험을 제공하라

고객을 만족시키면 헌신적으로 충성하는 알파고객으로 만들 수 있을까? 쉽지 않다. 알파고객으로 진화하는 고객도 있지만, 그렇지 않은 고객도 많기 때문이다.

그렇다면 고객을 즐겁게 만들면 어떨까? 상당수의 고객을 알파고객으로 만들 수 있을 것이다. 인간은 즐겁다고 느끼면 엔돌핀이 생성돼 기분이 좋아진다. 엔돌핀이 생성되면 쉽게 설득할 수 있고 ,지갑도 열게 할 수 있다. 앞서 웃게 만들어야 한다고 강조한 이유도 여기에 있다. 그렇다면 고객을 감동시키면 어떨까? 감동을 받은 고객들 대부분은 알파고객이 된다. 그렇다면 둘 중에서 어떤 것이 더 효과적일까? 감동을 받게 만드는 것이 훨씬 효과적이다. 다이도르핀이라는 호르몬 때문이다.

인간은 감동을 받으면 다이도르핀이라는 호르몬이 생성된다. 이 호르몬은 엔돌핀보다 무려 5,000배나 강하다고 한다. 5,000배나 강하다고 해서 5,000배나 많이 팔 수 있는 것은 아니지만, 즐겁게 만드는 것보다 효과적이라는 것만은 확실하다. 이런 사실을 잘 알기 때문에 기업과 영업인들이 고객에 즐거움을 주고 감동을 주기 위해 노력하고 있는 것이다.

그렇다면 특별한 경험이란 무엇을 의미할까? 특별한 경험에 대해 이야기하기 전에 먼저 고객 경험에 대해 알아보자. 고객이 특정 상품과 인연을 맺는 프로세스는 다음과 같이 전개된다. 홈페이지를 방문하거나 콜 센터에 전화를 걸거나 주변 사람들의 의견을 듣거나 하는 등 구매 전 정보 탐색 단계, 상품을 구매하는 단계, 구매 후 사용하거나 반품이나 애프터서비스를 신청하는 단계, 재구매 단계 등이 그것이다.

이러한 각각의 접점을 통해 특정 기업이나 브랜드, 사람과 접촉할 때마다 고객은 어떤 느낌을 갖게 된다. 홈페이지가 이용하기 편리하게 구축돼 있다든지, 품질과 디자인이 뛰어나다든지, 영업 사원이나 콜 센터 직원이 친절하다든지, 반품이나 애프터서비스 수준이 감동적이라든지와 같은 것 말이다. 고객 경험이란 이와 같이 고객이 어떤 접점을 통해서 특정 상품, 특정 회사, 특정인과 접촉할 때마다 갖게 되는 어떤 느낌을 말한다.

최근 들어 기업들은 고객 만족, 고객관계관리(CRM)를 뛰어넘어 고객 경험관리(CEM : Customer Experience Management)에 역량을 집중하고 있다. 고객에게 즐거움과 감동만을 주는 것이 아니라 특별한 경험을 제공하기 위해서다. 특별한 경험이란 즐거움과 감동만이 아니라 경이로움, 호기심, 추억, 향수, 보람 등 일반적으로는 느낄 수 없는 색다른 경험을 말한다.

특별한 경험을 고객에게 제공하기 위해 노력하고 있는 대표적인 기업이 바로 애플이다. 애플은 아이폰이나 아이패드와 같은 제품의 품질, 성능과 같은 본원적 가치만으로 고객에게 어떤 느낌을 갖게 하지 않는다. 그 대신 고객과 감성적으로 교감하기 위해 노력한다. 제품의 본원적 가치 외에도 호기심, 자부심, 재미, 스토리와 같은 감성적 가치를 팔기 위해 노력하는 것이다. 애플 스토어는 애플이 특별한 경험을 제공하기 위해 노력하고 있는 대표적인 커뮤니케이션 통로다. 스티브 잡스 사후에 충성도가 조금씩 낮아지고는 있지만, 이런 노력의 결과로 인해 애플빠로 불리는 알파고객들이 여전히 건재한 것이다.

그렇다고 해서 애플과 같은 기업들만 고객에게 특별한 경험을 제공하기 위해 노력하는 것은 아니다. 영업인들도 고객에게 즐거움이나 감동 같은 특별한 경험을 주기 위해 노력하고 있다. 대표적인 것이 바로 고객의 생일이나 결혼기념일 등을 챙겨주는 기념일 마케팅이다. 지금은 많이 보편화되었지만, 예전에는 자신의 생일날에 축하 문자 메시지를 받는 것만으로도 감동을 받는 고객들이 있었다. 그러나 최근 들어서는 이와 같은 이벤트만으로는 고객이 고맙다거나 감동을 받지는 않는다.

그러다 보니 이젠 고객의 생일날에 축하 카드와 케이크를 보내는 영업인도 있고, 와인과 꽃다발과 케이크 등을 직접 사들고 고객의 집이나 사무실로 찾아가 기타를 치면서 축하를 해주는 영업인들도 있다. 안타까운 사실은 이런 노력에도 불구하고 감동은커녕, 별로 즐거워하지 않는 고객들이 계속 늘고 있다는 것이다.

왜 이런 현상이 일어나는 것일까? 항상 고객의 기대를 뛰어넘을 수 있어야 하는데 그렇지 못한 경우가 많기 때문이다. 고객들의 눈높이는 계속 높아지고 있다. 과거에 감동을 줬던 방식이 이번에도 감동을 줄 거라고 생각하면 착각이다. 포복절도할 정도로 재밌던 개그 프로그램도 여러 차례 보면 그 재미가 반감된다. 따라서 고객에게 특별한 경험을 지속적으로 제공하려면 끊임없이 혁신해야 한다. 기존의 아이디어를 진화시키든 창조적 모방을 하든 시장 선도적인 아이디어를 내든지 해야 하는 것이다. 매번 똑같은 경험만으로는 고객을 감동시킬 수도, 알파고객으로 만들 수도, 유지할 수도 없다.

그렇다면 고객이 항상 기대를 뛰어넘는 특별한 경험을 느끼도록 하려면 어떻게 해야 할까? 다음의 3가지 방법이 있다.

🌏 고객의 기대를 뛰어넘는 특별한 경험을 주는 3가지 방법

  1. 고객의 기대를 뛰어넘는 재미와 즐거움을 제공하라

  2. 고객을 감동시켜라

  3. 추억과 향수를 자극하라

첫째, 고객의 기대를 뛰어넘는 재미와 즐거움을 제공해야 한다. 그 대표적인 기업으로는 미국의 저가 항공사 사우스웨스트항공이 있다. 사우스웨스트항공은 펀경영을 통해 임직원이 즐겁고 재미있게 일하는 일터를 만들기 위한 다양한 노력을 기울인다. 사우스웨스트항공이 실시하는 펀경영의 또 다른 목표는 고객이다. 그 사례들은 많은 책에서 언급하고 있으므로 여기서는 생략한다.

국내 기업 중에서도 고객을 대상으로 즐거움을 팔기 위해 노력하는 기업들이 있다. 총각네 야채가게와 세스코가 대표적이다.

총각네 야채가게가 성공신화를 쓸 수 있었던 비결은 2가지다. 하나는 최고 품질의 과일과 채소라는 본원적 가치로 승부했다는 것이고,

다른 하나는 고객에게 즐거움을 팔겠다는 마케팅 콘셉트를 확실하게 실천했다는 것이다. 지금은 그 마인드가 퇴색한 감이 있어 아쉽지만 말이다.

재미있는 '세스코 Q&A 시리즈'로 유명한 해충방제 전문기업 세스코도 유머경영을 통해 고객에게 재미와 즐거움을 주기 위해 노력하고 있다. 예를 들어 "엉엉, 벌레가 너무 싫고 징그러워요. 모기도 못 잡고 개미도 밟기 싫어요. 엄마 말로는 제가 유딩 때, 산이나 저수지에 놀러가서도 벌레를 밟기 싫어서 차에서 안 내렸대요. 그 정도로 벌레가 싫은데. 나중에 자립해서도 이러면 곤란할 것 같아서 벌레 공포증(?)을 고치려고 하는데 어떻게 해야 하죠?'나 '바퀴벌레를 아내로 맞이하고 싶은데 어떻게 하면 될까요?' 등과 같이 판매에 직접 관련이 없는 질문이나 다소 장난끼 섞인 질문이 게시판에 올라오면 "엄마가 되면 해결됩니다."나 "미남 바퀴벌레가 되시면 됩니다."와 같이 재치 있는 답변으로 고객을 즐겁게 한다.

옛날 시골 장터에 가면 상품을 팔기 위해 소규모 공연을 하는 사람들을 볼 수 있었다. 가령 정력제를 팔기 위해 "이것이 무엇이냐. 비얌이여, 비~이얌. 지리산에서 30년, 계룡산에서 20년. 쉬이, 애들은 저리 가."라며 좌중에게 웃음을 선사하던 약장수 같은 사람들 말이다. 이처럼 시골 장터의 약장수도 약을 팔기 위해 고객을 즐겁게 하려는 시도를 했다.

현대의 영업인들은 어떨까? 의외로 많지 않은 편이다. 왜 그럴까? 몰라서라기보다는 자신에게 그런 재능이 없다거나, 그렇게 해봤자 별 효과가 없을 것이라고 생각하기 때문이다. 그럴 시간 있으면 전단지 한

장이라도 더 돌리는 게 낫다고 생각하는 것이다. 그러나 재미와 즐거움과 행복을 제공하는 방법으로 신규 고객을 창출하는 것은 물론 알파 고객으로 진화시키는 영업인들도 많다. 그중 한 사람이 시티은행 올림픽 선수촌지점의 송창민 지점장이다.

🐟 내 모든 마케팅 콘셉트는 '고객의 삶을 즐겁고 행복하게 하는 것!

송창민 지점장은 2003년 5월 1일, 당시 약관 31세의 나이에 지점장 발령을 받은 파격적인 인사의 주인공이다. 은행 지점장이라는 자리는 보통 입사 후 15~20년쯤 돼야 하고 마케팅 능력이 입증돼야 오를 수 있는 자리다. 그런데 송 지점장은 입사한지 6년 4개월밖에 안 된 차장 시절에 지점장 발령을 받았다. 이런 인사 발령은 도기권 전 굿모닝 신한증권 사장이 1986년 만 29세의 나이에 씨티은행 지점장으로 발탁된 후, 두 번째로 파격적인 것이었다.

송 지점장이 이렇게 파격적인 인사 발령을 받을 수 있었던 배경은 무엇일까? 그의 탁월한 세일즈 능력을 높이 샀기 때문이다. 송 지점장은 본점에 근무하면서 소비자 금융 부문 아시아·태평양 1위, 기업 금융 부문 세계 3위의 성과를 올렸다. 그렇다면 송 지점장이 탁월한 성과를 올릴 수 있었던 원천은 무엇이었을까? 두 가지다. 하나는 인맥의 폭과 깊이를 탄탄하게 만들기 위해 노력했다는 것이고, 다른 하나는 고객을 진정으로 즐겁고 행복하게 해주기 위해서 노력했다는 것이다.

은행 영업점에서 고객을 즐겁고 행복하게 해줄 수 있는 방법은 무엇일까? 우선 친절하게 고객을 응대하는 것, 특별하게 대우해 주는 우대 서비스를 꼽을 수 있다. 그 다음엔 문화·예술 관련 이벤트다. 은행 영업점들 대부분은 VIP 고객이나 우수 고객을 대상으로 와인이나 메이크업 강좌, 갤러리 투어, 음악회, 수입차 시승회 같은 이벤트 참여 기회를 제공한다. 문제는 이벤트를 많이 하다 보니 효과가 별로인 경우들이 발생한다는 것이다. 그래서인지 A은행장은 취임 후에 이벤트를 전면 금지하기도 했다.

그러나 송 지점장은 A은행장과는 생각이 달랐다. 금융 상품, 특히 은행에서 고객에게 판매하는 상품은 차별화가 어렵다고 판단했다. 송 지점장은 결국 '은행에서 할 수 있는 최고의 마케팅은 고객의 삶을 최대한 즐겁고 행복하게 해주는 것'이라는 결론을 내렸다. 그러고 나서 자신이 부임 후에 진행한 모든 이벤트에 '고객의 삶을 즐겁고 행복하게!'란 콘셉트를 집어넣었다. 당연히 반응도 좋았다. 12년 동안 씨티은행과 거래를 해왔다는 한 고객은 갤러리 투어에 참가한 후 "내 생일보다 더 즐겁고 행복한 경험을 했다."고 말했다. 씨티은행의 이벤트는 그저 그랬는데 송 지점장이 개최한 갤러리 투어는 그 어떤 이벤트보다 재미있고 즐거웠다는 것이다.

갤러리 투어 이후, 그 고객은 앞장서서 자신의 지인과 친구들을 시티은행 올림픽선수촌 지점으로 데리고 왔다. 송 지점장의 알파고객이 됐기 때문이다.

둘째, 고객을 감동시켜라. 고객을 감동시키는 것이야말로 알파고객을 만드는 아주 유용한 방법이라는 것을 모르는 사람은 없을 것이다. 그렇다면 어떻게 하면 고객을 감동시킬 수 있을까? 그 방법은 3가지가 있다.

첫 번째는, 고객 접점에서 고객을 만나는 사람들 몫이다. 영업인, 서비스 담당, 콜센터 상담원 같은 직원들의 열정과 태도에 따라 감동을 받는 경우가 많기 때문이다.

두 번째는, 고객 이벤트와 같은 마케팅 활동을 통해서, 그리고 세 번째는, 불만고객의 전략적 캐어를 통해서도 고객을 감동시킬 수 있다. 먼저, 고객 접점에서 고객을 만나는 영업인의 열정적인 마인드가 고객을 감동시킨 사례에 대해 알아보자.

📎 세심한 배려로 고객을 감동시킨 와인 판매사원!

한번은 60대 노부부가 손님들을 초대한 자리에 내놓을 와인을 구입하러 왔다. 부부는 와인을 처음 접한다고 했다. 김 매니저는 평소 와인을 즐기는 분들이 아닌 부부에게 와인 초보자들도 쉽게 마실 수 있는 와인 3병을 권했다. 그리고 각각의 와인마다 마시기 좋은 적정 온도를 알려주고 와인을 오픈하는 방법까지 자세하게 설명해 주었다.

그런데 그날 저녁, 노부부에게서 전화가 걸려왔다. 내용인즉 한 시간이나 실랑이를 벌였지만, 와인을 도저히 열지 못하고 있다면서 와인을 오픈하는 방법을 다시 한 번 설명해 달라는 것이었다. 김 매니저는 다시 한 번 설명해 주었지만, 노부부는 아무리 해도 와인을 열지 못하겠다고 했다. 김 매니저는 고심 끝에 "고객님, 실례가 되지 않는다면 제가 직접 댁에 방문하여 와인을 오픈해 드리면 어떨까요?" 라고 물었다. 손님들을 초대하려고 상을 차려놓고 기쁜 마음으로 와인까지 준비했는데, 그것을 대접하지 못할까봐 당황해하고 있을 노부부를 생각하니 모른 체 할 수 없었던 것이다.

고객은 생각지 못한 호의에 감사를 전했고, 김 매니저는 고객의 집으로 찾아가 익숙한 동작으로 와인을 오픈해 주었다. 하지만 거기서 끝이 아니었다. 아무래도 마시기에 적당하지 않은 와인의 온도가 마음에 걸렸다. 김 매니저는 얼음을 준비해 달라고 하여 와인의 온도를 맞춰 주었다. 그때부터 손님이 하나 둘 도착하기 시작했다.

그냥 돌아갈 수도 있었지만 김 매니저는 손님들이 와인을 더 맛있게 즐길 수 있도록 한 분 한 분께 디캔팅하며 와인에 대해 설명하고 맛있게 마실 수 있는 방법까지 소개했다.

예상하지 못했던 김 매니저의 세심한 서비스에 노부부는 너무나 고마워했고, 초대 손님들 역시 와인 전문가에게 직접 설명을 들으며 서비스를 받으니 집이 아니라 최고급 레스토랑에 온 것 같다며 극찬을 아끼지 않았다. "

출처 : 세심한 배려가 고객을 사로잡는다 롯데백화점 서비스

이 사례는 진정으로 고객을 위하는 마음과 정성을 보여줘 고객을 감동시킨 사례라 하겠다. 클럽이나 카페나 레스토랑을 운영하면서도 고객을 감동시키고 알파고객을 만들 수 있다.

내가 클럽을 찾은 여자 고객들의 이름을 모두 외운 이유!

2012년 앱스토어에서 '몰디브'라는 앱을 출시해 세계적으로 선풍적인 인기를 끈 젤리버스의 김세중 대표. 그는 대학생 시절, 홍대 인근의 클럽을 인수해 운영했던 타고난 사업가다. 학생 신분으로 클럽을 운영해서가 아니라 고객의 마음을 읽고 감동을 주는 데 탁월했기 때문이다. 그의 탁월함은 클럽 경영에서 먼저 빛을 봤다.

"2001년 대학생 때 홍대 클럽을 인수해 1년 6개월 정도 경영했어요. 그때 저희 클럽을 찾는 여자 손님이 하루에도 몇 백 명에 달했죠. 저는 여자 고객들의

이름을 한 사람도 빼놓지 않고 모두 외웠어요. 그 손님이 다시 왔을 때 이름을 불러주기 위해서였죠. 어떤 때는 몰래 사진을 찍기도 했어요. 그러곤 사진 아래 이름을 적어서 달달 외웠어요. 손님들의 반응은 끝내줬죠. 처음엔 제게 아저씨라던 20대 초반의 여자 고객들이, 이름을 불러준 이후에는 오빠라고 하더라고요. 심지어는 '저 언제 또 올까요? 라고 묻기까지 했어요."

단골 고객 아니 알파고객이 생기기 시작한 것이다. 이처럼 고객에게 작은 감동만 제공해도 고객을 헌신적으로 충성하는 알파고객으로 만들 수 있다. 클럽 경영으로 재미를 본 그는 이후 보석 사업에 손을 댔다가 크게 실패한 후, 2009년에 젤리버스를 창업해 성공신화를 써나가고 있다.

신용카드 업계에서도 이와 같은 세심한 배려로 알파고객을 만든 사례가 있다. 직장인 김미경(가명, 당시 28세) 씨는 신용카드를 사용할 때 삼성카드만 사용한다. 다른 카드사에서 아무리 유리한 포인트 제도를 제시해도 끄떡하지 않는다. 삼성그룹에 다니고 있기 때문도 아니다. 김미경 씨가 이처럼 삼성카드의 열렬한 팬, 알파고객이 된 이유는 다음과 같은 경험 때문이다.

🐟 어느 신용카드 고객이 알파고객이 된 사연!

2004년 12월 어느 날, 퇴근해 깊은 잠에 빠져 있던 김미경 씨는 새벽 두 시경에 카드사로부터 전화를 받았다.

"여긴, 삼성카드든데요. 김미경 씨 본인 맞으시죠?"

"네, 그런데요. 무슨 일로 이 새벽에 전화를 한 거예요. 별일 아니면 내일 전화해도 될 텐데."

그녀는 단잠을 깨워 버린 새벽 전화에 화가 난 목소리로 퉁명스럽게 말했다.

"아, 죄송합니다. 꼭 확인드릴 일이 좀 있어서요. 혹시, 카드 분실하시지 않으셨습니까?"

"네? 카드요?" 라고 대답한 그녀는 서둘러 핸드백을 찾았다.

그리고 지갑을 찾았는데, 아뿔사! 지갑이 없는 것이 아닌가? '이상하다 지갑이 어디 갔지?' 라는 생각을 하면서 그녀는 다시 한 번 핸드백을 샅샅이 뒤졌다. 그러나 핸드백 어디에도 지갑은 없었다. 전날 입었던 코트 주머니에도, 방 안 어느 곳에도 지갑은 없었다.

"네, 카드를 잃어버린 것 같네요. 삼성카드를 지갑 안에 넣고 다녔는데, 카드가 정말 없네요." 라고 그녀가 말하자 전화를 한 삼성카드 직원은 본인 여부를 확인한다며 카드 번호, 주민 번호를 묻고 난 후 다음과 같이 말했다.

"지금 고객님 카드로 결제 승인이 올라왔습니다. 그런데 지금까지 고객님께서 한 번도 가시지 않았던 곳, 아니 여자 분이 가기 어려운 곳이어서 본인 확인을 위해 전화를 드린 겁니다."

"승인 요청 금액이 얼만데요?" 라고 그녀가 묻자, 그 직원은 다음과 같이 말했다.

"200만 원입니다. 하지만 고객님! 걱정하지 마십시오. 이 건은 승인하지 않겠습니다. 그리고 고객님 카드는 이 시간부터 분실카드로 처리하겠습니다. 걱정하지 마시고 푹 주무시기 바랍니다."

그녀는 놀란 가슴을 쓸어 내렸다. 그리고 연신 감사하다는 말을 하면서 전화를 끊었다. 이 사건이 있은 후부터 김미경 씨는 삼성카드의 열렬한 팬, 알파고객이 되었다.

고객을 감동시킬 수 있는 두 번째 방법은, 앞서 소개했던 이벤트 마케팅이다. 이 사실을 잘 알고 있기 때문일까? 고객에게 감동을 주기 위한 목적으로 영업인들은 갤러리 투어, 뮤지컬이나 음악회 관람, 테마 여행, 야생화 전시회 등의 다양한 이벤트를 경쟁적으로 실시하고 있다. 그러나 문제는 소수의 이벤트를 제외하고는 고객을 감동시키지 못하고 있다는 데에 있다. 나름대로 예산을 투입해 이벤트를 개최해도 고객들의 반응은 그저 그런 경우가 많다. 그렇다고 이벤트를 하지 않으면 오히려 불만을 표출한다.

비용이 많이 드는 대규모 이벤트만이 감동을 주는 것은 결코 아니다. 한 번 감동을 줬던 이벤트를 매년 반복하는 것도 효과가 떨어진다. 그렇다면 어떤 이벤트를 어떻게 진행해야 고객들에게 감동을 줄 수 있을까? 먼저, 이벤트의 콘셉트부터 명확히 정해야 한다. '즐거움과 행복', '감동', '추억과 향수' 등으로 말이다. 그런 다음, 머리가 쥐가 날 정도로 고민해야 한다. 아이디어를 내서 이벤트를 진행하고 지속적으로 진화시키려면 말이다.

고객을 감동시킬 수 있는 세 번째 방법은, 불만고객 케어에서 찾을 수 있다. 한 연구 조사에 따르면, 불만을 가진 사람 중 불만을 표출하는 사람의 비율은 5~10% 정도라고 한다. 95% 정도의 고객은 아예 불만도 제기하지 않고 이탈해 버린다고 할 수 있다.

그렇다면 불만을 제기한 고객은 어떤 행동을 할까? 대부분은 다음과 같은 두 가지 행태를 보인다. 첫째, 자신이 제기한 불만이 잘 처리가 됐을 경우다. 그 고객은 자신의 주변 사람 5~8명 정도에 긍정적인 구전을 한다. 둘째, 불만이 잘못 처리된 경험을 한 경우다. 그 고객은 평균 10~16명에게 부정적인 입소문을 낸다.

불만을 표출하는 사람은 사실 그 회사에 애정이 있는 고객이라고 할 수 있다. 그렇기 때문일까? 불만 처리가 잘 됐을 경우에는 재구매율이 무려 54~70%나 된다. 아무런 불만을 느끼지 않는 고객의 재구매율인 9~37%보다 월등히 높은 수치다. 결국 고객이 제기한 불만에 어떻게 대응하느냐에 따라, 헌신적으로 충성하는 알파고객을 만들 수도 있고, 불평불만을 주변에 전파시키는 안티슈머를 만들 수도 있는 것이다.

어떤 기업은 이와 같은 고객 불만이나 클레임이 발생하면 오히려 고객과 더욱 가까워진다. 화가 머리끝까지 났던 고객을 순식간에 헌신적으로 충성하는 알파고객으로 진화하도록 만드는 것이다. 이는 불만이나 클레임 처리 프로세스에서 고객의 기대를 뛰어넘는 감동을 선물할 수 있는 시스템이 구축돼 있기 때문에 가능하다. 그러나 대부분의 기업들은 이런 역량을 갖추지 못하고 있다. 위기를 기회로 만드는 역량을 갖춘 기업이 많지 않은 것이다. 이런 기업에서는 영업인이나 서비스 담당의 역할이 더욱 중요하다.

모든 영업인이나 서비스 담당자는 불만고객을 응대할 때, 최대한 친절하게 고객의 말을 인정하고 공감을 표시한 다음, 불만을 처리해야 한다. 설득 시나리오 작성 방법에서 설명한 것처럼 회사의 규정이나 시스템을 들먹이는 것은 절대 바람직하지 않다. 오히려 고객을 화나게 만들 수 있기 때문이다.

셋째, 추억과 향수를 자극하라. "특별한 경험을 제공해 헌신적으로 충성하는 알파고객을 만드는 방법 중에 가장 강력한 것은 무엇일까?"라는 질문을 받으면 대부분이 고객 감동을 꼽는다. 그러나 추억과 향수가 더 강력하다고 할 수 있다. 감동은 시간이 지날수록 약효가 떨어지는, 즉 유효 기간이 있지만, 추억과 향수는 다르다. 인간의 마음속에서 영원히 지워지지 않는 속성이기 때문이다.

이런 사실을 잘 알고 마케팅에 활용하는 기업들이 있다. 하나은행도 그런 기업 중 하나다. 하나은행은 매년 봄이 되면 대도시 영업점을 중심으로 40~50대 주부 고객들의 향수를 자극하는 '봄나물 캐러가기' 이벤트를 실시한다. "1년에 손끝에 흙 한번 묻힐 것 같지 않은 고객들을 대상으로 땅 파고 나물 캐러 가자고 하면 과연 몇 명이나 신청할까?"라고 생각하는 이들도 많을 것이다. 그러나 참가 신청을 받자마자 정원이 다 찰 정도로 인기가 높았다.

그렇다면 무엇이 부자 고객들의 마음을 움직인 것일까? 바로 추억과 향수다. 40~50대 여성 중에서는 아지랑이가 피어오르는 봄날에 엄마 손을 잡고 언니, 친구, 이모와 함께 쑥을 캐고 나물을 캐던 옛날의 추억과 향수가 떠오르는 사람들이 많을 것이다. 그 시절의 아스라한 추억과 향수를 재현할 기회를 제공해 준다니 신청하고 싶은 마음이 어찌 들지 않겠는가.

현대백화점도 고객의 추억과 향수를 자극하는 마케팅을 잘하고 있는 기업이다.

➤➤ '고객 열차' 달나라까지 닿겠네.

현대백화점이 우수고객 서비스 차원에서 시작한 '고객 열차 여행'의 누적거리가 지구에서 달까지 거리인 38만4400㎞를 돌파했다. 현대백화점의 열차 여행은 1999년에 시작됐다. 일회성 이벤트로 기획됐지만 열차 여행의 추억을 만끽한 중년 고객들의 반응이 좋아 2000년부터 횟수를 대폭 늘렸다. 2010년엔 67회, 2011년에는 80회 가량 진행했다.

여행지로 선정된 지방자치단체의 반응도 뜨겁다. 구매력을 갖춘 백화점 우수 고객들이 지방 도시를 찾으면서 앉아서 홍보 효과를 누릴 수 있기 때문이다. 전남 광양의 '홍쌍리 청매실 농원'은 이 열차 여행을 통해 입소문이 나면서 유명 관광지가 됐다. 코레일에서도 '열차 여행의 즐거움을 알린다.'는 점을 인정받아 할인 혜택을 받고 있다.

열차 여행은 현대백화점이 대절한 새마을호나 KTX 열차를 이용한다. 우수 고객으로 선정된 이들은 무료로 이용할 수 있다. 열차 안에서는 패션쇼나 콘서트 등이 수시로 열린다. 이 회사 임은우 마케팅 팀장은 "고객 반응이 워낙 좋아 전담직원을 두고 여행전문 업체의 컨설팅을 받아 그동안 국내 여행코스만 400여 개를 만들었다." 라고 소개했다.

출처 : 〈중앙일보〉 2011. 5. 20

이처럼 고객 반응이 좋은 이유는 무엇일까? 콘서트나 패션쇼를 구경하고 향토 특산물도 살 수 있어서일까? 일부는 그럴 것이다. 하지만 가장 중요한 요인은 중고교 시절 수학여행이나 친구들과 함께 떠났던 기차 여행의 추억과 향수를 떠올릴 수 있기 때문이다. 이 사례를 보고 어떤 이들은 현대백화점과 같은 대기업이니까 가능하다고 생각할 것이다. 또한 "마케팅 부서가 주관이 돼서 전사적으로 추진하는 이벤트를 영업인 개인이 어떻게 한단 말이냐?"라고 말할 것이다.

그러나 이와 같은 이벤트를 실행한 영업인들도 있다. 앞에서 소개했던 대우전자 · 대우일렉트로닉스의 백숙현 씨가 대표적인 경우다. 어떤 업종, 어떤 영업인이든 백숙현 씨와 현대백화점의 열차 여행을 창조적으로 모방해 추억과 향수를 자극하는 이벤트 마케팅을 진행한다면 수많은 알파고객을 만들 수 있을 것이다.

현대백화점의 우수고객 초청 이벤트인 열차 여행에서 고객들이 즉석 콘서트를 즐기고 있는 모습

7장

목표 필달
영업 조직 만들기

지금까지는 영업인 개인 차원에서 목표를 필달하는 방안에 대해 소개했다. 영업인 스스로가 목표를 필달하는 KSF를 찾고, KSF별로 목표를 설정해서 목표 달성 방안을 수립한 후 실행한다면 문제될 게 없다.

문제는 그와 같은 프로세스를 밟았는데도 목표를 필달하지 못하는 영업인들이 있고, 이보다 더 심각한 것은 아예 시도조차 하지 않은 채 자신의 패턴을 반복하는 영업인들이 많다는 것이다. 이와 같은 결과는 목표를 달성하지 못하는 팀이나 지점, 지사나 사업부들을 양산하게 마련이다.

그렇다면 목표를 필달하는 영업 조직은 어떻게 하면 만들 수 있을까? 다음의 4단계 프로세스를 진행하면 된다.

🌏 목표를 필달하는 영업 조직 만들기 4단계

   1. 영업인별 갭 분석

   2. 목표 미달성 영업인별 미달 원인 및 KSF 도출

   3. 영업인별 KSF별 영업 활동 목표 설정

   4. 영업인별 KSF별 영업 활동 목표 달성 방안 수립

지금까지 소개한 내용대로 목표를 필달하지 못한 영업인은 스스로 분석하고 작성하도록 유도하면 된다. 방법은 1:1 미팅 방식도 좋고 워크숍을 활용해도 좋다.

1_ 목표 미달 영업인을 위한 마인드 코칭 방법

2단계의 영업인별로 목표를 달성하지 못한 원인과 처방전에 대해 알아보자. 물론 그 원인은 제각기 다를 것이다. 하지만 대개 2가지로 나타난다. 하나는 정신적인 요인이고, 다른 하나는 기술적인 요인이다.

전자는 목표 달성 의지가 약하거나 아예 없는 경우다. 목표 달성에 대한 두려움과 스트레스를 갖는 것도 물론 여기에 해당한다. 정신적인 요인으로 목표를 달성하지 못하는 영업인에겐 마인드 코칭이 필요하다. 마인드 코칭은 기업마다, 영업 리더마다 고유의 방법론을 가지고 있다.

예를 들면 정신력 강화를 위해 외부 유명 인사를 초빙해 수시로 특강을 열거나 워크숍을 개최해 목표 달성 의지를 북돋우는 식이다. 그리고 번지 점프나 급류 타기, 해병대 훈련 캠프 같은 체험 프로그램에

팀원이나 지점 영업인 전체가 참여하기도 한다. 도전의식과 협동심을 고취시키기 위해서다. 또한 영업인의 고충이나 애로 사항을 잘 들어주는, 즉 경청의 방법으로 마인드 코칭을 하는 영업 리더들도 있다. 열심히 들어 주는 것만으로도 문제의 절반이 해결된다는 말을 실천하는 것이다.

문제는 이런 방법들이 1년에 한두 번 정도의 이벤트로 진행된다는 것이다. 특강이든 급류 타기든 정신력을 강화하기 위한 이벤트를 개최하고 나면, 몇 일간은 약발이 먹힌다. 그러나 작심삼일이란 말처럼 며칠 지나고 나면 다시 원상태로 돌아오는 경우가 많다. 따라서 월초에 한 번처럼 지속적으로 실시하는 것이 좋다. "나가자! 싸우자! 이기자!"라는 식의 구호를 매일 아침에 외치는 식으로 말이다.

작심삼일이란 말은 자신이 목표한 바를 꾸준하게 실천하는 사람이 그만큼 적다는 뜻이다. 목표 달성에 대한 의지가 약하거나 아예 없는 영업인들에게는 지속적으로 외부의 자극이 필요하다.

2_ 목표 미달 영업인을 위한 세일즈 스킬 코칭 방법

영업에 대한 열정이 넘치고, 의지가 강한데도 목표를 필달하지 못하는 영업인들이 있다. 축구에 대한 열정이나 골을 많이 넣고 싶다는 의지가 강해도 그러질 못하는 축구 선수처럼 말이다.

이런 영업인은 세일즈 성과를 높이는 데 중요한 KSF별 영업 활동 스킬이 미흡한 경우가 대부분이다. 즉, 가망고객 발굴이나 접근 스킬, 설득과 협상 스킬, 충성고객 만들기 스킬 등이 미흡한 경우를 말한다. 축구에 비유하자면, 골 결정력이 부족한 것이라고 할 수 있다. 이런 영업인은 세일즈 스킬 코칭을 통해 목표를 필달하는 영업인으로 거듭나게 만들어야 한다.

그러나 세일즈 스킬 코칭을 하라고 하면 탐탁치않게 생각하는 영업 리더들도 있다. "지금도 열심히 하고 있다. 가망고객 발굴 역량이 부족한 영업인에게는 가망고객 발굴 스킬을, 고객과 친밀한 관계를 만들지 못하는 영업인에게는 관계 역량을 강화하라고 주문하고 있다. 이렇게 하는데도 세일즈 성과가 별로 나아지지 않는다. 어느 정도 나아지기는 하지만 목표까지는 아직도 갭이 많은 영업인들도 제법 있다."와 같은 말을 하면서 말이다.

이와 같은 영업 리더는 무엇이 문제일까? 두 가지 관점에서 개선이 필요하다. 하나는 이들이 'What to do'식의 코칭을 하고 있다는 것이다. 영업인들도 자신이 무엇이 부족하다는 것쯤은 이미 알고 있다. 가망고객 발굴 역량이 부족한 영업인을 예로 들어 보자.

영업 리더가 자신에게 "가망고객 발굴 활동을 열심히 하라. 하루에 가망고객을 3명씩 만나고 있다면 5명 이상으로 늘려라. 활동 시간도 매일 한두 시간씩 더 늘려라."라는 식으로 코칭을 하면 겉으론 "네, 잘 알았습니다."라고 대답하지만, 속으로는 '그걸 누가 모르나? 가망고객을 2명 더 만나려면 내가 어떻게 해야 할지 가르쳐 줘야 할 것 아냐?'라며 콧방귀를 뀐다.

그렇다면 이런 영업인에게는 어떤 식으로 코칭을 해줘야 할까? 'How to do'식의 코칭을 해줘야 한다. 구체적인 가망고객 발굴 대안을 제시하는 코칭을 해줘야 하는 것이다. 이를 테면 "가망고객 발굴을 하는 데 더 열심히, 더 많은 시간을 투입하라."는 식의 코칭 대신 "가망고객 발굴을 위해 나와 함께 세미나 마케팅을 기획해서 해보자.", "우리 지점 VIP 고객 전문가인 AAA와 같이 조인트 워크를 3일 동안 다녀보는 게 어떨까?"라는 식의 구체적인 가망고객 발굴 대안을 주는 코칭을 해줘야 한다.

3_ 영업인 유형별 맞춤 세일즈 코칭

다른 하나는 맞춤 세일즈 코칭을 해야 한다는 것이다. 가망고객 발굴과 접근 역량이 부족한 영업인의 예를 들어 보자. 앞서 얘기한 것처럼 어떤 영업인에게든 도전정신을 가지고 고객의 사무실 문을 박차고 쳐들어가라는 식의 코칭은 바람직하지 않다. 영업 리더 자신은 그런 방식으로 성과를 올렸다 하더라도 이와 같은 방식이 통하는 영업인이 있고 그렇지 않은 영업인이 있기 때문이다.

그렇다면 쳐들어가기와 같은 방법은 어떤 유형의 영업인들에게 효과가 있을까? 바로 외향적 성향의 영업인이다. 이런 성향의 영업인은 활달하고 적극적이며 사교적이다. 그렇기 때문에 그들은 전혀 모르는 사람을 사전 약속도 없이 불쑥 찾아가는 방식의 가망고객 발굴도 두려워하지 않는다. 그리고 거절을 당해도 쉽게 좌절하거나 포기하지도 않는다.

앞서 '목표를 필달하는 영업인의 7가지 DNA'에서도 소개했듯이, 영업인은 성격을 기준으로 하면 3가지 유형으로 나눌 수 있다. 외향적 성향의 영업인, 내향적 성향의 영업인, 양향적 성향의 영업인으로 말이다. 세일즈 스킬 코칭의 성과를 극대화하기 위해서는 이 3가지 성격 유형별로 맞춤 코칭을 해주는 것이 좋다. 가망고객 발굴과 접근 역량 강화와 충성고객 만들기 역량 강화를 위한 맞춤 세일즈 코칭의 예를 들어 보자.

먼저, 가망고객 발굴 역량 강화를 위한 맞춤 세일즈 코칭 가이드다. 외향적 성향의 영업인에겐 가망고객 발굴 7가지 방법 중 인맥 활용, 가망고객 발굴 캠페인, 커뮤니티 마케팅, 소개 받기 등과 같은 4가지 방법을 활용하도록 유도하는 것이 효과적이다. 반면, 내향적 성향의 영업인에겐 연구·조사, 세미나 마케팅, 스스로 찾아오는 고객 만들기 등과 같은 방법을 활용하라고 코칭하는 것이 좋다.

그렇다면 내향적 성향의 영업인에게 가망고객 발굴 캠페인이나 커뮤니티 마케팅 방법 등을 활용하라고 하는 건 좋지 않다는 말일까? 그렇지는 않다. 그와 같은 어프로치로 성과를 올리는 영업인도 물론 있다. 하지만 효율, 즉 생산성이 떨어진다. 영업 생산성을 높이려면 영업인이 가장 잘할 수 있는 일에 집중하는 것이 좋다. 이 방법 저 방법 다 하다 보면 하나에 집중하기가 어렵다. 성향적으로 가장 잘하는 일, 잘할 수 있는 일에 모든 에너지를 모아야 한다. 영업인 저마다의 성향에 맞는 맞춤 세일즈 코칭이 필요한 까닭이다.

그렇다면 양향적 성향의 영업인은 어떨까? 양향적 성향이란 자신의 내면에 외향적인 성향과 내향적인 성향이 반반씩 내재돼 있는 사람을 말한다. 그런 영업인은 가망고객 발굴 7가지 방법 모두를 활용하라고 코칭해도 무리가 없다. 대신 업종과 영업의 형태, 경쟁 상황, 본인의 강점 등을 고려해서 선택하는 것이 좋다.

다음은, 가망고객 접근 역량 강화를 위한 맞춤 세일즈 코칭 가이드다. 외향적 성향의 영업인에겐 가망고객과 직접 얼굴을 맞대는 대면 접근 방법이 효과적이다. 따라서 다양한 커뮤니티를 활용해 가망고객과 열정적으로 어울리는 방법에 대해 코칭을 하는 것이 좋다. 또한 전화를 통한 텔레마케팅처럼 음성으로 직접 접근하는 방법을 활용하라고 코칭하는 것도 좋다. 반면 내향적 성향의 영업인에게는 DM이나 이메일 등을 통해 사전에 정보를 제공해 주는 식의 비대면 접근 방법을 활용하는 것이 좋다. 먼저 가망고객의 문제를 해결해 주거나 도움을 주는 식으로 접근하도록 코칭을 하는 것이 효과적인 것이다.

이번에는, 충성고객 만들기 역량 강화를 위한 코칭 가이드다. 조건에 충성하는 고객 만들기는 주로 본사나 영업본부 차원의 전략 과제다. 여기서는 헌신적으로 충성하는 알파고객을 만들기 위한 방안에 대한 코칭 가이드를 알아보자.

외향적 성향의 영업인에게는 알파고객 만들기 4가지 방법 중 '고객과 마음을 나누는 친구, 인생의 동반자 관계를 구축하는 방법'을 활용하라고 코칭하는 것이 좋다. 그들은 사교적이어서 고객과 친구, 그 이상의 관계를 형성할 수 있는 소양을 지니고 있기 때문이다. 반면 내향적 성향의 영업인에겐 고객의 문제를 해결해 주고 도움을 주는 방법, 고객과 가망고객이 스스로 찾아오도록 만드는 방법, 고객의 기대를 뛰어넘는 특별한 경험을 제공하는 방법 등을 활용하라고 코칭하는 것이 좋다.

충성고객 만들기 역량 강화 코칭을 할 때 활용하면 효과가 좋은 데이터가 있다. 바로 영업인별 재구매(유지)율, 지갑 점유율, 고객 추천율이다. 만약 기술적으로 앞의 3가지 데이터를 파악하기 어렵다면, 재구매 의향, 교차구매 의향, 고객추천 의향을 설문 조사방식으로 측정해 활용하는 것이 좋다. 측정 방법은 '충성고객 만들기 역량 강화 목표 설정 방법'을 참조하기 바란다.

그렇다면 설득 및 협상 역량을 강화하기 위한 코칭은 어떤 식으로 하는 것이 좋을까? 설득과 협상 역량은 영업인과 함께 고객 유형별 설득 시나리오, 협상 상황별 시나리오를 만들어 1:1 반복 훈련을 시키는 것이 중요하다. 영업인마다 설득과 협상 능력이 다르기 때문이다. 영업인 스스로 알아서 연습하라고 맡겨 둬서는 절대로 안 된다. 롤 플레이를 통해 상대역, 즉 고객 역할을 맡아서 습관처럼 몸에 체득이 될 때까지 반복해서 훈련시켜야 한다. 설득과 협상 상황별로 고객 정보를 수집하고 업그레이드하도록 코칭을 하는 것도 매우 중요하다.

지금까지 소개한 맞춤 세일즈 스킬 코칭 가이드가 절대적인 것은 아니다. 업종이나 영업 형태, 영업인의 의지와 속성별 역량에 따라 그 성과가 달라지기 때문이다. 또한 어떤 영업인의 경우에는 자신의 성격 자체를 개조해 성과를 내기도 한다. 앞서 소개했던 LIG화재보험 김포 하나로 대리점의 조주환 대표가 그 대표적인 사례다. 조 대표는 남 앞에 서는 것 자체를 부끄러워하고 두려워하는 내향적 성향의 영업인이었다. 그러나 영업을 하면서 자신의 성격을 외향적 성향으로 완전히 탈바꿈시켰다. 그렇게 하지 않으면 생존할 수 없다는 절박한 생각이 들었기 때문이다.

그렇다고 내향적 성향의 영업인이 자신의 성격을 외향적으로 개조하는 것이 좋다는 것은 아니다. 내향적 성향의 영업인 중에도 언제나 목표를 필달하고 판매왕의 자리에 오르는 이들도 많다. 반대로 외향적 성향의 영업인이 고객 문제를 해결해 주는 방법이나 스스로 찾아오도록 만드는 방법, 특별한 경험을 제공하는 방법을 자신의 목표 달성 필살기로 활용할 수도 있다.

이상으로 목표 필달 영업 조직을 만들기 위한 마인드 코칭과 스킬 코칭 방법에 대해 소개했다. 앞서 소개했던 것처럼 4단계 프로세스에 맞춰 영업인별 1:1 맞춤 세일즈 코칭을 해 나가면 당신도 목표를 필달하는 영업 리더로 우뚝 설 수 있을 것이다. 그러나 보다 더 중요한 것이 있다. 영업 리더인 당신도 목표 필달에 대한 강력한 의지를 갖고 있어야 한다는 것이다. 어떤 악조건에서도 반드시 목표를 달성하겠다는 강력한 의지 말이다.

바람직한 목표 달성이어야 한다

많은 영업인들이 목표 때문에 스트레스를 받는다. 그러다 보니 무리하게 세일즈를 하기도 한다. 자기 돈으로 자신이 파는 상품을 구매하는 일명 '자빽'이나 상품은 본사 창고에 보관해 두고 장부상으로만 판매가 이루어지는 행위, 대리점 판매 역량을 고려하지 않는 소위 '밀어내기' 등이 그것이다.

어디 그뿐인가. 본사와 대리점 간에 소송이 벌어지기도 하고, 그 중간에서 샌드위치 신세가 된 영업인이 엄청난 스트레스에 시달리다 회사를 그만두기도 한다. 때로는 그 고통에 스스로 목숨을 끊었다는 안타까운 뉴스가 전해지기도 한다.

과연 무엇이 문제일까?

수단과 방법을 가리지 않고 목표 달성을 해야 한다는 풍토가 문제라고 할 수 있다. 어떤 악조건에서도 목표를 필달하라고 하면 많은 영업인들이 수단과 방법을 가리지 않고 목표를 달성하는 것을 생각한다. 하지만 그것은 잘못된 생각이다. 바람직한 목표란 무엇보다 건전한 목표여야 한다. 세일즈 능력을 고려치 않은 밀어내기나 덤핑, 창고에 쌓아 두는 식의 목표 달성이어서는 안 된다.

그런 방식은 무리한 목표 필달이지, 어떤 악조건에서도 목표를 필달하는 것이 아니다. 어떤 악조건에서도 목표를 필달하라는 것은 지금까지 강조했듯이, 최악의 영업 환경인 경기 침체나 불황, 상품 경쟁력과 브랜드 파워의 열세, 가격 등 거래 조건의 불리함이나 입지의 불리함 등을 극복하고 목표를 필달하라는 의미다.

이것은 물론 쉽지 않은 일이다. 하지만 다음의 2가지 방식으로 접근하면 어떤 업종, 누구라도 목표 필달이 가능하다. 하나는 영업 활동을 양적으로 대폭 늘리는 것이고, 다른 하나는 질적으로 승부를 거는 것이다. 영업 활동량도 늘리지 않고, 세일즈 프로세스를 질적으로 바꾸지도 못한 상태에서 목표 때문에 스트레스를 받으니까 변칙적이고, 편법적이며, 불법적인 방법을 생각하는 것이다.

당신은 절대로 이와 같은 변칙이나 편법 또는 불법적인 방법으로 목표를 달성하려 해서는 안 된다. 바람직한 목표 달성의 또 다른 모습은 지속성을 담고 있다. 금년 한 해만 농사를 잘 지어서는 안 된다. 내년, 내후년, 그리고 5년~10년 후에도 목표를 달성할 수 있는 역량을 구축해야 한다.

이런 상태에 도달하기 위해서는 신규 고객을 지속적으로 개척하는 역량을 구축하는 것이 반드시 필요하다. 충성고객, 더 나아가 헌신적으로 충성하는 알파고객을 많이 만드는 것 또한 중요하다. 그렇다면 이런 상태에 도달하기 위해 가장 중요한 것은 무엇일까? 혁신적인 아이디어를 계속 내서 퍼스트 무버가 되면 좋을까? 좋은 방법이긴 하지만 현실적으로는 쉽지 않다.

가장 현실적은 대안은 당신 자신이나 당신의 팀을 진화시키는 것이다. 무엇을 진화시켜야 할 것인지는 당신도 잘 알 것이다. 어제까지의 가망고객 발굴과 접근, 설득과 협상, 재구매와 유지율 제고, 지갑 점유율과 고객 추천율 제고를 위한 모든 영업 활동을 다르게 해야 한다. 오늘, 지금 이 시간부터 말이다. 그것은 단 한 명의 잠재고객을 더 만나고, 한 통의 전화를 더하는 것에서부터 시작된다.

진화는 어려운 것이 아니다. 당신이 현재 하고 있는 목표 필달을 위한 다양한 영업 활동들에 새로운 아이디어를 접목시켜 끊임없이 개선하면 된다. 진화를 통한 목표 달성의 가장 중요한 성공 요소는 절대로 포기하지 않겠다는 당신의 의지다.

"百聞以, 百見以, 百立以 不如一行."이란 말이 있다. 백 번 듣는 것, 백 번 보는 것, 백 번 계획을 수립하는 것보다 한번 실행하는 것이 더 낫다는 말이다. 가장 중요한 것은 역시 실행하는 것이다. 목표를 필달하는 것은 실행에서부터 시작된다. 그러니 어제와 다르게 생각하고 행동하라. 당신의 영업 활동은 매일매일 달라져야 한다.

자, 이제부터 새롭게 뛰어보자. 목표를 필달하는 영업인을 향해!